벤처야설

벤처야설

초판 1쇄 발행 | 2013년 1월 17일

지 은 이 | 벤처야설팀
펴 낸 이 | 이은성
펴 낸 곳 | *e*비즈북스
편　　집 | 양윤주
디 자 인 | 백지선

주　　소 | 서울시 동작구 상도2동 184-21 2층
전　　화 | (02) 883-9774
팩　　스 | (02) 883-3496
이 메 일 | ebizbooks@hanmail.net
등록번호 | 제 379-2006-000010호

ISBN 978-89-98045-12-8 03320

*e*비즈북스는 푸른커뮤니케이션의 출판브랜드입니다.

벤처야설

스타트업이 궁금해? 솔직담백한 리얼 현장의 이야기

벤처야설팀 지음

창업편

e비즈북스

2012년 12월 12일, 지금 인천공항에서 강남 포스코 사거리로 이동 중이다. 5년 전에 있었던 첫 뉴질랜드 출장이 떠오른다. 첫 번째 해외 진출이라는 부푼 마음을 안고 뉴질랜드 경영진을 만나러 가기 위해 개발이사와 함께 오클랜드 행 비행기에 올랐다. 당시는 한국에서 벤처 창업을 하는 것은 미친 짓이라고 불리던 때였다. 청년창업에 대한 투자는 얼어 있었고, 창업을 하는 젊은이들은 세상은 '정신 나간 미친 사람들'이라 불렀다. 그렇게 시간이 흘러 오늘 난 인천공항 근처 을왕리의 한 리조트에서 국가 기관이 지원하는 청년 창업 행사에 초청 강연을 마치고 사무실로 돌아가는 길이다.

2012년. 바야흐로 창업 붐이라고 해도 과언이 아니다. 6년 전 레인디를 처음 창업하며 세상의 도움과 지원을 받기 어려웠던 그때에 비해 최근 2년여간 국가와 사회가 열정적으로 벤처 창업을 유도하는 분위기이다. 요즘은 젊은 대학생 중에 대표이사 명함을 가진 사람들이 너무나 많이 늘어간다. 모두가 이미 다 알 듯 한국의 벤처 창업 역사는 미국의 실리콘밸리에 비해 그 역사가 짧다.

부모가 자식의 인생에 깊이 개입하는 문화를 가진 나라, 드라마에서 '빨간딱지', '차압', '길바닥에 나앉는다'라는 대사가 자주 나오는 나라. 창업, 사업을 한다는 것에 긍정보다는 부정적인 면이 많이 부각되는 나라 대한민국. 하지만 이런 열악한 분위기와 사회적 환경 속에서도 자신의 꿈을 찾아 제 2의 삼성, 현대, 애플, 구글 등이 되기를 꿈꾸는 젊은이들이 있다. 언젠가 누군가는 결국 그들처럼 성공할 것이고, 또 누군가는 실패를 경험할 것이다. 누군가에게는 지금의 청년 창업붐이 안 좋은 부메랑으로 돌아올 수도 있을 것이고, 또 다른 누군가에게는 아름다운 열매를 맺어 줄 것이다.

지금은 벤처 창업에 있어 과도기인 것 같다. 어느 분야나 어느 사회나 무언가 새롭게 도약하기 위해 거쳐야 하는 '과도기'. 〈벤처야설〉은 이런 창업붐 과도기에 진짜 사업을 해야 하는 사람들과 사업을 하면 안 되는 사람을 구분해주고, 행여나 사업을 너무 쉽게 생각하고 뛰어드는 사람들을 막기 위해 그 첫 방송이 시작되었다.

처음 벤처야설팀을 구성할 때 창업에 쓴 소리 할 수 있는 더벨의 권일운 기자, 젊지만 오랜 기간 쓴맛 단맛을 다 보고 있는 블로그칵테일 박영욱 대표를 떠올렸다. 또 본인이 벤처캐피털에서 심사역으로 일을 했지만, 한국 벤처투자 문화에 회의감을 가지고 있는 이정석 전 LB인베스트먼트 심사역이 합류하면서 〈벤처야설〉은 창업에 대한 진솔한 이야기, 벤처 업계 사람들의 가슴 아픈 이야기와 기분 좋은 이야기를 허심탄회하게 이야기하면서 정말 많은 벤처인들과 예비창업자분들의 관심과 사랑을 받았다. 어떤 방송 분은 망할 뻔하던 회사를 살리기도 했고, 또 어떤 분들에게는 희망과 아픔을 공유하기도 했다.

2000년 8년간의 호주 유학생활을 중단하고 한국 행 비행기에 올랐을 때 마음속으로 다짐했던 기억이 하나 있다. 한국에 돌아가 한국을 대표하는 벤처기업을 일구어 세계 시장에 내 나라 '대한민국'을 알리겠다. 그렇게 12년간 한국에서 사업을 해가면서 느낀 시행착오가 나보다 더 큰 사람이 될 후배 예비창업자분들에게 많은 도움이 되었으면 한다. 드넓은 세계에 한국을 알릴 수 있는 한국의 구글, 한국의 페이스북, 한국의 애플이 나오길 바라며, 그 과정이 매우 힘들고 고통스럽고 이겨내야 할 것이 많다는 '사실'을 벤처야설팀이 여러분들에게 책으로 공유해드린다. 제가 이뤄내지 못한 한국의 스티브 잡스를, 젊은 여러분들은 반드시 이루어내기를 바라며….

2012년 12월 12일 겨울 어느 눈이 쌓인 도로 위에서

레인디 김현진

차례

벤처, 제대로 알자 1

이 원고는 팟캐스트 방송 '벤처야설–시험방송'을 정리한 것입니다. 출연자는 의장 김현진(레인디 대표), 사장 박영욱(블로그칵테일 대표), 기자 권일운(머니투데이 더벨 기자)입니다.

김현진 　대한민국 최초의 창업 저지 팟캐스트, 〈벤처야설〉 첫 회를 시작하겠습니다. 옆에 나와 계신 분들, 자기소개 한 번 해주시죠.

박영욱 　안녕하세요. 정직한 블로그마케팅 서비스를 제공하는 블로그칵테일 대표 박영욱입니다.

권일운 　막상 말을 하려니까 뻘쭘하네요. "딜이 있는 곳에 벨을 울린다"를 표방하는 자본시장 전문 미디어 머니투데이 더벨 권일운 기자입니다.

김현진 　뜬금없이 홍대 골방에 시커먼 아저씨 셋이 모였는데, 우리 대체 뭘 하자는 건가요?

박영욱 　술김에 하던 업계 야사를 맨 정신에 읊어보자는 취지죠. 술 먹고 떠든 걸로 끝내기에는 아까운 얘기들이 많았잖아요. 방송 한 번 해 보자는 얘기는 한참 전부터 했는데 이제야 시작하네요.

김현진 그러면 우리 그냥 계속 녹음할 때마다 술 먹으면서 갈까요?

권일운 이 양반 사고 치겠네. 방송통신위원회가 가만둘 거 같아요? (웃음)

박영욱 팟캐스트도 방통위 관할인가요?

권일운 요새 세상이 하도 어수선해서 위원장님이 손 좀 보라고 하면 어떻게 될지 몰라요. 술 먹고 녹음했다는 소문나면 바로 19금 딱지 붙을 텐데. (웃음) 근데 저희 둘은 소개했는데 중간에 계신 분은 누굽니까?

김현진 저는 대한민국 사회에 불만이 아~주 많을 리가 없는, 대한민국을 너무 사랑해서 무려 군대에도 갔다 온 서른세 살 레인디 대표 김현진입니다. 〈벤처야설〉의 의장을 맡고 있습니다. 옆에 계신 사장님은 딱 봐도 젊으신데, 창업한 지는 수년 됐죠? 연차로만 따지면 원로 중에 원로잖아요.

박영욱 20대 초반에 회사를 처음 세웠고 2012년 1월이면 만 6년됩니다. 근데 뭐 했지, 6년 동안? (웃음)

권일운 20대 초반이면 저는 한창 대한민국 육군에 근무하면서 평양에 있는 김정일 모가지를 따려 했던 땝니다. 근데 여기 있는 사장님은 대단하시네요.

김현진 얼마나 급했으면 그 나이에 회사 차리고 결혼까지 하셨대요. 벌써 애도 둘이죠? (웃음) 사장은 그때 왜 창업했나요?

박영욱 지금 생각하면 왜 했는지도 모르겠어요. 학교 다닐 때 졸업논문 쓰려고 만든 작품으로 시작했어요. 그때는 벤처 지원해주는 프로그램이 많이 있었는데 저희는 정보통신부 벤처창업경진대회에 나갔어요. '진대제 장관'이라고 딱 쓰여 있는 상장 받았죠.

권일운 장관 그만두고 스카이레이크인큐베스트(IT 전문 벤처캐피털·사모펀드 운용사) 차려서 잘나가시죠. 대단히 훌륭한 양반입니다.

김현진 그런데 그렇게 훌륭하신 분이 왜 갑자기 청담어학원에 투자하셨을까요? (웃음)

권일운 아, 그렇게 투자를 잘하면 의장이 직접 하던가. (웃음)

경진대회 상금에는 세금이 세다
경진대회 상금이 좀 세지 않았어요? 세금은 얼마 뗐어요?

박영욱 상금은 2천만 원 정도였고 세금은 22퍼센트 뗐어요. 직접 낸 건 아니고 2천만 원에서 22퍼센트 떼고 나머지를 줬죠.

권일운 저도 대학 다닐 때 모 공모전에서 입상했었거든요. 그때 원금이 300만~400만 원쯤 되었는데 22퍼센트 떼더라고요.

김현진 요즘은 〈슈퍼스타K〉에서 1등 해도 세금 안 뗀다던데? 〈슈퍼스타K〉 시즌1 때는 불로소득이라면서 세금 엄청 뜯어갔대요. 그런데 시즌2 때부터는 조금 바뀌었다고 하더라고요. 3.3퍼센트라던가? 1억 원이면 9천만 원 넘게 받는 것 같아요. 〈휴먼서바이벌 도전자〉 출연하면서 이걸 알게 됐죠.

〈슈퍼스타K〉에 비견되는 정보통신부 대회

권일운 아까 2천만 원 받았다고 했잖아요. 나라에서 그 돈을 조건부로 주는 거예요? '나라에서 투자하는 돈이니까 그걸로 술 먹지 말고 창업해라'는 식으로?

박영욱 저희가 상을 받은 때가 2005년 7회 대회였어요. 정보통신부가 없어지기 전까지 세 번 더 대회가 있었는데 저희 뒤로 상 받은 분들은 창업하는 조건으로 상금을 준 걸로 알고 있어요. 지분투자는 아닌데 상금 가지고 창업 안 하면 안 된다는 조건이 붙어 있었어요.

권일운 뭘 창업했는지 내용을 보고 해야 했어요?

박영욱 그냥 대회 요강에 한 줄 있어요. 그런데 정보통신부 창업경진대회 친구들은 다 창업했다고 보면 돼요. 프로그램 자체가 정말 좋았죠. 이런 대회가 많아졌으면 좋겠다고 생각했는데 왜 없어졌는지 궁금해요. 3월부터 심사를 거쳐서 총 4차까지 거른 뒤에 11월에 시상식을 해요. 지금으로 따지면 1차, 2차, 3차 걸러내는 〈슈퍼스타K〉랑 비슷하죠. 그런데 처음에는 사업계획서도 없이 달랑 네 장짜리 제안서만 써가요. 그러고 난 다음에 쓰는 법 가르쳐주고 또 그거 배워서 사업계획서 쓰면 프레젠테이션하는 법 가르쳐주는 식이죠. 단계별로 키워주는 프로그램이라서 끝나면 창업까지 이어질 수밖에 없는 거였죠.

김현진 지금은 정보통신부 대회가 없어졌다고요?

박영욱 벤처창업대전과 합쳐졌어요. 그때는 주관부처가 정보통신부였는데 지금은 중소기업청에서 하는 벤처창업대전과 합쳐졌어요. 지금 상금은 4천만 원이고요. 저희가 여기 나간 이유가 뭔 줄 아세요? 창업하고 싶은데 돈은 없고, 상금 받아서 창업하면 되겠다 싶더라고요. 한국에서 상금을 제일 많이 주는 대회가 중소기업청 벤처창업대전하고 정보통신부 창업경진대회, 이 두 개였어요. 우리는 IT 쪽이라서 중소기업청 대회는 안 되겠다 싶어서 정통부 대회를 나갔어요. 그때가 2005년이었고 대학교 3학년이었으니까 2천만 원이면 컸죠. 지금은 소나타도 못 사지만.

권일운 1회부터 6회까지 1등 하셨던 분들 지금 다 뭐 해요?

김현진 1회 때 수상하신 분들은 상금 받아서 회사 차린 뒤에 엑시트 (Exit, 투자금 회수: 주식시장 상장이나 경영권 매각 등의 방식으로 현금을 챙기는 것)한 걸로 알아요. 미국 회사에 팔았을 걸요.

권일운 일곱 명 중에 한 명이네요. 타율이 2할이 채 안 되네.

김현진 그래서 상금을 500만 원으로 줄인 건가. (웃음)

박영욱 대상만 창업한 건 아닐 거예요. 수상한 팀이 1천만 원씩 받았다고 보면 되니까. 그래도 그때가 좋았어요. 요즘에는 창업한다고 하면 서울시에서 달랑 100만 원 준다던데.

강남이 아니면 이력서가 오지 않아

권일운 여기 계시는 두 분은 무려 기업을 경영하는 오너지만 저는 월급 받아먹고 삽니다. 그런데 사업하시는 분들 보면 투자받을 때나 회사에서 돈 쓰는 얘기 할 때 억 소리가 막 나요. 억이 별것 아니라서 그런가. (웃음) 사업 시작한 지 두세 달 된 사장님들도 강남에 사무실 얻더라고요.

박영욱 사실 저희는 강남에 사무실 얻기 상당히 힘들었어요. 강남까지 오는 데 꽤 오래 걸렸어요.

김현진 이거 중요합니다. 사실은 강남이 싼데 창업하는 사람들이 그걸 몰라요. 보통 처음 창업하면 돈 아낀답시고 허름한 사무실을 얻잖아요. 여기서 문제가 생겨요. 사람을 못 뽑거든요. 모집 공고를 내도 당산동 구석에 있으면 이력서가 안 와요.

박영욱 면접도 보러 안 와요.

김현진　그런데 '강남구 신사동에 있다', '강남구 역삼동에 있다'고 하면 면접 보러 오거든요. 그래서 차라리 회식비를 줄이고 사무실을 강남에 얻는 게 나아. (웃음)

강남 사무실의 임대료는 싼 편?!
저희 회사가 맨 처음에는 500에 35만 원짜리 당산동 오피스텔에 있었어요. 실평수 8평짜리에 20명이 있었던 거죠. 의자들이 다닥다닥 달라붙어 있을 정도였어요. 그러다가 5년 전에 돈이 한 3억 들어왔어요. 그래서 강남으로 가게 됐죠. 그런데 강남이 원래 생각했던 거랑은 완전 다르더라고요. 리먼 사태 터지고 나서 2008년쯤에 회사들이 망하는 바람에 강남에 빈 사무실이 엄청 많아졌습니다. 이러니까 엄청 네고를 해줘요. 예를 들면 원래 3천에 250짜리 사무실이 있다고 합시다. 가서 "이 사무실 몇 개월 비어 있었어요?"라고 물어보면 보통 6개월 비어 있었다고 해요. 그러면 협상합니다. 부동산에 "1000에 150 어때요?" 하고 조건 넣으면 웬만하면 받아줘요. 공실률이 너무 컸으니까. 강남의 실평수 35평짜리 사무실을 구하는데 논현동 가구골목 뒤 같은데 잘 뒤지면 보증금 1500에 170만 원이면 구합니다. 그런데 똑같은 사이즈로 홍대에서 구하면 1500에 200만 원까지 올라가요. 그런데도 사람들이 이걸 몰라요.

박영욱　오피스텔이 차라리 싸요. 저희가 2006년에 창업해서 강남으로 온 이유도 이거 때문이에요. 저희가 광운대 창업부설센터에 있었는데 거기 7평짜리가 300에 월 35만 원이었거든요.

김현진 창업부설센터가 더 비싸죠. 에쿼티(Equity, 지분 또는 주식) 식으로 주는 경우도 있는 것 같고. 바라는 게 너무 많죠.

박영욱 원래 줘야 돼요. 창업부설센터는 다 줘야 되는 것 같아요. 저도 창업부설센터에 있다가 강남이 싸다는 소리 듣고 지금 있는 건물에 왔어요. 직원이 너무 늘어나서 창업부설센터 두 개 써도 모자라서 하나 더 늘리려고 하던 때였어요. 총 54평인데 보증금 1000에 월 250인 거예요. 평수로 계산해보면 강남이 더 싼 거죠. 그래서 왔어요.

김현진 해본 적이 없으니까 몰라요. 강남이 무조건 비싼 줄 알고요. 사실은 안 그래요.

박영욱 그리고 강남에 오피스 공급이 많잖아요. 그런데 물량에 비해서는 공실이 많아요. 많이 없는 데는 비쌀 수밖에 없거든요.

권일운 그러면 이거 한 번 짚고 넘어가 봅시다. 아주 큰 주거형 건물을 임대해서 사용한다면 아까 말씀하신 그런 문제가 있나요? 면접 보러 오기 꺼려지는?

김현진 아니요. 그런데 문제는 주거형이 더 비싸다는 거예요. 서울보다 성남에 있는 집이 더 비쌉니다. 몇 년 전만 해도 법인을 설립하려면 자본금 5천만 원이 필요했거든요. 그런데 대학생이 5천만 원이 어디 있겠어요, 아버지가 넣어주지 않으면. 가장납입도 안 되고요. 이거 다 조사받아요. 사무실 구하려면 보증금을 얼마 이상 마련해야 하는데,

주거형 건물은 비싸서 답이 안 나와요.

박영욱 오히려 대부분 벤처기업가들은 주거 건물에서 사업하는 게 꿈이죠. 단지 너무 비싸서 못 하는 거고요.

김현진 저도 강남에 있는 전원주택 하나 통으로 빌려서 사무실 차리는 게 꿈이에요. 말 나온 김에 요즘 이슈 하나 얘기해봅시다. 오세훈 서울시장님이 2009년에 청년고용 창출하신다고 '2030 청년창업 프로젝트'라는 걸 했어요. 20~30대에 창업하는 문화를 만들겠다고 해서 몇 년 전부터 창업 희망자들에게 사무실을 제공해주고 있어요.

권일운 위치가 어딘데요?

김현진 가든파이브와 마포 청년창업센터, 두 군데가 있죠. 사실 가든파이브에 공실이 많잖아요. 그래서 이 양반이 전략을 짠 거죠.

권일운 저 같으면 가든파이브를 가요. 강남이잖아요. (웃음)

김현진 그래서 강남이 경쟁률이 더 세요. 창업 초기에 5억, 10억 투자 받으신 분들 억 단위 돈 생기면 사무실부터 옮겨요. 저도 그랬고요.

권일운 아까 말씀하셨던 것처럼 좋은 인력을 채용하기 위해 쇼잉 (Showing, 보여주기)도 중요하니까 그러는 거겠죠. 클라이언트들 왔을 때 똑같이 커피 한 잔을 줘도 종이컵이냐 유리컵이냐에 차이가 있거든요. 그런 것 때문에 하시는 거 이해는 하는데 지켜보는 사람들은 왜 저렇게 돈을 쓰나 생각이 들어요. 회사에 돈 들어오면 출처를 뭉뚱그려서라도 R&D 자금, 시설 자금 아니면 운영 자금 이렇게 항목을 정하잖아요. 그런데 사무실부터 으리으리하게 차리는 것에 대해서는 막 지르는 거 같다는 느낌을 줘요. 여기 두 분도 강남구가 싸서 사무실 얻었다고는 하시만 규모 인테리어 해놓은 것 보면 '세계 하시시 않나' 하는 느낌도 들어요.

박영욱 벤처 분들 불쌍한 것도 있어요. 전에는 돈 빵빵하게 받으면 다 그랬던 거는 아니지만, 대표들이 개인적으로 돈을 갖다 쓰는 일도 있었어요. 그렇지만 투자받아도 회사에 쓰는 건 비판받을 일까지는 아닌 것 같아요. 결국 직원들 복지에 쓰는 거니까. 물론 너무 막 쓰는 건 안 되겠지만요.

개인카드보다 못한 법인카드

권일운 그러면 이것도 한번 여쭤볼게요. 사장님들이시잖아요? 사장님들한테는 참 좋은 게 있어요. 우리 대한민국에서 참 좋아하는 건데 제가 다가갈 수 없는 게 있죠. 바로 법인카드! 어차피 회사는 사장님들 거잖아요. 어릴 때 철모르는 마음에 이건가 저건가 쓱 긁은 적 없었어요?

박영욱 사람들이 법인카드에 대해서 상당히 환상을 갖고 있는 것 같아요. 저도 회사 딱 설립하고 법인 등록되자마자 다음 날 주금 납입하는 은행에 갔어요. "저 법인카드 만들러 왔습니다"라고 했는데 안 만들어 줘요. 법인카드를 만들려면 한도만큼 잔고가 있어야 돼요. 통장 만들어서 그거 담보로 직권 설정해놔야 겨우 만들어줘요. 우리 처음 한도가 190만 원인가? 개인카드보다 못해요.

권일운 판공비는요?

김현진 접대비가 얼마나 되느냐는 거죠? 나라에서 인정하는 건 연 한도 500만 원.

권일운 어차피 회사 돈이 사장님 돈이잖아요. 그러면 모럴 헤저드가 생기지 않을까요? 회사가 매출이 생기면 급여를 받을 테고 급여랑은 별개로 접대비가 필요할 테고. 이러다 보면 법적으로는 하자는 없으나 윤리적으로 문제가 있는 일이 생길 거 같은데.

박영욱 접대, 물론 저희 회사만 그런지 모르겠지만 저희 회사라고 가정할게요. 일반인이 흔히 접대비 항목을 룸살롱, 술 접대라고 오해하는데요. 사실 이것만 들어가는 게 아닙니다.

　우리나라에서 벤처 하시는 분들이 칭찬받아 마땅한 게 있어요. 투자받았잖아요? 5억 투자받으면 '아싸, 5억 투자받았으니까 이제 이건 내 돈'이라고 생각하는 게 어떻게 보면 단점이면서도 장점이에요. 내 회사의 돈이 내 재산이라고 생각하기 때문에 함부로 안 써요. 벤처캐피털이 투자한 CEO한테 "얘 돈 막 쓰니까 뭐라고 해야지" 하는 게 아니라 CEO가 알아서 아껴 써요. 정말 불쌍하게 써요.

야, 너희 선배가 다 해먹어서 이제 투자 안 해

김현진 그런데 요즘 느끼는 게 있어요. 제가 2002년에 한국에 왔거든요. 벤처 거품이 막 꺼졌을 때예요. 저는 외국처럼 사업계획서만 들고 가면 벤처캐피털이 투자해주는 줄 알았어요. 그런데 시기가 시기이다 보니 힘들었죠. 알고 보니 2000년, 2001년에 코스닥에 상장한 리타워텍이니 골드뱅크니 하는 선배님들께서 너무 해드신 거예요. 그래서 그때 스물두 살 청년이었던 저에게 벤처캐피털에서 이렇게 얘기했습니다. "야, 너희 선배가 다 해먹어서 이제 한국은 벤처 안 돼, 투자 안 해. 이제 그런 거 없어"라고. 예전에 어땠는지 선배들한테 들어보니까 2000년도에는 학벌 좋으면 프레젠테이션 20분만 해도 5억 당기는 건 일도 아니었다고 하더라고요. 그런데 지금은 박 사장님이 얘기한 것처럼 투자받기도 힘들고 투자 금액도 적기 때문에 룸살롱 같은 데 막 못 갑니다.

권일운 비상장기업이라고 그럴싸하게 포장하기도 뭐한 곳들, 쉽게 말해 아는 어르신들이 하시는 공장 같은 데 있죠. 매출이 수백억씩 나는 그런 공장하시는 분들 가족이 그냥 법인카드 다 쓴단 말이죠.

박영욱 우리 벤처 CEO들은 왜 그런 깡다구가 없을까. (웃음) 불쌍해요, 진짜. 술 먹을 때도 비싼 거 먹으면 안 될 거 같아서 시키지도 못해요. 제가 좋아하는 어느 대표님도 투자받고 지금 6년째 경영하고 계시는데 월급 100만 원 받아요. 다 그렇지는 않겠지만 회사 조금 더 아껴서 더 길게 가려고 월급도 안 받고 일하는 사장들이 많다는 걸 알아줘야 해요.

권일운 오늘은 딱 결론 나왔네. "애들아, 창업하지 마라." 이 얘기 하는

거네. (웃음) 그러면 연봉 얘기가 나왔으니까, 대표이사 연봉은 주주들한테 다 공개해야 되나요?

신입사원보다 못한 임원 연봉

박영욱 네, 공개해야죠. 주총에서 모든 이사의 급여 한도를 정해요. 저희는 알토스(Altos Ventures: 미국 실리콘밸리의 벤처캐피털. 한 킴 등 한국계 파트너들이 주도해 설립. 쿠팡과 블로그칵테일, 판도라TV, 네이블커뮤니케이션즈 등의 국내 기업에 투자)에서 받았는데 알토스에서 전 세계에 있는 투자사를 상대로 조사를 했어요. 임원 연봉을 보니까 한국 임원들의 연봉이 다른 나라 신입사원보다 못해요. 투자자는 좋게 보겠죠. 얘네 참 열정 있다고요. (웃음) 한국 벤처기업 임원, 창업자들이 대부분 대학교에 있다가 창업하시잖아요. 연봉이 얼마나 높아야 될지도 잘 모르고 높게 받는 것 자체를 부끄러워하고 싫어해요. 연봉보다는 이 단계에서 회사가 뭘 해야 하고 회사를 위해 뭔가를 해야 한다는 것만 고민해요. 저는 알토스 얘기하고 다니는 게 되게 좋아요. 누가 보면 "얘네 영어도 잘하고 잘나가서 외국에서 투자받은 줄 알았는데"라고 생각하겠지만 알고 보면 한국에서 못 받아서 받은 겁니다. (웃음)

권일운 저 같은 월급쟁이들은 간단하거든요. 한 달에 20만 원 더 주면 그냥 다 물어뜯는 거죠.

김현진 그래서 재미있어요. 창업 초기에 사무실에서 퇴근하고 나갈 때 멀티탭 불 끄는 건 사장들밖에 없어요. 제발 밥 먹으러 나갈 때 전기세 많이 나오니까 모니터 켜고 나가지 말라고 해도 들은 척도 안 해요.

권일운 아, 그래서 내가 밥 먹으러 갔다 오면 모니터가 꺼져 있는 거구나. (웃음)

김현진 실리콘밸리 애들이 한국 벤처 창업자들은 왜 그렇게 오너십이 강한지 이해가 안 간다고 해요. 왜 "내 꺼, 내 꺼" 그러냐고. 실리콘밸리 애들한테는 회사 카드지만 우리나라 벤처 창업자들에게 회사 카드는 내 카드죠. 그러니까 돈을 막 쓸 수가 없죠. 아까우니까. 내 돈 같으니까. 그래서 멀티탭 끄고 나가는 직원이 그렇게 예쁠 수가 없어요. (웃음) 경영을 한 30년, 40년 하신 분들, 연매출 한 500억 되는 알짜기업 하시는 분들은 몰라도 우리 같은 20대, 30대 IT 벤처들은 그렇게 돈 못 씁니다. 왜? 그렇게 쓸 정도로 투자도 안 해줘요. 한 50억은 투자받아야 어디 가서 당당하게 긁죠.

1억이 사라지는 것은 순식간
5억이면 최소 몇 년은 회사 돌릴 정도로 큰돈이긴 해요. 그런데 "우리 배고파. 헝그리 해야 돼. 월급 다 150만 원으로 통일하자. 여기에 밥값, 점심값, 저녁값 다 포함돼 있다. 차비까지 이게 다"라고 하면 티 나게 쓰는 게 얼마나 되겠어요. 그래도 직원들 열다섯 명 데리고 있으면 1년에 5억 그냥 씁니다. 매출 없는 회사가 말이죠. 이번에도 조그맣게 1억짜리 자회사 두 개 설립하는데 누가 "1억이나 필요해요?"라고 하더라고요. 요즘 젊은 친구들 보니까 말이죠, 우리도 10년 전에 그랬던 것 같은데 막 창업을 하면 1억은 되게 큰돈이고, 5억은 아주 아주 큰돈이라고 생각해요. 누군가 나한테 1억만 주면 정말 할 수 있을 것 같다는 느낌이 들어요. 그런데 실제로 회사를 운영해보면 아무것도 아닙니다,

1억은 진짜 순식간입니다.

박영욱 정말 금방 나가요. 제가 창업했을 때 세 명이 50만 원씩 받았거든요. 얼마 안 되는데 이게 1년 하면 2천이에요. 거기다 사무실 보증금으로 1500만 원 묶이는 거고요.

30대 벤처 영웅은 포기, 대신 가늘고 길게

김현진 오늘 트위터에 어떤 분이 빌 게이츠가 한 말을 써놨는데 "태어났을 때 집안이 가난한 건 죄가 아니다. 그런데 당신이 죽을 때 가난한 건 그건 죄다"였어요. 그래서 리트윗을 하고 페이스북에 올렸더니 한 카이스트 교수님이 리플을 달았어요. "빌 게이츠가 부유하게 자라서 가난이 얼마나 힘든 건지 모르는구나"라고. 미국은 가난하더라도 기회가 있는 나라예요. 하지만 한국은 가난을 대물림하고 부가 있으면 이익을 얻을 수밖에 없는 구조예요. 그래서 한국인 관점에서는 빌 게이츠의 말이 어색하게 들릴 수 있습니다. 그리고 그날 리플이 계속 달리는데 대부분 "얘가 가난을 모르네", "후지다"라는 얘기랑 스티브 잡스 얘기를 하더라고요.

권일운 사업해서 빌 게이츠만큼 부자가 되고 싶으세요? 래리 페이지가 되고 싶고 빌 게이츠가 되고 싶고 앤드루 메이슨이 되고 싶고 또 저커버그 되고 싶으세요? 어때요?

박영욱 제가 창업 시작했을 때 저는 정말 돈 많이 벌어서 크게 하고 싶다는 생각을 했는데, 지금은 작지만 강한 회사들, 잘 먹고 잘사는 강소기업들이 너무 부러워요. 현실적인 관점에서 봐서 그런 건지는 몰라도요.

권일운 강소기업이라는 게 가늘고 길게 가자는 얘기 아니에요?

김현진 요즘 그런 생각 많이 합니다. 10년 전에 창업했을 때는 이렇게 3년을 하고 5년을 하면 이렇게 커지고 이렇게 잘되면 좋겠다고 생각했어요. 그런데 요즘 드는 생각은 달라요. 회사가 커지고 매출이 늘고 이런 것도 당연히 중요하겠지만 지속하고 즐기는 것 자체가 중요하지 않나 하는 생각을 해요.

박영욱 언제까지나 즐길 수는 없잖아요.

김현진 제가 요즘 뜨는 벤처기업들을 두 가지로 정리해봤어요. 하나는 티켓몬스터, 또 하나는 스마일게이트. 세상에는 있는 회사는 이 두 종류인 거 같아요. 비슷하지만 약간 색깔이 다른 것 같기도 하고. 티켓몬스터처럼 단기간에 시류를 잘 타고 운도 좋고 실력도 좋아서 확 잘되는 회사도 있고, 스마일게이트처럼 5, 6년 삽질은 계속하는데 망하지는 않고 있다가 갑자기 7년 차에 홈런 치는 회사도 있고요. 제일 불쌍한 건 이도 저도 아니고 조용히 있다가 사라지는 회사인 것 같아요. 그래서 요즘 제가 저희 회사 임원들한테 항상 하는 얘기가 있습니다. 우리는 티켓몬스터 되기는 글렀다고요. (웃음) 레인디의 법인 이력도 이제 곧 5년 되고 위시쿠폰은 1년 넘었어요. 이번에 새로 만들어진 회사랑 해외 법인 임원들 모아놓고 스마일게이트를 연구하자고 했어요. "나는 이제 포기했다. 내가 30대 초반에 영웅 되는 건 포기했으니 40대에는 한번 치고 올라가게 잘해보자"고 했어요. 그래서 요즘 회사에서 스마일게이트를 연구하고 있습니다.

권일운　영웅이라는 표현을 쓰셨는데요. 어떤 히어로를 원하는 거예요?

김현진　사람마다 생각이 다르겠지만 강의할 때 매일 하던 이야기가 있어요.

권일운　김현진 대표님은 본업이 교수님인가요?

김현진　강의료 받아서 유상증자해요. 사장이 나가서 몸 팔아 그 돈으로 증자하는 거죠. (웃음) 우리 회사 모든 지분이 제 강의료에서 나왔다고 보면 돼요. 심지어 책 인세도 회사로 다 돌렸어요.

박영욱　보통 연예인이 사업 시작할 때 그러지 않아요? 사업 좀 안 되면 다시 방송 나오고.

김현진　제가 연예인보다는 좀 싸죠. (웃음) 아, 제 인생사를 말씀드릴게요. 저희 아버지는 육사 나오신 군인입니다. 그런데 고등학교 1학년 때 어머니와 이혼하시면서 어머니 집안에서 위자료로 압류를 걸었어요. 그러는 바람에 저를 유학 보내놓고는 3개월 뒤부터 돈을 못 보내주시더라고요. 그래서 아르바이트하면서 8년을 살았습니다.

권일운 김현진 의장님 같은 분을 상스러운 용어로 불법체류자 내지는 외국인 노동자라고 하죠. (웃음)

김현진 그러니까요. 그런데 이때 돈을 벌면서 우연히 사업을 시작했어요. 유학 컨설팅이라고 하죠. 유학갈 곳을 소개해주고 전학시켜주는, 이른바 유학원 비슷한 걸 사무실 없이 했어요. 그걸 5년 하면서 돈을 많이 벌었죠. 3년 동안 한국 돈으로 4억 5천 정도를 벌었어요. 고3 때는 비전에듀케이션이라는 회사를 설립했고요. 당시 호주 달러가 750원이었는데 97년도에 IMF가 빵 터졌죠. 그래서 호주 달러가 1200원으로 올라갑니다. 역송금했어요. 한인 비디오 가게 중에 역송금을 해주는 곳이 있는데 한국 돈이 두 배로 뛰었어요. 대학교 때도 이런 것만 연구한 거죠.

권일운 그때부터 FX마진거래(Forex라고 불리는 국제외환시장(Foreign exchange market)에서 개인이 직접 외국의 통화(외환)를 거래하는 행위)를 아셨구만. (웃음)

김현진 당시에는 사업은 단순히 돈만 버는 건줄 알았어요. 시간당 15달러를 벗어나는 길은 사업밖에 없다고 생각했어요. 기업가 정신 이런 거 몰랐어요. 영웅 이런 것도 몰랐고요. 돈 벌기가 쉬운 줄 처음 알았어요. 나중에 관리하는 학생이 500명, 600명이 넘었는데 너무 편하게 유학생활을 했어요. 벌어놓은 돈 가지고. 그런데 IMF가 터졌을 때가 1999년이었는데 호주에서 우리나라 대통령을 만나게 됐습니다. 김대중 전 대통령이었죠. 한호 수교 60주년 기념으로 오신 거죠. 대통령이

오셨을 때 파티 총괄기획을 제가 했어요. 한국 사람이 저밖에 없었거든요. 땜빵이었죠. 원래 제가 아니라 호주 애들이 그 파티를 기획하기로 돼 있었는데 호주 쪽 리더가 그날 몸살이 나서 저한테 연락이 온 거였죠. 게스트가 누구인지 모르고 일단 갔습니다. 그런데 문을 딱 열었더니 우리나라 태극기가 있는 겁니다. "웰컴 투 더 프레지던트 오브 사우스코리아 대중 김."

권일운 노스코리아가 아니라서 다행이다. (웃음)

김현진 네. 원래 외국 가면 다 애국자 되거든요. 스태프가 전부 외국 사람이라서 "우리나라 대통령이다"라고 말해도 감을 못 잡더라고요. 개네들 입장에선 "So What?"이니까.

권일운 그런 건가요? 우리나라가 아프리카 봉고 대통령 뵈었을 때 느낌?

김현진 저도 베트남 대통령 이름 모르거든요. 호주 애들한테는 말레이시아 수상 같은 느낌이었겠죠. 저는 그게 너무 충격이었어요. 유학을 하면 보통 부모님 뵈러 1년에 한 번씩은 한국에 갑니다. 하지만 저는 8년 동안 한 번도 안 갔습니다. 아버지도 한 번도 안 오셔서 호주 이민성에서 조사 나온 적도 있어요. "야, 너는 유학생인데 왜 한국을 안 가? 세금은 또 왜 이렇게 많이 냈어?"라고 물어봤어요. 그래서 막 설명했죠. "마이 파더 솔져"라고요. "스트롱 코리안 솔져"라고 했더니 호주 애들이 울면서 "유 아 하프 오스트레일리아. 너는 절반이 호주 애다. 너 영주권 줄게"라고 하더라고요. (웃음) 그래서 원래 한국으로 안 오려고 그랬어요.

권일운 저 같으면 거기서 농장을 샀어요. 양털이나 깎는 거죠.

김현진 그때가 우리나라가 너무 어려웠던 시기잖아요. 삼성, LG 같은
곳이 우리나라 기업인지 아무도 몰랐고 심지어 현대자동차는 홍보할 때
'메이드 인 코리아'라는 걸 절대 안 밝혔어요. '횬다이(Hyundai)' 마크에
서 H가 휘어져 있잖아요. 혼다 마크랑 비슷하게 보이니까 그걸 마케팅
에 쓰고 그랬어요. 사람들이 횬다이는 혼다 자회사인 줄 알고 차를 샀어
요. 이게 가슴이 아팠어요, 충격도 많이 받고. 그리고 우리나라 대통령
이 푸대접받는 거 보면서 한국 가야겠다는 생각을 했고 한국으로 왔어
요. 지금도 마찬가지지만 그때 "한국에 와서 기업을 차리겠다. 세계에
우리나라를 알리는 기업을 만들겠다"라고 했을 때 제 친구들, 그러니까
스물세 살 동갑내기들이 다 저 보고 미친놈이라고 그랬어요. 그래서 저
는 다른 어느 벤처 사장보다 한국의 잘못된 제도를 보면 화가 나요.

박영욱 최근에 제일 화난 제도가 뭐 있어요?

아무나 창업하는 세상, 그 부작용은?
김현진 최근에 어이없는 일이 하나 생겼어요. 우리 전 서울시장님이
청년 창업을 늘리시겠다며 창업 장려책을 발표하셨기 때문인 것 같아
요. 그래서 어떤 일이 벌어졌느냐? 굉장히 기막힌 일이 생겼죠. 한 5~6
년 전만 해도 법인을 차리고 나서 네이버에서 검색을 하면 'A모 회사
대표 누구 설립' 이렇게 뜹니다. 우리나라는 공고를 해야 하니까요.

박영욱 그렇죠. 언론사에 공고해야 합니다. 당일 경제신문에 조그맣게 한 줄 넣어야죠.

김현진 그런데 제가 얼마 전에 회사 하나 인수하면서 의아했던 게 검색을 해도 회사 이름이 안 나오는 거예요. '한 달 전에 설립한, 몇 개월 전에 설립한 회사가 왜 안 나오지?'라고 생각했어요. 알고 봤더니 일주일에 새로 설립되는 법인이 전국에 600~700개래요. 일주일에 600~700개면 365일이면 어마어마하죠. 그걸 다 넣는다는 게 현실적으로 말이 안 되죠. 그리고 보면 예전에는 정말 창업을 하고 싶어 하는 사람만 했는데 지금은 아무나 다 해요.

박영욱 법인 설립할 때 자본금 기준 없어져서 그런 것도 있는 것 같아요.

김현진 맞아요. 그 이유도 있고. 그런데 여기서 더 웃긴 일이 벌어졌습니다. 보통 창업을 하면 처음엔 돈이 없잖아요. 다 신용보증기금, 기술보증기금을 당기죠. 대표이사 연대보증해서요. 대한민국에서 연대보증은 훈장이잖아요. 연대보증 안 하면 사업가가 아니고. (웃음) 기술보증기금하고 신용보증기금이 5, 6년 전에는 한 회사에 1억, 1억 5천, 2억 이렇게 밀어줬었거든요. 그런데 일주일에 600~700개씩 생기니까 얼마나 많이 찾아오겠어요.

권일운 대충 때려잡아도 1천억 원이네요.

김현진   문제가 그겁니다. 아는 분이 아직 휴학 중인 대학생이에요. 학벌도 좋습니다. 신용보증기금에 갔더니 딱 이 얘기를 했다고 합니다. "고졸이다. 고졸이라서 3천이다." 미국에서 스탠퍼드 다녀도 휴학하고 오면 고졸입니다.

박영욱   이건 논란이 좀 있어요. 사람마다 주장도 다르고요. 돈이 한정돼 있다 보니 조금씩 여럿 나눠주는 것과 정말 잘하는 애한테 나눠주는 것과의 장단점이 너무 극명하거든요.

60명 1억 vs. 6천 명 100만 원

김현진   제가 여기에 대해서 할 얘기가 있어요. 서울시의 기존 정책, 그러니까 전에 계시던 분의 정책은 여러 명에게 쪼개주는 거거든요. 재미있는 이야기가 있어요. 2009년에 제가 안산에서 강연을 한 적이 있습니다. 공무원 연수원에서 강연을 했는데 공무원들이 어떻게 제도를 바꿔야 실제로 벤처 사장님들한테 도움이 될 수 있을지 도와달라며 저를 초빙한 거죠. 제가 물어봤어요. "아니, 왜 6천 명 뽑아서 100만 원씩 주는 거냐? 이건 뭐 월급도 아니고."

권일운   한 달에 60억이네.

김현진   "60명만 뽑아서 몇 억씩 몰아주지"라고 했더니 한 공무원이 저한테 한 얘기가 가관입니다. 나중에 강연이 끝나고 그분이 나와서 담배를 피우면서 "김 사장님, 사실은 저도 인원을 줄이고 한 명한테 몇 억씩 몰아주는 게 맞는다고 생각합니다"라고 말씀하시더라고요. 그런데 예산 결정을 국회의원이 하잖아요. 국회의원이 예산을 집행하면서 이렇게 말한다고 합니다. 100만 원씩 3개월, 즉 300만 원을 주고 "야, 성공 케이스 가져와" 한대요. 그런데 3개월 만에 성공 케이스가 나올 리가 없죠.

박영욱 100억을 썼는데 "1억씩 100곳 투자했습니다"와 "100만 원씩 1만 곳 투자했습니다"는 느낌이 상당히 다르죠.

김현진 공무원들이 짊어지기 싫어해서 그래요. 짤리지 않으려면 100만 원씩 6천 명 나눠줘야 되는 거예요. 이게 말이 됩니까? 실업급여 주는 것도 아니고.

박영욱 저는 이러면 오히려 심사하기가 더 어려운 거 아닌가 싶어요.

권일운 그래서 다음에 이것과 관련해서 이야기했으면 합니다. 엔젤투자지원센터라는 생겨 펀드를 조성한다고 한답니다. 전 이게 궁금하더라고요.

김현진 네, 다음에는 벤처캐피털에 대해 다뤄봐야겠네요. 오늘 이렇게 처음 방송을 했는데 앞으로 여러분들에게 꿈과 희망이 될 이야기들을 많이 하겠습니다. 그리고 요즘 힘들게 벤처하시는 CEO분들 많은데, 응원하는 이야기도 해야겠습니다. 앞으로 경제신문에 벤처 이야기가 많이 실리길 바라면서 오늘은 이만 정리하겠습니다.

스타트업에서는 한 달에 얼마나 받나요?
대표와 직원들의 월수입이 궁금합니다.

김현진   저는 벤처 회사의 기본적인 루틴은 이래야 한다고 생각합니다. 저희가 젊어서 그런지 모르겠지만 초기 1년은 전 직원의 월급이 100만 원입니다. 카이스트를 나왔든 서울대를 나왔든 상관없어요. 무조건 100만 원이에요. 이건 세전이고요. 실제로는 92만 8600원 정도 돼요. 저는 의미 있는 숫자라고 생각해요. 그런데 사람들이 와서 협상을 할 때 "전 처음 왔는데 얼마주세요"라고 하면 되게 싫어요. 그 돈이 아까워서 그런 게 아니에요.

개인적인 생각인데 어떤 한 조직이 20명이 넘어가기 전에는 창업 멤버들이 100만 원 이상 받으면 안 된다고 봐요. 주식회사 레인디 같은 경우는 연봉이 높아요. 이미 5년이 넘었고 저보다 나이가 많은 분들이 이사님으로 오시고 했거든요. SK C&C에서 연봉 1억 받던 분이 오시고 하는데 좀 깎죠. 1억을 다 줄 순 없으니까요. 그러나 저희가 새로 인큐베이팅하는 회사들은 그냥 통일이에요. "대표이사 포함 20명 넘어가기 전까지는 무조건 100만 원. 싫으면 오지 마. 끝." 그래도 대한민국 1퍼센트 안에 드는 애들이 모여요. 적어도 1년은 그런 애들이 모여서 했으면 좋겠어요. 그다음에 그게 곱하기 2가 되든 3이 되든 상관이 없는데 그러지 않은 친구를 돈을 더 들이고 데려오고 싶진 않아요. 작은 회사는 절대 연봉이 낮다는 이유로 그만두는 사람이 생기지는 않아요. 카이스트 다니던 애가 우리 회사에

100만 원 받고 올 때는 김현진한테 뭔가를 배우고 싶어서 오는 거예요. 자기 오른팔, 자기 윗사람, 팀장이나 실장한테 배울 게 있어서 온다는 거죠. 내가 더 이상 배울 게 없으면 회사를 떠나요. 그 사람들은 영리해요. 서울대 나왔고 연고대 나왔으니 삼성 가서 연봉 5천, 6천 받을 수 있는데 뭐하러 여기 있겠어요. 연봉을 많이 주는 것도 중요하지만 여기서 이 돈 받고 있어도 후회하지 않을 것인가에 대한 믿음을 주는 게 중요해요. 결국은 월급 낮다는 걸 합리화했다고 생각할 수도 있어요.

제가 2002년에 넥슨에서 배운 거 하나 이야기할게요. 넥슨에 들어갔을 때 저희 팀이 28명이었는데 학벌이 제일 낮은 분이 한양대였어요. 유학생은 다 스탠퍼드였어요. 제가 유학생 중에 학벌이 제일 낮았어요. 애들이 월급이 70만 원, 100만 원인데 아무도 집에 안 가요. 회사에서 3박 4일을 자요. 전 넥슨에서 모든 걸 배웠어요. 삼성전자에 가면 돈 많이 받을 텐데 집에도 안 가고 슈퍼 코딩을 하고 슈퍼 기획을 한다는 게 신기했어요. 그게 회사의 분위기였어요. 그랬더니 그 회사가 10년 뒤에 8조 기업이 되면서 직원이 3천 명이 됐어요. 물론 더 이상 그 문화로 못 돌아간대요.

지금 넥슨이 제일 고민하는 게 더 이상 그 문화가 안 된다는 거래요. 회사도 커졌고 삼성전자 이상의 연봉을 줘야 하고. 카이스트, 서울대 애들 구하려고 하는데 카이스트, 서울대 애들은 잘 안 오고 모 대에서 온다는 고민을 인사팀에서 되게 많이 하더라고요. 10년 전이 어떻게 보면 행복했을지 몰라요. 그래도 10년 전 넥슨은 이미 320명이었어요. 연매출 300억이 넘어도 그런 환경이었어요.

돈을 많이 받고 싶은 사람은 벤처에 가면 안 됩니다. 돈 많이 받고 싶으면 사법고시 보시고 삼성전자 가세요. 여기선 다른 걸 찾으셔야죠. 그래야 한다고 생각해요. 그리고 저의 개인 수입은 2011년에 7800만 원이었습니다. 월급이 아니라 강연으로 번 돈이에요. 제가 이제 한 시간에 100만 원을 받는 강연자가 됐어요. 많이 올랐어요. 제가 올린 게 아니라 올려주시더라고요. 2008년에 처음 강연할 때는 25만 원 주셨는데 책이 몇 권 나오니까 언제부턴가 100만 원으로 올려주시더라고요. 저는 가만히 있었는데 중소기업청에서 올려줬어요. 작년에 7800만 원 받아서 7천만 원 증자했고요. 800만 원은 술 먹었어요.

저는 이렇게 생각해요. 내가 잘나서 버는 돈이 아니라고요. 누가 이런 이야기를 하더라고요. "야, 너는 사업하지 말고 강연만 해." 되게 성공한 사장님이 저한테 술을 사주시면서 "너는 강연료도 7천만 원이나 버는 애가 회사 접고 강의랑 책만 써도 공병호 소장님처럼 연 20억은 벌 텐데 왜 그러고 있느냐"라고 하시더라고요. 그런데 저는 회사가 없으면 강연도 없다고 생각해요. 레인디가 존재하기 때문에 어디 가서 강연을 할 수 있고, 그게 의미가 없어진다면 강연이 제 본업이 되는 순간이겠죠. 강연료를 안 받고 지방에 가는 경우도 많아요. 전교생 50명 있는 초등학교에 네 시간씩 버스 타고 가서 돈 하나도 안 받고 강연한 적도 많은데 신경 안 써요. 주면 받고 안 주면 안 받아요. 회사가 없었으면 이게 안 됐겠죠. 그래서 강연을 업으로 할 수는 없고 강연료도 회사가 있었기 때문에 생긴 돈이라서 회사 증자에 대부분 돌아가고요. 박영욱 대표가 저보고 맨날 뭐라고 놀리는 줄 아세요? 연예기획사 사장 같대요. JYP 박진영 이사님이 자기 작곡료를 주식회사 JYP로 돌려놔서 저작권료 들어오면 다 JYP로 들어가는 것처럼 한다 해서요.

엔젤 그리고 벤처캐피털 2

이 원고는 팟캐스트 방송 '벤처야설–엔젤 그리고 VC'를 정리한 것입니다. 출연자는 의장 김현진(레인디 대표), 사장 박영욱(블로그칵테일 대표), 기자 권일운(머니투데이 더벨 기자)입니다. 본 장의 내용 중 정부 창업 지원 관련 논의들은 2011년과 2012년 기준의 내용으로 다소 사실과 다를 수도 있음을 알립니다.

김현진 오늘 우리가 할 이야기는 엔젤펀드, 엔젤투자입니다. 창업하는 분들이 가장 궁금해하는 주제죠. 박영욱 대표님은 창업할 때 엔젤투자 받으셨나요?

권일운 집에 돈이 많아서 안 받았을 것 같은데. (웃음)

박영욱 저는 상금 받은 걸로 창업했습니다. 알토스에서 처음 투자받은 게 엔젤펀드 형식이었죠.

엔젤과 시리즈 A의 차이는?

김현진 사실 우리나라에선 엔젤펀딩의 개념이 모호하죠. 가족이나 친인척 펀드에서 투자받거나 시리즈 A(벤처캐피털 등 기관에서 받는 첫 번째 투자) 규모를 미국에서는 엔젤이라고 부를 정도입니다. 그 전에는 보통 시드머니(종잣돈)라고 하죠. 3억을 받으면서 시리즈 A라고 하거나,

또는 엔젤인데 시리즈 A 수준인 3억이 되기도 해서 경계가 모호해요.

권일운 그래서 모 정치인이 얘기했잖아요. '사실상'이라고. 사실상 시리즈 A다! (웃음)

박영욱 엔젤로 받아도 계약서에는 시리즈 A로 하나요?

김현진 그렇죠. 우리가 오늘 정의를 내려버립시다. 대한민국에서 1억 미만은 시드머니, 3억까지는 엔젤투자, 그리고 10억 이상부터 시리즈 A라고 하면 되겠네. 3억에서 10억이 어정쩡하긴 하다.

권일운 애매한 걸 정리해주는 최효종한테 물어볼까요? (웃음) 저는 이렇게 생각하면 좋을 것 같아요. 중소기업청에서 라이선스 내주는 중소기업창업투자회사들이 있잖아요. 창투사들이 본계정(자기자본계정) 쏘는 건 예외적인 경우라고 하고 조합, 그러니까 펀드에서 받았다고 하면 액수가 1억이든 3억이든 시리즈 A라고 봐도 무방하지 않나 싶어요.

김현진 이게 참 애매해요. 일단은 횟수로 따지는 게 맞는 거 같아요. 처음 받으면 무조건 엔젤, 두 번째 받으면 시리즈 A, 세 번째 받으면 시리즈 B(기관에서 받는 두 번째 투자)라는 식으로요. 그리고 나서는 회사를 매각하든가 IPO(Initial Public Offering, 기업 공개: 주식공개상장. 기업이 최초로 외부투자자에게 주식을 공개 매도하는 것으로 보통 코스닥이나 나스닥 등 주식시장에 처음 상장하는 것을 일컬음)로 가겠죠. 이 앞의 시드는 대부분 가족이라고 치면 되고.

박영욱 사업한다고 했을 때 아버지가 1억 주시고 하는 경우는 정말 없을까요?

김현진 있어요. 아주 가까운 친구가 우리나라에서 제일 좋은 대학교 경영학과 나와서 대기업에 있다가 그렇게 창업했습니다.

박영욱 그것도 시드머니인 거죠?

김현진 이게 참 경계가 애매해서 금액으로 따지는 게 정신 건강에 제일 좋은 것 같아요.

박영욱 본엔젤스벤처파트너스(네오위즈 공동 창업자 장병규 대표가 만든 벤처캐피털. 엔젤 단계의 소액 투자를 주로 함)에서 투자받는 건 엔젤이냐 시리즈 A냐도 애매하죠.

권일운 본엔젤스벤처파트너스가 지금은 창투사 라이선스를 땄잖아요. 예전에는 명확한 엔젤이었지만. 현재 그 정도가 되면 시리즈 A라고 봐도 될 거 같아요. 그러면 프라이머(이니시스 창업자 권도균 대표가 이끄는 엔젤투자집단)나 고벤처(고영하 회장이 이끄는 엔젤투자집단)에 계시는 분들께서 n분의 1로 해주는 건 시리즈 A일까요?

권일운 약간 다른 얘긴데요. 프라이빗에쿼티펀드(Private Equity Fund, 사모펀드: 50인 이하의 조합원[무한책임사원]이 자금을 모아 유한책임사원에게 운용을 맡기는 펀드)랑 벤처펀드(Venture Fund: 벤처캐피털이 운용하는 투자조합)가 뭐가 다르냐고 묻는 분들이 많아요. 사실 똑같습니다. 둘 다 사모 형식의 펀드니까요. 쉽게 말해서 벤처펀드도 프라이빗에쿼티 펀드에 속합니다. 우리나라는 중소기업청에서 관할하는 펀드는 벤처펀드라 하고, 금융감독원에 등록하면 프라이빗에쿼티펀드라고 합니다.

뼛속까지 진짜 천사 본엔젤스

김현진 결국은 돈의 구조는 똑같다는 거죠. 그럼 창업을 하는 분들도 계시고 이미 창업을 시작해서 막무가내로 달리시는 분들도 계실 텐데 우리나라에서 엔젤투자를 해주는 기관이 어디 있는지를 얘기해보죠. 일단은 지금까지 평도 좋고 잘해주고 있는 본엔젤스가 있습니다.

권일운 본엔젤스는 천사예요, 천사. 뼛속까지 천사! (웃음)

김현진 제가 이름을 여쭤봤더니 '본'이 영어 'born'의 '태어나다'라는 의미도 있지만 한자 '本'의 '참'을 의미한다고도 하더라고요.

권일운 아, 레알 엔젤스구나!

김현진 네. (웃음) 저희가 알기로는 본엔젤스는 평균 1억에서 3억 정도를 투자합니다. 굉장히 좋은 분들이죠. 장병규 사장님, 송인혜 이사님, 강석흔 이사님의 3인 체제로 만장일치가 됐을 때 투자를 한다고 하네요. 지금 가장 인기 많은 스마트폰 애플리케이션 중에 하나인 '배달의 민족'과 '쿠폰모아'를 하는 씽크리얼즈(씽크리얼즈는 '쿠폰모아'를 운영하다가 최근 카카오톡에 인수됐다)에도 투자했습니다. 요즘은 새롭게 주목

받고 있는 카카오톡과 카카오톡을 맹추격하고 있는 틱톡에도 투자했다고 들었습니다. 이런 본엔젤스가 있고 그것보다 약간 금액은 적지만 대학생들에게 투자하는 프라이머도 있죠.

권일운 창투사 등록이 됐느냐 아니냐가 아니라 사이즈로 나눈 거죠?

김현진 그렇습니다. 프라이머는 평균 밸류에이션(Valuation, 기업의 가치평가)을 2억 정도로 잡고 2천만 원 정도의 시드머니, 그러니까 대학생들이 초기에 창업할 수 있는 종잣돈 정도를 투자해주는 걸로 알고 있습니다.

박영욱 요즘은 창업하려면 시드머니는 얼마 정도 갖고 시작하는 게 유행인가요?

김현진 100억이죠. 어디 가서 창업한다고 해놓고 100억도 없이 할 수 있겠어? (웃음) 웃자고 하는 얘기고요. 요즘은 보통 2천만 원에서 3천만 원 정도 하는 것 같더라고요. 신용보증기금에서는 대학생이 창업을 하면 3천만 원이 한도라고 하더군요. 매출이 없고 막 설립된 법인의 경영진이 대학생일 때는 신용보증기금에서의 평가 기준이 3천만 원, 그러니까 2~3천이 현실적인 선에서 쓸 수 있는 자금인 것 같습니다. 물론 시작부터 1억이 있으면 좋겠지만요.

박영욱 스텝을 나눠서 보자면 2, 3천으로 회사를 설립하고 아이템 좀 개발하다가 프라이머에서 엔젤투자를 받은 후 본엔젤스 같은 곳에서 소액으로 시리즈 A를 받는 식이죠. 그리고 그다음에 소프트뱅크벤처스라던지 다른 벤처캐피털에서 받으면 되죠.

김현진 그렇죠. 두 가지 유형이 있는 것 같습니다. 최근에 애드투페이퍼라는 회사의 젊은 여자 사장님과 대학생 사장님이 프라이머에서 돈을 받아 사업을 시작하고 나서 다음커뮤니케이션에서 투자를 받았죠. 아니면 KT로 인수된 엔써즈(동영상 서비스 업체. KT가 엔써즈의 기업가치를 450억 원으로 평가했고, 인수했다)처럼 창업하고 나서 용역 같은 걸로 돈을 벌어서 회사를 굴리다가 본엔젤스 같은 곳에서 1억에서 3억 정도 엔젤투자를 받는 방식이 있습니다. 그리고 소프트뱅크 같은 곳에서 시리즈 A를 받고 B를 받아요. 출발선에 따라 다른데 본엔젤스 같은 곳은 경력이 있는 분들이 투자를 받기에 좋은 것 같고요. '쿠폰모아'를 운영하신 분들도 NHN에 다녔던 경험이 있었죠. 프라이머는 대학생인데 휴학생이거나 좀 작게 시작할 때 적합한 구조가 아닌가 싶어요. 요즘 대세는 이 정도인 것 같아요.

권일운 저는 대졸이니까 프라이머에서는 못 받아요? (웃음)

김현진 대학교를 졸업하신 분들은 바로 기술보증기금으로 가세요. 연대보증을 서서 2억까지 당기고 제품 잘 만들어 바로 소프트뱅크나 스톤브릿지 같은 데 가서 시리즈 A로 가면 됩니다.

권일운 연대보증은 엄마, 아버지, 삼촌 등등 쫙 엮어서 가면 되는 건가요, 그냥?

김현진　그렇죠. 참고로 설명합니다. 우리나라에는 연대보증이라는 제도가 있죠. 지분을 51퍼센트 이상 들고 있는 대주주는 연대해서 빌린 돈에 대한 책임을 지게 돼 있습니다.

정부가 최초로 '엔젤'이라는 명칭을 준 펀드

김현진　그런데 국가기관에서 준비하고 있는 엔젤펀드가 있다면서요.

권일운　2011년 11월에 엔젤투자지원센터 개소식이란 걸 했습니다. 중소기업청에 벤처투자를 담당하는 벤처투자과가 이곳에서 모태펀드(Fund of Funds: 모태펀드에서 벤처캐피털로 자금이 지원되면 벤처캐피털은 다른 투자자를 모아 벤처펀드 규모를 확대한다. 벤처캐피털 당 투자 금액은 100억 원 안팎)를 관리감독합니다. 공무원이 직접 운용하는 게 아니라 한국벤처투자라고 하는 중소기업진흥공단이 100퍼센트 지분 가진 공기업에서 합니다. 모태펀드는 중기청 예산으로 만든 중진계정에서 몇 백억, 문화체육관광부 예산으로 만든 문화계정에 몇 백억씩 매년 2~3차례 정기적으로 돈을 씁니다. 여기에 근거가 되는 연간 사업 계획이 있고요. 2011년도 연간 사업계획을 보면 중소기업청이랑 한국벤처투자가 엔젤투자매칭펀드를 만들겠다는 내용이 있습니다.

김현진　엔젤펀드라는 이름으로는 처음 생기는 거죠?

권일운　그렇죠. 정부 주도로 펀드 이름에 엔젤이라는 두 글자를 박는 경우는 처음입니다. 일각에서는 실업 대책을 마련해야 하는 정부의 압력 때문에 나왔다는 얘기가 돌고 있습니다. 그러니까 "실업률이 높아지니까 차라리 노는 애들한테 창업을 하라고 해서 부가 가치를 늘리자. 창업장려책으로 돈을 주자"라는 거죠.

김현진 항상 이슈가 되는 문제인데, 투자심사는 누가 합니까? 또 교수님들이 하는 겁니까? 아니면 저희같이 이미 현업에서 밑바탕 깔고 있는 20, 30대 CEO 중에 하나를 불러서 하나요? 여기에 전문 벤처투자심사역도 같이 해야 현실적일 텐데요. 누가 하는지 궁금합니다. 그런 건 아직 확정된 게 없나요?

문제는 투자심사

권일운 일단 2011년 8월부터 한국벤처투자에서 엔젤펀드 만드는 작업을 시작했고 연내에 100억 짜리로 조성하겠다는 안이 나왔습니다.

여기서 문제가 되는 게 심사죠. 공무원들이 심사를 하느냐? 그건 현실적으로 쉽지 않습니다. 그리고 한국벤처투자는 벤처캐피털 산업을 활성화시키기 위한 모태펀드를 운용하는 데라서 개별 기업에 대한 심사를 한다는 건 어폐가 있을 수 있습니다. 그래서 여러 방안을 검토하셨더라고요. 몇 달 동안 빡세게 하신 걸로 알고 있는데 대충 로직을 들어 보니 이렇더라고요. 엔젤투자자들이 '이 기업 괜찮다. 이 기업에 투자를 할 만하다'라고 컨센서스를 형성한 기업 리스트를 뽑아서 와요. 그러면 엔젤투자매칭펀드에서 보고 괜찮다는 생각이 들면 동일 금액을 투자해주는 거죠. 그런데 이 펀드가 아무래도 나랏돈으로 만들어져 있는 데다 운용하시는 분들이 관료주의에 젖어 있을 수 있습니다. 그래서 다양한 산업에서 다양한 경험을 가진 엔젤투자자들을 늘릴 필요가 있었던 것 같습니다. 그래서 엔젤투자지원센터라는 곳을 만들었습니다. 여기는 엔젤투자자, 즉 지금 전업 내지 부업으로 엔젤투자를 하시는 분들에게 '이런 곳에 투자할 수도 있습니다'라는 걸 알려주거나 '엔젤투자는 이렇게 하시면 됩니다'라고 알려주는 곳입니다.

김현진 구조가 너무 복잡하네요. 저는 엔젤펀드는 아니지만 중소기업청에서 이것저것 심사 좀 해달라고 부탁을 해서 간 적이 있습니다. 분명 제도적으로는 잘 만들어져 있고 벤처를 육성하려고 노력하는 게 보여요. 하지만 항상 문제가 되는 건 이해관계가 복잡하게 얽힌 사람들이 심사를 한다는 거예요. 그래서 창업하기 위해 돈을 필요로 하는 수많은 젊은이가 나라에서 지원을 해주는 게 있을 때 정작 지원받기가 힘들어요. 심사할 때 보면 형식적으로 점수표 딱 놔두고 특허가 있느냐 없느냐, 대표가 경력이 있느냐 없느냐, 대학교 졸업이냐 아니냐 등, 이런 걸로 5점, 4점, 3점씩 주면서 쫙 분류를 해요. 이런 경우가 대단히 많아요. 제가 또 놀랐던 건 심사를 주도하는 분 중에 교수님이 많다는 거예요. 경영학과 교수님이 와서 그걸로 용돈벌이도 하시고 그래요. 자기 제자 회사도 좀 밀어주는 거 같고요. 이래서 이런 일이 생기지 않으려면 심사가 명료화, 단순화 되고 현업에 있는 사람이 참가해야 할 거 같아요. 어쨌든 잘됐으면 좋겠어요. 어떨 거 같아요?

권일운 일단 어떻게든 나라에서 100억 원이라는 총알을 장전해놨다는 데 의미가 있죠. 이것도 없던 시절이 있었잖아요. 100억 원이라고 하면 5천만 원씩 200곳에 쓸 수 있어요. 보통 시리즈 A단계에서도 10곳에 투자하면 9곳이 날아간다고 하잖아요. 초기 단계로 올수록 리스크는 더 커진다고 해도 200곳에 투자해서 10곳을 살릴 수 있다면 나쁘지 않다고 봅니다.

김현진 교수님들이 돈만 안 빼 드시면 됩니다. 이게 정말 중요해요. 2011년 초에 중소기업청 서승원 창업벤처국장님이 부르셔서 갔더니 "국가적 프로젝트로 창업 매뉴얼을 만들어 뿌리겠다"라고 하시더군요. 그 자리에 저랑 마이크임팩트의 한동원 대표 둘만 벤처 사장이었고 나머지는 다 출판사 관계자랑 교수님들이었어요. 원래 서승원 국장님께서는 첨엔 별거 아닌 프로젝트라고 생각했는데 제 얘기를 듣고 "예산을 최대로 늘릴 테니 김현진 사장 주도 아래 세게 한번 해라"라고 하셨어요. 그래서 저는 최대한 현실적인 매뉴얼을 만들어야겠다고 생각했습니다. 그런데 저한테 주도권을 준다고 해놓고는 두 달 동안 아무런 연락이 없었어요. 글쎄, 저만 빼고 경영학과 교수님들이 출판사하고 따로 미팅을 했더라고요. 그 후에 일방적으로 통보를 받았습니다. "예산을 1억 정도 받았는데 김현진 사장 자문료로 250만 원이 나간다. 그리고 9천몇백만 원은 교수님들이 가져간다"라고요. 교수님들이 엄청 기분 나빠 하셨대요. "왜 김현진이 이걸 주도하느냐"라고 했던 거죠. 결국 책은 나왔어요. 얼마 전에 모 사장님이 청와대에 초청을 받아서 갔더니 그 책을 주더래요. 감수에 '김현진'이라고 돼 있었다고 했어요. 대통령이 줄 책이었는데 정작 저는 250만 원짜리였던 거죠. 그래서 제가 "교수님들은 뭘 하셨나?" 물어봤어요. 알고 봤더니 교수님들이 학교 강의에서 쓰던 파일 몇 개를 던져놓으시고 몇 천만 원씩 나눠 가지신 거예요. 제가 파일을 열어봤어요. 첫 번째 페이지에 뭐가 있었는 줄 아세요? '쿠팡' 기사 스크랩이 있었습니다. 이런 자료들로 이뤄진 파워포인트 파일이었던 거죠. 물론 출판사 직원과 중기청 공무원들은 저한테 엄청 미안해하셨어요. "어쩔 수 없다. 이게 우리나라의 관례고 교수들이 자기들에 대한 리스펙트를 보여달라고 했다"라고. 이런 걸 보면 펀드가 새로 생기더라도 이해관계자가 많이 끼어들 거예요. 잘못하면 눈먼 돈 되는 겁니다.

권일운 1조가 있어도 결국은 나한테 꽂혀야 되는 거지! (웃음)

김현진 그렇죠! 눈먼 돈이 아니라 실제로 필요한 사람한테 꽂히는 돈이 돼야죠. 엄한 데로 가지 않도록 정말 철저한 감사기관 같은 게 생겨서 앞으로는 좋은 국가펀드가 청년 창업자들에게 많이 전달되면 좋겠네요.

권일운 국가에서 관리감독을 강화해야 한다고 하셨는데 이게 또 어려움이 있습니다. 아까 제가 5천만 원 기준으로 200곳에 투자할 수 있다고 했죠? 제가 종종 중소기업청에 전화를 해서 누구 과장님, 누구 사무관님, 누구 주무관님 계시냐고 물으면 "안 계십니다"라고 합니다. "그럼 언제쯤 들어오시나요? 아니면 휴대폰으로 전화하면 통화가 되나요?"라고 다시 물어보는데 제가 유일하게 꼬리를 내리는 때가 있습니다. "국회에 가셨습니다"라고 할 때예요. 무슨 얘긴가 하면 감사나 사정기관에서 수시로 부릅니다. 관리감독 시간보다 보고 시간이 더 많다는 얘기죠. 거기다가 불러다놓고 "너네 이거 100억 어디에 깨먹었어?"라고 하면 그분들은 미치는 겁니다.

김현진 이런 일이 자꾸 반복되면 안 깨지려고 쪼개기 투자를 하고 관리

해야 할 대상은 늘어나고. 악순환이네요. 감사도 참 잘해야겠어요.

가시적 성과가 기대되는 청년창업투자펀드

박영욱 이전에도 비슷한 창업 펀드가 있었죠? 청년창업투자펀드라고 한국정책금융공사에서 했던 거 있잖아요.

권일운 네. 2011년도에 정책금융공사가 만들었던 펀드가 있었어요. 그런데 처음에는 벤처캐피털 쪽에서 말이 많았어요. LP(Limited Partner, 유한책임사원: 펀드에 투자하고 나중에 펀드에 투자한 지분 비율만큼 수익을 나눠 가는 조합원. 펀드를 직접 운용하는 무한책임사원에 비해서는 책임이 한정돼 있다) 구하기가 만만찮을 거라고요. 일단 벤처캐피털의 구조를 좀 아셔야 할 거 같아요. 벤처캐피털에 돈을 주는 곳은 크게 모태펀드와 한국정책금융공사, 국민연금 같은 곳이 있어요. 그 외에 다른 LP들이 펀드에 들어옵니다. 일명 '쩐주'죠. (웃음) 전주가 "내가 100억을 줄 테니 넌 200억짜리 펀드를 만들어와라"라고 합니다. 그러면 나머지 100억 원은 기업이나 다른 금융기관에서 받아 와서 200억 짜리 펀드를 만듭니다. 개인이 돈 많으면 개인이 넣어도 되고요. 보통은 총 약정액(펀드의 규모. 여러 사람의 투자자가 출자키로 한 자금의 합계)의 50~70퍼센트 정도를 모태펀드나 정책금융공사에서 출자를 해줍니다. 무슨 얘기냐면 200억짜리 펀드를 만들면 140억 원 정도를 한 전주가 주고 60억 원을 방금 말했던 곳에서 구해 와야 하는 거죠. 벤처캐피털 입장에서는 나머지 돈을 만들어오는 게 어렵고 귀찮은 일입니다. 왜 우리에게 돈을 줘야 하는지, 나중에 얼마나 돈을 불려줄 수 있는지를 설명해가며 다른 LP들을 꼬셔야 됩니다. 그런데 이번 청년창업투자펀드가 훌륭했던 건 총 약정액의 90퍼센트를 정책금융공사가 한방에 줬다는 겁니다. 나머지 10퍼센트만 구하면 되는 거죠. 실제로는 10퍼센트도 안 됩니다. 전주들은 펀드 만들 때 벤처캐피털에게 작게는 약정액의 1퍼센트 정도를, 많게는 5퍼센트씩을 넣으라고 합니다. 100억이면 1~5억은 넣으라는 얘깁니다. "투자 잘못하면 벤처캐피털 니네 돈도 날아간다. 그러니까 잘해라"라는 뜻입니다. 보통 최소 기준을 둡니다. 물론 돈 많은 벤처캐피털이면 더 넣어도 됩니다. 한국정책금융공사의 청년창업투자펀드 같은 경우는 90퍼센트를 주고 벤처캐피털이 조금 넣으면 나머지는 정말 조금만 해오면 됩니다. 그러니까 다들 이 펀드 받아보려고 난리가 났죠. 처음에는 청년창업투자펀드라는 게 생긴다고 하니까 벤처캐피털들 사이에서 "서류 한 장 갖고 오는 대학생들한테 돈 줘야 되는 거 아니냐? 걔들을 뭘 보고 투자해"라는 얘기도 나왔습니다. 그렇지만 나라에서 펀드 다 만들어준다고 하니까 한번 질러보자고 여기저기서 들어갔어요. 펀드 운용할 벤처캐피털 선정은 2011년 7월에 했습니다만 아무리 소액이라고는 하지만 LP들을 모아오는 시간이 걸리니까 뭐가 좀 나오려면 시간이 걸립니다.

엔젤펀드를 받을 수 있는 창업의 정석

김현진 창업을 준비 중이거나 막 창업을 시작한 분들은 우리나라의 이런 상황을 잘 모르니까 '엔젤펀드가 생겼으니까 우리도 대상에 속하겠구나'라고 막연하게 기대를 하실 수도 있어요. 하지만 실상은 조금 달라요. 그래서 수학의 정석처럼 창업의 정석을 확실하게 정리해드릴게요. 다짜고짜 자본금 얼마 되지도 않는 법인 만들어서 1인 기업인데 나라에서 하는 엔젤펀드 달라고 찾아다니면 아무도 안 줍니다. 불가능하다고 봐야죠. 처음에는 3천만 원에서 5천만 원 정도를 부모님한테 받고 시작하시든가 그게 자신이 없으면 신용보증기금나 기술보증기금에 가서 2천만 원에서 1억 원 정도를 받으세요. 매출 없고 막 만들어진 법인은 5천만 원 받기도 힘들다는 점 기억하시고. 일단 그거 받으시고 데모 버전을 제작해야 하는데 최대한 본인 역량으로 끌고 가셔야 합니다. 그 정도 規모는 됐을 때 나라에서 하는 엔젤펀드니 뭐니 찾아다녀야 가점을 받아요. 자본금도 없는데 아무나 엔젤펀드 해주지 않습니다. 무작정 사업계획서 들고 투자해달라고 뛰어다니면 6개월은 까먹습니다. 그 시간에 제품 빨리 만드시는 게 나아요.

권일운 차라리 군대를 가는 건 어때요? (웃음)

김현진 군대를 가는 것도 굉장히, 대단히 엑셀런트한 방법입니다. (웃음) 남자들은 정말 병역특례 가시는 게 굉장히 좋습니다. 경력으로 인정되는 거니까요. 현역도 좋지만 대학생인데 군대 갈 계획이 있고 앞으로 창업할 생각이라면 넥슨, NHN, 네오위즈 같은 좋은 회사에서 병역특례로 근무하세요. 그 병역특례 경력을 가지고 복학해서 학생 자격으로 창업하면 5천만 원 이상 받을 수 있습니다. 경력으로 인정되기 때문에 겁먹지 마시고, 쫄지 마시고 일단 시작하셔야 합니다. '언젠가 나라에 엔젤펀드가 만들어지니까 기다렸다가 받아서 해야지'라고 생각하면 아무도 투자하지 않습니다. 이 엔젤펀드의 이름에 붙은 엔젤이라는 단어가 좋은 단어긴 하지만, 아직까지 우리나라 천사들은 아무것도 없는 상태에서 페이퍼만 보고 돈을 쏴주는 경우가 흔하지 않습니다. 그러니까 어느 단계까지는 본인이 팀을 만들고 리스크를 끌어안아야 해요. 하다못해 보증금 500에 월세 30만 원짜리 오피스텔이라도 직접 구하고 네다섯 명짜리 팀이라도 있어야 해요. 빌린 돈이든 부모님한테 받은 돈이든 들고서 데모 버전 제품을 만들 수 있을 때까지 버텨야 투자받을 수 있어요. 지금 엔젤펀드 얘기하고 있다고 해서 종이 한 장 들고 다니면 투자받을 수 있겠지 생각하면 절대 안 됩니다.

박영욱 초기에 3천만 원도 없으시면 창업경진대회 많으니까 거기 나가세요. 지원해주는 사업도 많고요. 그런 데는 종이 한 장 갖고는 안 되고, (웃음) 열 장 내외로 써서 지원하셔야 합니다. 그런 데 많이 참여해서 팀 만들고 데모 버전 만드는 경험도 좋은 것 같아요. 조금 더 검증받은 셈이잖아요. 엔젤투자 받을 때도 더 유리하지 않을까 생각합니다.

기술보증기금이나 신용보증기금을 받고 시작하는 게 좋은 이유

김현진 그리고 연대보증 자체는 안 좋다는 걸 감안하더라도 신용보증기금나 기술보증기금은 받고 시작하는 게 좋아요. 그 사람들도 공무원이기 때문에 기본적인 평가라는 걸 하거든요. 그걸 받았다는 것은 이 회사가 기본적으로 금융거래를 할 수 있는 정도이며 사장이 대학생이든 고졸이든 무관하게 기본은 된 회사라는 걸 검증받았다고 볼 수 있습니다. 일반적으로 기술보증기금이나 신용보증기금으로 사업을 시작하고 나중에 투자를 받을 때 투자사한테 그런 옵션을 걸죠. "우리가 이 사업을 하면서 기술보증기금을 1억 정도 당긴 게 있는데 투자받을 때 이거 다 상환하겠다"라고요. 열린 마음의 벤처캐피털은 이런 옵션을 넣으면 받아줍니다. 그때는 개인 부채와 연대된 부채까지 몽땅 갚을 수 있습니다. 맹랑하게 종이 한 장 들고 다니면서 "이런 거 할 거예요.

30억 쏴주세요" 이런 말도 안 되는 소리하지 마시고요. 구색은 갖춰놓아야 이른바 전주들의 마음도 움직인다는 거죠.

권일운 그러면 신용보증기금이나 기술보증기금은 차입금으로 잡히는 건가요?

김현진 그렇죠. 법인 차입이고, 대표이사가 연대보증을 서죠. 정확히 말하면 신용보증기금과 기술보증기금이 은행에 보증을 서주는 겁니다. 젊은 사람들이 창업을 하려는데 담보가 없으니까 두뇌를 담보로 잡는 거죠. (웃음) 나의 지식을 담보로 신보나 기보에서 "얘 지식은 5천만 원짜리다, 1억 짜리다"라고 은행에 얘기하면 은행에서 회사로 돈을 쏴주는 겁니다. 회사가 망하면 기보나 신보에서 대신 은행에 돈을 갚아주는 거고요. 은행은 기보나 신보에서 담보 잡고 있으니까 손해볼게 없죠. 망하면 기보나 신보가 대주주를 쪼는 거죠. "망했으니까 대주주가 갚아" 이런 식입니다.

권일운 이자도 내야 돼요?

김현진 이자는 생각보다 싸요. 매달 내는데 연 6.6퍼센트 정도 됩니다. 매년 조금씩 바뀌긴 해요.

박영욱 보증은 1년 단위로 갱신하셔야 합니다. 그리고 은행과 협상하는 것은 사장하기 나름이고요. "1년에 이자를 얼마 내겠다" 아니면 "매달 얼마씩 이자를 내겠다" 같은 건 은행과 직접 상의해야 됩니다. 일반

대출이랑 똑같다고 생각하시면 됩니다. 대신 보증을 기술보증기금, 신용보증기금에서 서고요.

김현진 사실 은행 입장에서는 기술보증기금, 신용보증기금 보증서를 받으면 안전하기 때문에 엄청 좋아합니다. 기보나 신보 받아서 은행에 가면 지점장이 나오는데 보증서를 보고는 "아, 이렇게 젊으신 분이 어떻게 이런 걸"이라며 엄청 좋아해요.

박영욱 100퍼센트 확실한 담보잖아요. 이자도 꼬박꼬박 내니까 손해볼 게 없죠.

김현진 기술보증기금, 신용보증기금 받을 때 참고사항을 한 가지 알려드릴게요. 은행에서 이것저것 엄청 만들라고 합니다. "사장님 신용카드 만드시고 직원들 급여통장도 만드시고"라면서. 그때는 "그냥 다 만들어주세요"라고 하면 0.3퍼센트라도 이자를 깎아줍니다. 그분들은 실적 올리고요. 사실 이자는 별로 신경 쓰지 않아도 돼요. 기보나 신보 받을 때는 그냥 거기서 이자 낸다고 생각하시면 돼요. 기술보증기금을 3억 받았다고 가정해봅시다. 만약 3억에 7퍼센트 이율이 붙었고 3년 내에 한 푼도 상환 안 한다고 하면 이자만 6천만 원 정도 됩니다. 그래서 본인이 실제로 쓸 수 있는 돈은 2억 5천이라고 생각하면 정신건강에 좋아요.

권일운 그러면 그 이후에 엔젤이 됐든 시리즈 A가 됐든 투자금을 차입금 상환에 써도 된다는 거죠?

김현진 그건 협의하기 나름입니다. 현명하게 투자를 받으려면 보통 이렇게 하죠. 기술보증기금에서 받은 2억에서 3억으로 2년 정도 회사를 운영합니다. 제품이 나왔고 시장이 어느 정도 확보됐지만 수익은 많이 내지 못하거나 적자라면 시리즈 A 협상을 바로 들어가는 겁니다. 물론 저희는 시리즈 A를 받아본 적이 없지만요.

권일운 근데 왜 아는 척해! (웃음)

김현진 받으려고 많이 연구했거든요. 모 게임 회사가 시리즈 A를 받은 경우를 보죠. 이미 기술보증기금 3억 받은 상황에서 스톤브릿지캐피털에서 투자를 받았다고 해요. 스톤브릿지랑 외국계 회사가 코인베스터 (Co-Invester, 공동 투자자)로 들어오겠다고 했고요. 그러면 15억 정도가 필요할 때 이렇게 얘기해야 합니다. "기보가 3억 있어서 18억 받으면 이 중에서 3억은 기보를 갚을 거다"라고요. 18억 받아서 3억 기보 상환했으니 실제 투자받은 돈은 15억인 겁니다. 그런데 15억으로 사업을 하다 보면 2년 정도 지나서 또 돈이 필요한 경우가 생깁니다. 시리즈 B 못 받으면 다시 기술보증기금 가서 돈을 빌리면 됩니다. 만약에 앞서 상환을 했던 기록이 있다면 그다음은 매출을 따지기 때문에 예전보다 더 좋은 조건으로 기술보증기금을 받을 수 있습니다. 물론 그렇게 투자금 다 떨어져서 기보 다시 당기는 경우까지 가면 위기에 몰렸다고 보는 게 맞죠.

박영욱 두 번째 기술보증기금이 돈은 훨씬 많이 줍니다. 상환한 경력 한 번이라도 있으면 두 번째 부터는 조건이 더 좋아져요.

김현진 그렇죠. 아무래도 신용등급이 올라가니까. 하지만 두 번째 기술보증기금 받을 때는 매출을 본다는 거 알아두셔야 합니다. 그래서 매출도 없는 상태에서 상환하시고 다짜고짜 가서서 "다시 한 번 더 주세요"라고 하기보다는 적자를 내도 좋으니까 매출이 나고 있을 때 기술보증기금을 상환하고 다음에 다시 받으시는 게 전략적으로 훨씬 더 좋습니다.

이왕 쏠 거면 통 크게 쏴주세요

그리고 엔젤펀드도 중요하지만 당장 시급한 건 기술보증기금 한도예요. 좀 늘려야 해요. 요즘 기술보증기금 받은 회사들 보면 1년 미만이지만 정말 훌륭한 회사들 많아요. 그런데 제가 아는 어떤 소셜 데이팅 회사는 매출도 있는데 1억밖에 못 받았더라고요. 어떻게 1억으로 사업을 합니까? 매출이 1억이 넘는 회산데요. 그러니까 주실 거면 이런 회사는 3억씩 해주셔야 하는 거예요. 이 회사는 더 받고 싶었는데 2011년에 1억이 표준인 분위기였다고 하더라고요. 연대보증 서면서까지 돈 끌어쓰겠다는 건데 한도 좀 올려주세요. 5억 정도로.

박영욱 매년 줄어드는 것 같네요.

권일운 제 생각에는 이런 게 있을 거 같아요. 예를 들어 윗선에서 "야, 올해는 몇백 개 기업에 쏴라"라고 오더를 주는 거죠. 전체 파이는 똑같고, "안 주는 것보다는 나으니까 쪼개서라도 줘라"라는 식으로.

김현진 젊은 친구들이 처음 사업하면 1억이 굉장히 큰 돈 같은데 막상 그렇지가 않습니다. 법인 운영해보신 분은 다들 공감할 거예요. 대부분의 경우 1억 받아서 사업하면 꼭 나중에 3천만 원이, 5천만 원이 모자랍니다. 불과 3년 전만 해도 2억, 3억씩 해줬거든요. 그런데 2010년 하반기부터 1억으로 통일하더라고요. 무슨 룰 때문인지는 모르겠는데 집행하는 법인 개수를 좀 줄이고 한 회사에 예전처럼 3억, 5억은 해주셔야 합니다. 불론 망하는 건 리스크지만 까놓고 얘기해서 대학생 때 창업해서 망하면 1억이든 5억이든 얼마가 되었든 못 갚습니다. 그걸 무슨 수로 갚아요. 그럴 거면 엎어져도 제대로 엎어지게 해야죠. 옛날에 판도라 TV 부사장님이 저한테 해주신 이야기가 있어요. "김 사장, 3억으로 엎어지나 5억으로 엎어지나 못 갚는 건 똑같아"라고. 이거 정말 명언입니다. "못 갚겠다. 배 째라"라고 하는 게 아니에요. 젊은 친구들은 자기 인생 걸고 사업합니다. 그냥 돈 달라는 게 아니에요. 그러니까 내년에는 한도 3억 이상으로 늘려서 좀 공격적으로 할 수 있게 도와주세요.

권일운 사실 정책자금이라는 건 몇 군데 집행되는지도 중요하긴 해요. 주는 입장에서는 이렇게 얘기할 수도 있죠. "진짜 안타깝지만 우리도 들고 있는 돈이 이게 전부다. 적게라도 줄게"라고요. 1억 원이나 3억 원이나 5억 원이나 다 큰돈이잖아요. 1억이라도 받아서 성장할 수 있는 업체를 찾았다면 그거라도 줘야죠. 물론 1억으로 되는 업체, 3억으로 되는 업체, 5억은 있어야 하는 업체를 골라낼 수 있는 기준은 잘 만들어야 하고요.

중소기업장관이 필요할 때

김현진　정책자금이 적재적소에 들어갈 수 있도록 윗선에서 꼭 해주셨으면 하는 게 있습니다. 지금 벤처를 관할하는 곳이 중소기업이잖아요. 수장은 중소기업청장님이고요. 청장님이 아니라 장관님으로 격상시켜주셔야 합니다. 중소기업청장님이 아니라 중소기업장관님으로요. 얼마 전에 국회의원 한 분이 중소기업청장님이랑 벤처 사장들 불러서 간담회를 했어요. 그때 누군가 청장님께 드린 말씀이 있어요. "내년에는 청장에서 장관으로 승진하시면 좋겠다"라고요. 앞에서 얘기한 기술보증기금도 그렇고 나라에서 하는 엔젤펀드도 그렇고 이런 게 좀 더 많이 벤처기업한테 퍼지려면 청장님께 힘을 더 실어줘야 합니다. 그러니까 장관으로 격상해주세요. 정말 중요합니다.

권일운　중기청에 힘을 실어주자는 얘기가 나온 김에 이것도 얘기해보죠. 최근에 정책 자금을 효율적으로 굴리려면 출자 창구를 단일화하는 게 좋다는 논의가 시작됐어요. 정책 펀드가 중소기업청에서 나오는 것만 있는 게 아니에요. 지식경제부에서는 신성장동력펀드라는 걸 만들고 농림수산식품부에서는 농식품펀드를 만들었습니다. 문화체육관광부에서 하는 것도 있고요. 일일이 해당 부처 공무원들이 심사하기 번거로우니까 한 군데 기관 정해놓고 거기서 쏘도록 하자는 얘깁니다. 지금 문체부 펀드는 모태펀드 출자하는 한국벤처투자에서 하거든요. 문체부 펀드처럼 다른 부처 펀드도 한국벤처투자에 몰아주자는 말이 나오고 있습니다. 만약에 이게 한국벤처투자로 집중되면 대장이신 청장님한테도 꽤 힘이 실릴 겁니다. 물론 어디까지나 희망사항일 뿐이지만. (웃음) 대신 공무원들께서 해당 분야의 전문성을 기르려는 노력은 꼭 해주셔야 합니다. 일례로 농업펀드 같은 경우에는 현재 농수산식품부에 수십 년 근무하신 분께서 출자를 담당하고 계십니다. 아무래도 금융 마인드는 좀 떨어지는 게 사실이죠. 이런 점을 극복하려면 최대한 많이 공부하고 연구하셔야 합니다.

김현진　그러니까 사장님들 많이 불러주세요. 사장 3년 이상 하신 분들은 뭘 어떻게 개선해야 할지 다 알고 있습니다. 경영학과 교수님들 좀 그만 부르시고요. 경영학과 교수님들 자꾸 끼어들어서 나랏돈 꿀꺽하지 마세요. 사장님들은 거마비 안 받고도 다 합니다. 후배들, 미래의 창업자들에게 도움이 될 수 있다는 확신만 있으면 벤처 사장들은 언제든 뛰어가서 "이거 이렇게 바꾸시면 됩니다. 같이 연구하시죠"라고 합니다. 그러니까 많이 끼워주세요. 끼워서 개선하면 됩니다.

선배 사업가에게 멘토링을 받자

김현진　그리고 엔젤투자 관련해서 하나 더 얘기할게요. 며칠 전에 최환진 대표님을 만났어요. 네오위즈에서 독립하셔서 이그나이트스파크라는 엑셀러레이터를 세우신 분이죠. 대표님한테 얘기를 들어보니까 네오위즈도 상당히 많은 기업들한테 투자했더라고요. 이미 일고여덟 곳에 투자를 했고 지금도 많은 벤처를 만나고 있다고 합니다. 프라이머도 좋고 본엔젤스도 좋고 네오위즈도 좋습니다. 많이 만나보세요. 이그나이트스파크도 좋고요. 선배들 많이 만나면 좋은 인사이트를 많이 얻게 될 겁니다.

박영욱　잠시 이야기 나누는 것만 해도 더없이 좋은 경험이죠.

김현진 투자를 받고 안 받고를 떠나서 이분들한테는 정말 배울 게 많습니다. 상당한 내공을 가진 분들이기 때문에 잠시 이야기만 나눠도 삽질을 상당히 줄일 수 있습니다.

박영욱 그렇다고 해서 아이템도 하나 없이 덜컥 가셔서 멘토링해달라고 하지는 마시고요.

김현진 맞습니다. 선배 사업가 찾아가시는 건 좋은데 제발 찾아가시려면 뭘 좀 준비해서 가세요. 아무것도 없이 가셔서 그냥 "제가 이런 거 하려고 하는데 잘될까요?"라고 하지 마시고요. 이분들 다 바쁜 분들입니다. 제품이나 서비스에 대한 구체적인 아이디어는 갖고 가시고 서류라도 꾸며서 가셔야 좋은 관계를 유지하실 수 있을 겁니다. 맞다, 그러고 보니까 꼭 찾아뵙고 인사드려야 할 분이 하나 늘었어요. 엔써즈 김길연 대표님인데요. 김 대표님도 처음에 창업한 뒤에 본엔젤스에서 엔젤투자를 받고 회사를 여기까지 키우셨습니다.

권일운 그때 본엔젤스는 창투사가 아니라 레알 엔젤이었지. (웃음)

김현진 그렇죠. 레알 엔젤이었습니다. 그다음에 소프트뱅크에서 시리즈 A를 받으셨습니다. 시리즈 B는 소프트뱅크랑 스톤브릿지, KT캐피털에서 받으셨고요. 그 과정에서 숨피닷컴이라는 업체도 인수하셨습니다. 엑시트 잘하셨으니까 앞으로는 후배들에게도 좋은 말씀 많이 들려주시면 좋겠습니다. 자, 이제 앞으로 KT가 누구를 선택할지 궁금합니다. 제가 감히 예언하지만 블로그칵테일이 아닐까 싶어요.

권일운 블칵은 안 돼. (웃음)

김현진 KT에게 두포크(dofork: 블로그칵테일에서 출시한 음식 사진 공유 서비스)는 꼭 필요한 서비스입니다. 빨리 인수해주세요. 박영욱 대표님이 김길연 대표님보다 외모는 다소 떨어질 수 있지만 다른 조건은 똑같습니다. 아이도 둘 있고, 시리즈 B까지 받았어요. 소문에 의하면 요즘 KT에 계신 분들이 두포크를 많이 사랑하신답니다. 특히 모 본부장님이 많이 밀어주신다고 하더라고요. 아마 KT는 엔써즈 다음으로 블로그칵테일이 필요할 겁니다. 이석채 회장님, 이거 들으시고 레인디에는 관심 안 가지셔도 되니까, 블로그칵테일에 관심 가져주세요. 예언할게요. KT의 다음 타깃은 블로그칵테일 두포크입니다. (웃음)

권일운 블로그칵테일 말고 나를 좀 인수해주면 좋겠다. (웃음)

박영욱 KT 사랑합니다. (웃음)

김현진 박 사장은 KT를 사랑하고 있어요. (웃음)
  자, 그럼 오늘은 이만 정리하겠습니다.

창업할 때 아이템은 어떻게 확보하나요?

일단 사람부터 모아놓고 아이템을 구상하나요?

아니면 하늘에서 아이템이 뚝 떨어지나요?

그리고 자본금과 아이디어 중 더 중요한 것은 무엇일까요?

박영욱   마지막 질문의 답은 자본금이라고 생각합니다. 사실 아이템은 그때그때 바꿔도 돼요. 처음 아이템을 그대로 밀고 나가서 성공하는 케이스는 드물어요. CEO들이 대부분 처음 시작한 아이템에 대해서는 굉장한 애착을 가질 수밖에 없고, 애착을 갖다 보면 그 아이템을 방어하기 위한 논리를 자꾸 만들게 돼요. '이게 진짜 좋은 거야', '6개월만 버티면 돼'라면서 단점도 장점으로 포장하려고 해요. 결국 객관성을 잃어버리게 되죠. 나중에 아이템이 실패한 후에 깨달아봤자 늦어요. 더 오랜 시간 동안 손해를 보는 셈이죠.

김현진   벌리는 건 아무나 해요. 그런데 말이죠. 고수들은 안 벌려요. 안 하는 게 제일 힘들어요. 제일 고수는 하다가 안 될 때 빨리 버릴 줄 아는 사람이에요. 끈기도 중요하지만 안 먹히는 걸 빨리 버릴 줄 아는 것도 중요해요. 아이템에 너무 집착하면, 6개월 동안 아무 반응 없는 아이템을 들고 버티다가 돈을 더 까먹게 돼요. 조금만 더 있으면 될 거라고 버티다가 돈만 더 까먹는 거죠. 거기서 빨리 발을 뺐어야 하는데 말이에요. 그 에너지와 자본으로 다른 걸 하면 더 올라갈 수 있다는 걸 알아야 돼요. 그렇다고 '아이템이고 뭐고 다 필요 없으니까 돈부터 가져오고 시작해라'라고 오해하지는 마시고요. 일단 돈이 좋은 이유는 돈만 있으면 굶어죽지는 않는다는 거예요. 대학생들이 찾아와서 창업한다고 할 때 제일 안타까울 때가 언젠 줄 아세요? "우리는 좋은 사람들이 있습니다. 2년 동안 월급 안 가져가고 라면만 먹을 겁니다"라고 할 때예요. 이건 창업자, 즉 1인자만의 생각이라는 걸 알아야 해요. 1인자의 에너지가 제일 강하거든요. 1인자는 2년 동안 월급 안 가져가도 할 수 있어요. 그런데 나머지 사람은 6개월이 지나도 월급이 안 나오면 자기들끼리 이야기해요. "야, 언제까지 이렇게 해야 되냐. 나가자"라고요. 내 사람을 굶겨 죽이지 않을 정도의 자본은 꼭 있어야 합니다. 자본으로 사람들을 유지할 수 있다면 아이템은 끊임없이 바뀌어도 상관없어요. 정말 운이 필요해요. 대부분은 운이 오기 전에 망합니다. 아이템이 성공하려면 시기도 중요한데 그게 오기 전에 멈춰야 하는 상황이 생겨요. 누구는 3개월 뒤에 성공할 수 있고 누구는 3년 뒤에 누구는 5년 뒤에 성공할 수 있습니다. 타고난 게 다르다는 얘기죠. 땅에 금이나 다이아몬드가 있다는 건 아는데 1년 동안 파도 안 나오니까 미치는 거죠. "그만 할래"라고 포기하면 결국 못 보는 거예요.

벤처 창업자가 꼭 알아야 할 금융 지식

〈벤처기업의 자금 유입과 자본 구조의 변화〉

1단계 창업(회사 설립: 주식 발행)

❏ 재무상태표

자산 1000만 원	부채 0원
	설립 자본금 1000만 원

❏ 주주구성표

주주	주식수	지분율
CEO	2000주	100%

- 창업자는 자본금 1천만 원으로 회사를 설립하고, 주당 5천 원짜리 주식 2000주를 발행
- 부채는 없음

Tip

- 투자금, 자본금의 관계
  - 자본금＝주식수×액면가
  - 자본잉여금＝투자금 - 자본금
  - **cf** 투자 시 자본잉여금이 발생할 경우 재무상태표의 주식발행 초과금 계정항목에 표시. 즉 엄밀히 말해서, VC 투자 10억 받았다고 해서 (등록)자본금이 10억이 늘어나는 것이 아님
- 배수＝주당가격 / 액면가
  - 한국은 자본금을 회사 상태를 판단하는 기준으로 삼으나, 미국은 통상 액면가가 1/1만 달러로서 형식적 숫자에 불과함. 따라서 배수라는 개념을 사용하지 않음

2단계 대출(은행 대출: 부채 증가)

❏ 재무상태표

자산 3000만 원	부채 2000만 원
	자본금 1000만 원

자산 5000만 원	부채 2000만 원
	자본금 3000만 원

❏ 주주구성표

주주	주식수	지분율
CEO	6000주	100%

- 은행 대출 2천만 원을 받아 사업을 해 나감
- 사업이 좀 되어가기 시작해서 자본금 2천만 원을 추가 납입, 회사 규모를 키움
- 추가 대출이나, 투자, 정부 과제 선정을 위해 부채 비율이 과도하지 않은 것이 좋음
- 대출은 지분 구성에는 영향을 주지 않음

3단계 가족 펀딩
(추가 투자: 주식 발행)

❑ 재무상태표

| 자산
7000만 원 | 부채
2000만 원 |
| | 자본금
5000만 원 |

❑ 주주구성표

주주	주식수	지분율
CEO	10000주	100%

• 가족으로부터 2천만 원을 빌렸으나, 부채에 기록되지는 않고 자본금에 반영(화목한 가족을 가정)
• 이 상태에서 회사가 망하면 은행 대출 2천만 원만 갚으면 되며, 가족에게 미안하지만 자본은 회사의 운명과 함께 사라짐
• 여기까지는 여전히 CEO 지분율 100%의 회사

4단계 Seed 펀딩
(Angel 투자: 주식 발행)

❑ 재무상태표

| 자산
2억 5000만 원 | 부채
5000만 원 |
| | 자본금
6250만 원
자본 잉여금
1억 3750만 원 |

❑ 주주구성표

주주	주식수	지분율
CEO	10000주	80%
Angel	2500주	20%

• Angel 투자
 – 투자금액 1억 5천만 원 / 지분율: 20%
  [투자 후 회사 가치 7억 5천만 원]
 – 주당가격: 6만 원(배수: 12)
• Angel 투자는 아직 사업이 검증되지 않은 상황에서 가능성이나 창업자의 역량만으로 투자 결정을 함. 통상 수억 원 투자로 20~30%의 지분을 취득
• 금융권 대출 3천만 원 추가

5단계 Series A
(VC 투자: 주식 발행)

❑ 재무상태표

자산 12억 5000만 원	부채 5000만 원
	등록 자본금 7812만 5천 원 자본 잉여금 11억 2187만 5천 원

❑ 주주구성표

주주	주식수	지분율
CEO	10000주	64%
Angel	2500주	16%
VC	3125주	20%

- VC 투자
  - 매출이 늘어나고 설비나 서비스의 확장을 위해 투자를 유치함
  - 투자금액 10억/지분율: 20%
    [투자 후 회사 가치 50억 원]
  - 주당가격: 32만 원(배수: 64)
- VC 투자는 사업의 검증이 일부 이루어지고, 이때쯤 되면 매출이 잡히고 순이익이 발생할 수도 있음

6단계 Series B
(VC 투자: CB 발행)

❑ 재무상태표

자산 27억 5000만 원	부채 15억 5000만 원
	등록 자본금 7812만 5천 원 자본 잉여금 11억 2187만 5천 원

❑ 주주구성표

주주	주식수	지분율 CB 전환 전	지분율 CB 전환 후
CEO	10000주	64%	51.2%
Angel	2500주	16%	12.8%
VC	3125주	20%	16.0%
CB주식 전환	3906주		20.0%

- CB (전환사채)
  - 기존 주주 지분율 하락 방지 및 투자자금 보장의 이해관계를 고려해서 결정
  - 투자금액 15억 원
  - 전환 조건: 주당 38만 4천 원
    [투자 후 회사 가치 75억 원]
  - 전환 기준: 투자 익년의 매출액과 당기 순이익률 기준을 협의 설정하고, 미달성 시 투자자에게 상환권을 부여
  - 전환 조건을 실적 달성 정도에 따라 다양하게 설정하는 경우도 있음

〈자본 조달과 관련된 주식〉

	보통주 (1~3단계)	상환전환우선주(RCPS) (4~5단계)	전환사채(CB) (6단계)
상환 의무	없음. 회사 망하면 종잇조각	'상환권' 설정된 경우, 은행 빚 갚고 남는 자산 있는 경 우 상환	은행 빚과 동일하게 다 갚 을 때까지
목적	• 회사의 경영과 관련된 의 결권이 포함되어 있는 주 식의 발행 • 회사와 운명을 함께함. 즉 회사가 잘되면 상장되거 나 망하면 종잇조각이 됨	• 보통주 대비 투자자의 권 익을 보장하는 조건을 추 가하는 주식의 발행 • 사업의 성과에 따라 보통 주로 전환되는 가격을 설 정하여 불확실성에 대비 • 채권과 유사한 상환권 부 여로 투자자 권익 보호	• 투자자 자금을 보장하려 는 목적과 투자로 인한 지 분 하락을 꺼려하는 경우 의 상호 이해에 의해 발행 되는 채권
특징	• 경영진 입장에서는 투자 조건이 확정되어 있고, 상 환 책임도 없는 보통주 투 자를 유치하는 것이 유리 함 • 단, 투자자는 투자 원금이 보장되지 않으므로 회사 의 가치를 낮게 요구해서 가격적 장점을 취하려 할 수 있음	• 일반적인 투자 수단으로 이용됨 • 보통주로의 전환 조건을 협상하여 서로의 이해를 조정(Convertible) - 향후 실적 달성 정도 (Milestone)에 따라 여 러 단계에 걸친 다양한 조건 설정 • 조건 부여에 따라 투자 자 금 보장도 가능 (Redeemable) • 이자 지급, 배당에 적극적	• 경영진의 지분이 투자로 인해 줄어드는 것을 더 이 상 원치 않는 경우, 경영진 이 갚아버릴 수 있는 Call Option 부여 • 회사가 상환 가능한 자산 을 보유한 경우 투자자에 게 가장 안전한 투자 방식 • 부채 비율 축소가 필요한 경우 경영진이 투자사에 보통주로의 전환 요청을 하게 됨
취득 주식	• 자본금 투자 - 주식 수 = 투자금 / 주당 가격	• 자본금 투자(Preferred) - 우선주 = 투자금 / 주당 가격 • 전환 가격(Convertible) - 보통주식 = 우선주식 × 전환비율	• 상환하는 경우 주식화되 지 않음 • 보통주나 우선주 등으로 전환 가능 • 전환 조건 및 전환 가격을 채권 발행 시 미리 결정

벤처캐피털에 묻는다 3

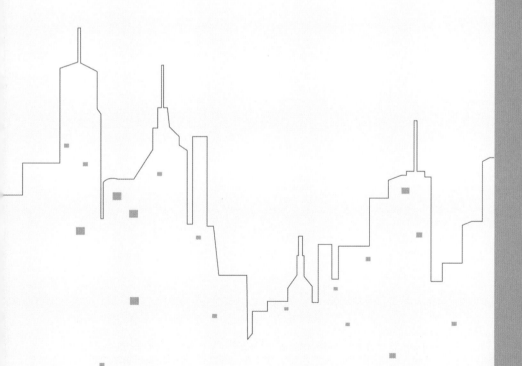

이 원고는 팟캐스트 방송 '벤처야설–벤처캐피털 특집'을 정리한 것입니다. 출연자는 의장 김현진(레인디 대표), 사장 박영욱(블로그칵테일 대표), 캐피털 이정석((주)LS 사업전략팀 차장)입니다.

김현진 창업을 하면 누구나 벤처캐피털에 대해서 궁금한 게 많아집니
다. 그래서 오늘은 벤처캐피털 심사역으로 실제 투자를 해보신 분을
모셔서 얘기를 들어보도록 하겠습니다. 저희가 어떻게 만나서 이 자리
까지 오게 됐죠?

이정석 저는 한때 벤처캐피털에서 심사역으로 일하다가 지금은 대기
업에서 일하고 있습니다. 심사역을 할 때 의장님을 소개받았습니다.
똑똑한 친구가 있다고 하더라고요. 그때는 레인디가 정말 구글맵과 스
트리트뷰에 버금가는 엄청난 서비스를 들고 있다고 생각했습니다. 하
지만 쉽사리 손이 가지는 않았습니다. (웃음)

김현진 아, 그냥 본론으로 바로 갑시다. (웃음) 박영욱 사장님이 많은
분들이 궁금해하는 내용을 "벤처캐피털에게 이런 게 궁금했다"라는 형
식으로 정리해왔습니다.

벤처캐피털 수익률은 영업 비밀

박영욱 일단 벤처캐피털이 얼마나 버는지부터 얘기해봐요. 국내 벤처 캐피털의 평균 수익률이 얼마나 되나요?

이정석 다들 궁금하시죠? 저축은행은 이율이 5퍼센트 정도 돼요. 1년 거치하고 후순위채 투자하면 그 정도 수준이에요. 은행에 집어넣으면 2~3퍼센트고요. 그런데 벤처캐피털이라는 건 투자를 해서 까먹는 경우 가 상당히 많습니다. 장기적으로 봤을 때 수익을 내느냐고 묻는다면 그 렇지 않다고 말씀드리겠습니다. 어떤 펀드들은 해산할 때 마이너스가 나는 경우도 있어요. 물론 플러스가 나는 경우도 있고요. 벤처캐피털이 어느 정도 해야지 높은 수익률이냐고 물으셨는데 저도 잘 몰라요. 영업 비밀이니까요. 보통 약 10퍼센트 넘으면 좋다고 볼 수 있을 겁니다.

박영욱 우리나라에서 벤처캐피털의 펀드에 투자자(LP)로 가장 많이 참 여하는 곳은 어디인가요? 대기업? 정부?

이정석 일단 대기업들은 자체 벤처캐피털을 가지고 있는 곳들이 많아 요. 삼성은 삼성벤처를, LG는 LG벤처투자를 갖고 있었어요. LG벤처투 자는 계열분리가 되어서 LB인베스트먼트로 바뀌긴 했지만요. CJ, SK, NHN 같은 곳도 벤처캐피털을 갖고 있어요. 이런 경우에는 모그룹이 자금을 대주는 경우가 많아요.

박영욱 그러면 대기업과 엮이지 않은 벤처캐피털들은 어떻게 펀드를 모으나요?

이정석 최근에 우리나라가 중소기업 지원이 화두로 떠올랐기 때문에 정부지원금이 제일 클 겁니다. 모태펀드가 정부지원금의 한 형태죠. 은행이나 보험, 증권사도 LP로 참여하고 중소기업이 들어오는 경우도 있어요.

박영욱 진짜 궁금한 게 있는데요. 한국 벤처캐피털이랑 실리콘밸리 벤처캐피털을 놓고 보면 어디가 더 성과가 좋아요? 성과라는 게 수익률이 될 수도 있고 투자 건수를 말할 수도 있지만.

이정석 교과서에 나오기로는 벤처캐피털 수익률은 8퍼센트를 기준으로 해요. 지난 40년 동안의 사례를 토대로 할 때 말이죠. 벤처캐피털의 수익률을 평가할 때는 IRR(Internal rate of return, 내부수익률)이라는 개념을 사용합니다. 연복리 개념이라고 생각하시면 됩니다. 오늘 100원 투자하고 2년간 8퍼센트의 IRR을 낸다면 2년 후에는 122원을 회수하게 됩니다. 122는 100원에 연간 이율인 1.08을 두 번 제곱한 수치죠. 우리나라에 본격적으로 벤처캐피털이 생긴 건 김대중 정부 때인 걸로 알고 있습니다. 관련 법규도 당시에 만들어졌고요. IMF 터지고 나서 '목욕탕 때수건도 벤처'랍시고 돈을 받던 시절이죠. 외국에서는 아주 오래전부터 하나의 투자 영역이었지만 우리나라에서의 역사는 매우 짧습니다.

박영욱 우리나라 벤처캐피털이 역사가 짧기는 하네요. 실리콘밸리 벤처캐피털은 투자 규모도 크고 전문성도 뛰어난 것 같습니다. 막연한 동경일 수도 있지만.

서부 MBA 출신은 전부 다 벤처 종사자

이정석 많이 하죠. 미국 벤처캐피털은 대부분 서부에 있어요. 동부에는 좀 유명한 곳이라고 해봐야 글로브스팬캐피털(Globespan Capital Partners) 정도만 있고 주로 사모펀드 운용사들이 많아요. 서부에서는 'MBA를 나왔는데 창업 안 하면 바보. 나가서 벤처캐피털이랑 관계가 없으면 바보'라는 식이에요. 전부 다 벤처캐피털과 관련된 일을 하고 있다고 봐도 과언이 아니에요. 제가 벤처캐피털에서 일할 때의 경험에 비춰보면 이스라엘 친구들이 가장 인상적이었어요. 제일 꼼꼼하고 지식도 많고 일도 많이 하고 술도 제일 안 마시고. (웃음) 유대인들은 돈 잘 번다고 하는 선입견이 있잖아요. 다 이유가 있더라고요. 그리고 예전부터 한국계 미국인이 하는 벤처캐피털도 꽤 있었어요. 좀 알려진 데로는 알토스벤처스와 DFJ(Draper Fisher Jurvetson) 같은 곳이 있죠.

김현진 확실히 스탠퍼드 대학교 출신이 많나요?

이정석 그렇죠. 스탠퍼드 출신이 확실히 많아요. 다들 학력이 대단해요. 저도 좋다고 생각했는데 거기선 쫄릴 정도로. (웃음) 최근 한국 벤처캐피털의 성장을 보면 괄목상대라 할 만합니다. 하지만 아쉬운 점도 있습니다. 우리나라에서는 벤처캐피털이 성숙해지면서 삼성이랑 LG가 엄청 클 수 있었어요. 우리나라 중소기업 비즈니스의 기본은 대기업을 상대로 하는 하청업이잖아요. 그러다 보니 대기업과 함께 커지는 회사가 많아지는 구조입니다. 하지만 페이스북이나 트위터 같은 도저히 우리나라 산업구조에서는 흉내 낼 수 없는 그런 비즈니스가 딱 떴잖아요. 여기서 우리나라의 한계가 느껴지기 시작합니다. 우리나라 벤처캐피털은 여기 앉아계신 김현진 의장님과 박영욱 사장님 같은 분들한 테 투자를 하는 방식보다는 펀드 규모를 키우기 위해 수익성이 검증되 는 큰 회사에 투자하는 쪽으로 분위기가 많이 기울었어요. 안타깝죠.

티켓몬스터를 놓친 이유

박영욱 이스라엘 벤처캐피털 얘기를 하셨으니 하나 여쭤볼게요. 한국 벤처캐피털 투자심사역의 전문성이 떨어진다는 얘기에 대해서 어떻게 생각하세요?

이정석 심사역의 역량은 결국 미래를 바라보는 눈이잖아요. 현재 수익 성을 계산해서 비판하고 평가하는 것보다는 장기적으로 봤을 때 산업 트렌드가 어떻게 될지 생각하는 거죠. 사실 인터넷 비즈니스가 이렇게 될 줄 몰랐잖아요. 페이스북도 그렇고, 그루폰도 그렇도, 티켓몬스터 도 마찬가지죠. 파이낸스, 그러니까 금융에 관련한 기본적인 지식은 갖춰야 하는데 우리나라 심사역들이 그쪽으로는 좀 약한 것 같아요. 최근 벤처캐피털 심사역들을 보면 대기업 출신이나 대기업 쪽 네트워 크를 갖고 오는 사람들이 많아졌어요.

박영욱 심사역들이요?

이정석 네. 아까 말한 것처럼 우리나라 벤처가 성장할 수 있었던 이유 가 대기업과 관련한 것이기 때문이죠. 저도 마찬가지로 대기업에 있다 가 벤처캐피털에 갔고 다시 대기업으로 왔죠. 한국에서는 이런 백그라 운드의 모양새가 맞는 거 같아요. 대신 티켓몬스터 같은 데 투자할 수 있는 깜냥은 부족하죠. 그런데 외국을 보면 대기업에서 일을 하다가 온 게 아니라 처음부터 창업을 하고 그 경험을 토대로 벤처캐피털로 가는 경우가 많으니까 우리랑은 보는 관점이 조금 달라요.

박영욱 티켓몬스터는 어떠셨어요?

김현진 개인적으로는 부정적이었어요. 그때만 해도 대다수가 회의적이었죠.

박영욱 어떤 동영상을 보니까 직원이 800명이 되더라고요. 대단하죠.

이정석 아, 대낮인데 술 들어간다. (웃음)

김현진 갑자기 술이 확 당기네요. (웃음) 모든 스타트업이 꿈꾸는 거죠. 1년 만의 성공!

박영욱 한 벤처캐피털이 어떤 회사에 투자하면 다른 벤처캐피털도 결국은 다 알게 되잖아요. 심사역들 사이에서도 남들이 투자하지 않은 회사에 내가 투자했는데 그 회사가 잘되면 어깨에 힘이 들어갈 것 같아요.

이정석 그렇죠. 티켓몬스터처럼 아주 단기간에 성과를 내는 건 거의 없어요. 같이 투자를 검토했고 나는 이런저런 사정으로 버렸는데 이걸 주워가서 잘 요리해서 만들었단 말이죠. 그리고 2차 투자도 받고 3차 투자도 받으면서 회사가 성장을 하면 기억 속에서 없애고 싶죠. 나는 보지 못한 거니까.

김현진 티켓몬스터도 초기에는 어디서는 무시당하고 어디서는 많이 못 주겠다고 하고, 그렇게 많이 당했대요. 결국에는 잘됐지만 말이죠.

이정석 만약에 티켓몬스터가 어느 벤처캐피털에 와서 IR(Investor Relations, 기업설명회)을 했다고 해요. 일단은 "너희 비즈니스가 뭐냐?"라는 질문을 받겠죠. 그래서 "이겁니다"라고 하면, "네가 타깃으로 하는 마켓 사이즈는 얼마냐?"라는 질문이 또 나올 겁니다. "그건 새로운 시작이라서 잘 모르겠습니다"라는 식으로 대응해봤자 더 나오는 얘기는 뻔해요. "그래도 비슷한 게 있을 거 아니야. 그거랑 엮어서 대충 논리적으로 만들어봐. 시장 사이즈가 어느 정도고 거기를 얼마나 차지할 수 있는지 한번 생각해봐. 그리고 필요한 자금이 얼만지 무슨 네트워크가 필요한지 그런 거 이야기해봐"라고요. 이렇게 가면 티켓몬스터 같은 곳에 투자 못하죠.

미국에서 성공한 비즈니스 모델을 가지고 오면 ok?!
박영욱 IT 쪽에만 있다 보니 벤처캐피털 쪽에는 네트워크가 많지 않아요. 그래서 얼리스테이지나 창업한 지 얼마 안 되는 조그만 회사에 투자하는 벤처캐피털은 많이 알지 못합니다. 소프트뱅크, 본엔젤스, 스톤브릿지, 알토스, 프라이머 정도죠. 이외에 잘 안 알려졌지만 얼리스테이지에 투자하려고 하거나 투자했거나 관심이 많은 벤처캐피털을 좀 소개해주셨으면 해요.

이정석 사실 이런 질문 상당히 많이 받습니다. 하지만 방금 전에 이야기한 회사들 외에는 투자받기가 상당히 힘들어요.

박영욱 규모가 더 커야 되는 거죠?

이정석 그렇죠. 두 가지인데 하나는 회사 규모가 커야 하고 또 하나는 투자자들에게 익숙한 인더스트리여야 한다는 점입니다. 그동안 투자했던 관점으로 보면 익숙한 것들이 적응하기가 쉽거든요.

김현진 인터넷 비즈니스 같은 경우는 익숙한 것보다 새로운 게 워낙 많다 보니까 우리나라 벤처캐피털 환경에서는 굉장히 안 맞는다는 거죠.

이정석 비즈니스 모델로 승부해야 하는데 그걸 검증해오라고 하거든요. 그런데 검증을 하려면 돈이 있어야 하잖아요.

김현진 닭이 먼저냐 달걀이 먼저냐네요. (웃음)

이정석 그러니까 계속 싸우는 겁니다.

김현진 벤처캐피털이 투자를 하기 전에 비즈니스 모델을 검증하라고 하니까 아예 티켓몬스터처럼 이미 미국에서 성공한 모델을 한국에 가져와서 한국에서 하면 더 잘된다는 논리로 투자받는 경우가 생기고 있죠. 한국은 미국이랑 땅 크기부터 다른데 말이죠.

이정석　사실 그건 우리가 이미 아는 논리거든요. 그래서 콜드스톤(미국 아이스크림 프랜차이즈. CJ가 한국에 도입해 운영하고 있다) 같은 거 가지고 와서 하잖아요. 가지고 오면 되기는 되겠죠. 재벌 3세들이 유학 가서 눈으로 직접 본 것이기 때문에 제대로 안다 싶어서 가지고 오는 거고. 이런 논리로 미국에 있는 걸 가지고 오면 무조건 잘될 거라고 하는 사람도 있어요. 실제로 해서 다 성공했는지를 보면, 글쎄요. 그래도 시사하는 바는 있죠.

김현진　티켓몬스터가 너무 잘되다 보니까 요즘 젊은 사람들은 창업할 때 무조건 미국에서 잘되고 있는 걸 찾아요. 한국에는 없는 걸로요. 요즘에 제일 많이 하는 게 인스타그램 카피캣이죠. 인스타그램이 미국에서 잘되니까 그 짝퉁이 되게 많이 나와요. 일단 티켓몬스터처럼 미국에서 잘된 걸 한국에 가지고 와서 커지고 나면 나중에 아시아에 온 원조에게 "우리 걸 사서 해라"라고 하는 식이죠. 예전에 비해서 똑똑해진 거죠.

명망 있는 벤처캐피털이 좋은 이유

박영욱　제가 가장 많이 받았던 질문을 드릴게요. 벤처캐피털에서 투자를 받으면 돈 외에 어떤 점에서 가장 많은 도움이 되나요?

이정석　그건 심사역이나 투자받은 회사의 역량에 따라 달라집니다. 김현진 의장님이나 박영욱 사장님 같은 분들이 투자를 받을 때 봐야 할 포인트이기도 하고요. 결국은 돈입니다. 돈 쏴줬잖아요. 이번만 쏴주고 '땡' 친다면 모르지만, 회사가 성장하면 그때그때 돈이 필요할 수밖에 없습니다. 투자받은 데서 돈이 더 필요하다고 하면 한 번 더 투자를 해주거나 해줄 방법을 찾으려고 노력할 겁니다. 그래서 벤처캐피털 업계에서는 새로 투자할 만한 사람들을 소개해줘요. 벤처캐피털 업계가 꽤 네트워크가 잘돼 있거든요. 그래서 그런 역량이 되는 벤처캐피털, 즉 명망이 있는 벤처캐피털 돈을 받는 게 좋은 겁니다. 그 벤처캐피털이 소개하면 다른 곳에서는 믿고 투자를 할 수 있거든요.

박영욱 LB인베스트먼트가 가장 잘하는 게 뭐냐고 물었던 적이 있었는데 이렇게 대답하더라고요. "우리는 투자한 회사가 자금이 떨어지기 전에 그다음 투자를 준비한다. 다음다음도 쏠 수 있다."

이정석 아, 마음에 드네요. 좋아요. (웃음) 그게 정말 중요한 요소죠.

경영에 프렌들리한 네트워크를 제공해야 좋은 벤처캐피털

이정석 그리고 또 한 가지. CEO라고 해도 경영진이 가져야 할 모든 역량을 가진 것은 아니죠. 다들 회사 운영 빡세게 하고 네트워크도 쌓고 세일즈도 하지만, 회계, 재무, 인사관리 등을 혼자 다 하기는 어렵습니다. 옆에서 도와줘야 해요. 회사가 투자받았다는 말은 성장이 예정되어 있다는 거고 성장을 하면 한 사람이 모든 걸 관리할 수 없는 상황이 됩니다. 그래서 일부 업무를 나눌 수 있는 예를 들면 CFO(최고재무책임자) 같은 사람을 소싱할 수 있는 네트워크가 필요해요. 그렇게 할 수 있는 역량이 있어야 하고요. 그래서 미국의 벤처캐피털은 대부분 투자를 하고 나면 CEO를 잘라요. 회사가 돈을 받았다는 말은 성장을 한다는 건데 그 CEO가 성장한 회사와 맞지 않는다는 이유죠. 대부분 CTO(최고기술책임자) 역할만 합니다.

박영욱   우리나라 벤처캐피털도 많이 그런가요?

이정석   우리나라에서 CEO를 자른다는 건 말로만 들어봤어요. (웃음)
한국은 쉽지 않아요. 벤처캐피털들도 이율배반적인 거죠. CEO를 잘라
야 한다고 그랬지만 CEO를 보고 투자하는 게 70~80퍼센트 있거든요.
CEO를 자르고 나면 이러지 않을까요? "어, 내가 왜 이 회사에 투자했
지?"라고. (웃음)

김현진   우리나라는 쉽지 않죠. 하지만 미국은 많이 그런다고 하더라
고요.

이정석   맞아요. 돈이 베이스이기 때문에. 또 중요한 게 하나 있어요.
벤처캐피털이 대부분 기업과 연동해서 성장을 하기 때문에 투자한 기
업에 얼마나 프렌들리한 네트워크를 제공할 수 있고 이걸 지원할 수 있
는지가 중요한 요인입니다.

박영욱   전략적으로 생각해야겠더라고요. S전자 계열의 벤처캐피털이
나 S전자가 출자한 펀드에서 투자를 받았다고 하면 다른 곳과는 일하
기 어려운 사례를 많이 봤거든요. S에서 투자했으니까 S에만 하라고
직접 말하지는 않아도 기술을 팔려고 하면 "어, 너네 S에서 투자받았잖
아?"라는 경우가 비일비재하죠.

이정석 전략적인 게 좋은 면도 있고 나쁜 면도 있습니다. 제가 투자한 회사를 예를 들어볼게요. LG를 주로 해요. 근데 만일 삼성하고도 일을 시작하고 싶어 한다고 해보죠. LG에서 그쪽 사업이 좀 망가지고 있지만 삼성에서는 잘나가는 사업이니까 같이 시작하자고 합니다. 그러면 LG에서는 별로 안 좋아하겠죠. 그리고 경쟁사 입장에서는 "삼성에서 투자받았으니까 너희 삼성에 얘기 다 했겠네"라거나 "야, 우리가 뭐 한다고 하면 정보가 다 그쪽으로 갈 거 아니야"라는 일이 충분히 있을 수 있는 일입니다. 복불복이지. 어쩔 수가 없어요.

박영욱 그렇죠. 하지만 행복한 고민이기도 하죠.

김현진 안타까운 회사도 있어요. A전자에서 투자받았지만 그쪽이랑은 비즈니스가 안 일어나고 그렇다고 다른 곳이랑 비즈니스를 하자니 그쪽에서는 A전자에서 투자받았다고 꺼리고. 이렇게 잘못되는 경우가 있어요.

박영욱 그렇다면 젊은 CEO나 창업하시려는 분들한테 괜찮은 벤처캐피털을 소개해주시면 좋을 것 같습니다. 여기는 꼭 찾아가봐라 하는 곳 있나요? 업계에 계셨는데 내가 봐도 여기는 좋더라 하는 곳.

이정석 머릿속에 딱 떠오르는 곳이 하나 있군요. LB인베스트먼트라고. 여러모로 최고의 회사이고 계신 분들도 상태가 괜찮아요.

박영욱 LB는 시스템이 잘돼 있다고 하던데 구체적으로 어떤지 잘 모르겠어요.

이정석 초반에도 이야기했지만 벤처캐피털이라는 데는 여러 측면에서 지원해줄 수 있어야 해요. 자금 지원뿐 아니라 각종 네트워크 구축이라든지 투자자 차원에서 도와줄 수 있는 건 다 도와줄 수 있어야 한다고 보면 됩니다. 그리고 투자심사를 한 번이라도 받아보면 CEO한테 상당히 많은 공부가 됩니다. 투심에 앞서 자기 사업에 대해서 깊이 생각해볼 수도 있고 짜증나는 자료들이지만 한 번이라도 더 정리해볼 수 있고요. LB인베스트먼트는 그런 면에서 꼼꼼하기 때문에 CEO에게도 많은 도움이 된다고 생각합니다. 그리고 강남역에서 2호선 대로를 쭉 따라가면서 있는 삼성벤처투자부터 한국투자파트너스, 아주IB투자, 에이티넘인베스트먼트 등 다 괜찮은 곳이에요. 회사 상황에 따라서 어떤 벤처캐피털이 맞는지는 다를 거예요. 타깃을 정해서 시장을 공략하듯이 한다고 되는 건 아니고 여러 벤처캐피털들을 만나면서 조언을 들으시는 게 좋을 겁니다.

벤처 CEO는 자금 조달의 귀재여야

김현진 요즘 젊은 CEO들 보면 자기가 뭘 들고 가기만 하면 투자를 받을 수 있다고 막연하게 생각하는 경우도 많아요. 투자를 직업으로 하셨던 분 입장에서 열정과 에너지는 넘치지만 프로세스를 잘 모르는 CEO들에게 조언 한마디 해주세요.

이정석 제가 사업을 해보고 회사를 성장시켜본 경험이 없기 때문에 감히 기업가 정신에 대해 이야기하는 게 좀 그렇기는 해요. 하지만 투자자 입장에서 이야기를 해볼게요. CEO들은 잘 들으셔야 합니다. 회사를 만들기 위해서는 납입 자본금을 비롯해서 초기 자본이 필요합니다. 성장을 위해서도 계속 돈이 들어가고요. 회사가 손익분기점을 지날 때까지는 몇 억이 들어가고 이후에도 회사를 더 키우기 위해 돈을 부어야 합니다. 이렇게 돈이 많이 필요하니까 어떤 돈을 먼저 쓸 것인지에 대해 명확한 그림을 그려놔야 사업하는 데 도움이 될 것 같습니다. 제가 김현진 의장을 두 번째 만났을 때 "네 회사에 네 돈은 다 썼냐?"라고 물어봤어요. "여자 친구 돈은 썼냐? 장인어른 돈은? 부모님 돈은?" 이런 식으로 또 물어봤어요. 자기 가족, 어깨동무를 했을 때 안에 들어오는 사람, 이 사람들 돈을 제일 먼저 써야 해요. 우리나라 사회에서는 자기 돈을 먼저 써야 하고요. 그다음에 누구 돈을 쓰느냐 고민스럽죠? 결국은 친구 돈이죠. (웃음) 신뢰할 만한 사람 중 한 명한테 가서 "내가 사업을 하려고 한다. 돈 좀 부탁한다"면서 자기에게 아주 프렌들리한 돈을 받아오는 겁니다. 그리고 기술이 있을 테니까 기술을 담보로 돈을 받을 수 있는 데서 돈을 빌리세요. 기술보증기금 같은 거겠죠? 대학교 안에 있는 창업보육센터 같은 데 들어가면 임대료도 비교적 싸고요. 이런 식으로 계속 알아보시면 됩니다.

박영욱   정부자금 지원이나 대회 같은 것도 말이죠?

이정석   그렇죠! 대회 가서 자문 받는 거 보면 부러워요. 아무나 할 수 없는 거니까. 차라리 대회를 많이 만들어줬으면 해요. 청년 창업 지원한다면서 이상한 정책 만들지 말고요. 어쨌든 그렇게 한 뒤에는 벤처 캐피털로 가서 "나 실력 있으니까 돈 주십시오"라고 하면 될까요? 아닙니다. 그다음은 은행 대출입니다. 재무제표를 보면 알겠지만 오른쪽 변의 아래가 내 자본금이고 그 위가 부채잖아요. 밑을 가득 채운 다음에 부채로 들어가는 겁니다. 은행 다음은 어딜까요?

김현진 러시앤캐시! (웃음)

이정석 단기자금이 정말 필요하다고 하면 사채로라도 가야 해요. 피말리는 전쟁이라는 거죠. CEO 하면 잠을 못 잡니다. 김 의장님과 박 사장님은 잠 잘 자요?

김현진 저는 9주 연속으로 소맥을 마시네요. (웃음)

이정석 자기 몸과 시간과 돈을 바꾼다고 생각하고 일해야 해요. 그리고 이때쯤 돼야 '벤처캐피털에 한 번 가볼까'라고 할 수 있습니다. 현실이 이렇습니다.

김현진 여기는 한국이라는 점 잊지 마세요.

이정석 네. 여기는 미국이 아니거든요. 그게 좀 안타깝죠. 결국은 그런 돈을 다 쓰고 나서야 벤처캐피털로 가게 됩니다. 왜 그런지 말씀드릴게요. 우선 재무를 좀 아셔야 합니다. 벤처캐피털에서 투자를 받으면 이 돈은 부채로 갈 수도 있고 자본으로 갈 수도 있어요. 지금 벤처캐피털한테 내 회사 가치를 10억으로 평가받고, 벤처캐피털이 1억 넣었다고 생각해보세요. 만약에 페이스북처럼 100조 원짜리 회사가 됐다면

캐피털이 1억 넣고 10조 가져가게 되거든요.

김현진 잘됐을 때 이자가 너무 크네요?

이정석 내 미래의 가치는 내 스스로 만들어 나가야 하는데 지분을 주면 엄청난 이자를 내는 겁니다. 최대한 아껴야 하는 거예요, 끝까지. 어느 정도 성장해서 많은 돈을 받더라도 지분을 조금만 줄 수 있을 때까지는 참아야 해요. 그런데 그런 걸 이겨낼 각오가 되어 있거나 알고 있는 사람들이 얼마나 되느냐. 적어도 벤처캐피털을 하면서 만나본 사람들은 그런 준비가 안 돼 있는 경우가 많았습니다.

단지 CEO 명함이 필요한 사람이 많아

박영욱 지금 창업하려는 젊은 친구들은 이런 걸 잘 모르는 거 같아요. 시작부터 벤처캐피털 만나려고 노력하는 것 같아요.

이정석 그러면 저도 시간 아깝죠. 아무것도 준비되지 않은 애가 찾아와서 이상한 사업계획서 들이밀면 A부터 Z까지 제가 아는 걸 다 이야기해줘야 합니다. 그런데 그렇게 시간을 내줄 사람이 있을까요? 그래서 스스로 준비를 많이 해야 합니다. 고민도 많이 해야 하고요.

김현진 준비도 안 하고 막연하게 어떤 모임 가서 얼굴 들이밀고, 벤처캐피털에 메일부터 보낼 게 아니라 적어도 내가 남에게 뚜렷하게 보여줄 수 있는 뭔가를 준비하고 가야죠.

박영욱 솔직히 말하면 요즘에는 그냥 사업이 하고 싶어서 아니면 대표이사 명함이 갖고 싶어서 창업했다는 친구가 많아요. 그저 아는 사람만 많으면 인맥이 탄탄해진다고 생각해서 사업은 제대로 안 하고 명함 나눠주는 것에만 혈안인 친구들.

김현진 최근에 충격적인 이야기를 하나 들었어요. 언론도 많이 타고 나름 주목도 받은 20대 CEO가 있거든요. 이 양반이 대외활동을 참 많이 해요. 멋있다고 생각했는데 그의 직원 중에 하나가 4개월 동안 월급을 못 받았다고 저를 찾아왔더라고요. 젊은 사람이 창업을 하고 멋 부리는 것도 좋은데 이쯤 되면 접어야 하는 거 아닌가 싶더라고요. 이 사람이 자꾸 밖에서 떠들고 다니니까 상황이 이렇게까지 와도 접지는 못하고 고생은 직원들끼리 다 하더라고요. 그래도 사람들은 막연하게 성공할 거고 잘될 거라고 생각하고요. 다 좋은데 깜냥이 안 되면 남한테 피해는 주지 않도록 접은 후에 호흡 가다듬고 다시 시작하는 게 좋은 것 같아요.

이정석 그래서 저는 돈이 목적이 되어서는 안 된다고 생각합니다. 그렇게 대표이사 명함 갖고 싶다고 창업한 친구들이 삼성전자가 연봉도 많이 주고 PS(Profit Sharing, 이익분배금: 연초에 세운 경영목표를 초과 달성할 경우 지급되는 성과급)도 빵빵한 부서로 스카우트한다면 대부분 가지 않을까 싶어요. 내가 왜 창업하는지부터 명확해야 할 것 같습니다.

김현진 그렇죠. 출발할 때 관점이 뚜렷해야 합니다.

이정석 그리고 또 하나, 젊은 CEO뿐 아니라 많은 CEO한테 얘기하고 싶은 게 있습니다. 자기가 하는 사업이 세상에서 최고라고 하는 건 엄청난 오류입니다. 세상이 원하는 것과 자신이 잘하는 것의 차이는 항상 있거든요. 평생 연구해서 느지막이 회사를 만들었는데 그게 더는 세상에서 쓸모가 없는 기술이라면 얼마나 속상하겠어요. 그런데 이런 일이 많습니다. 그 사람이 입계에서는 상당한 실력을 갖췄다고 평가를 받더라도 지금의 기술과 아이디어가 쓸모가 없으면 더 이상 의미 없는 거잖아요.

김현진 실패를 인정하는 문화도 생기고 실패했다고 스스로 밝혀도 이상하지 않은 세상이 와야 할 것 같아요.

박영욱 창업하는 친구들이 모르는 게 하나 있어요. 사업이 사실은 돈 버는 일을 해야 하는 건데 정작 돈 버는 건 잘 못하는 경우가 많아요. 무언가를 만들거나 기술 개발하는 것만 사업이라고 생각하는 친구들이 많은데 돈 버는 방법은 잘 모르더라고요.

김현진 블로그칵테일도 6년차 되고 레인디도 한 5년차 되는데 저희 시작할 때만 해도 그렇게 사장들이 많지 않았거든요. 그런데 요즘은 사장님들이 너무 많아요.

이정석 그게 나쁜 것만은 아닙니다. 각각의 개체가 다 의미를 가지고 힘을 합쳐서 합종연횡 할 수도 있잖아요. 그런 그림이 좀 나오면 좋겠어요. 아직 본 적이 없거든요. 사장끼리 친한 건 봤지만 서로 합해서 사업적으로 영차영차 해보자는 건 아직 못 봤어요.

박영욱 그렇죠. 왜 잘 안 될까요?

김현진 한국인의 체질 때문이 아닌가 싶어요.

박영욱 태생적인 건가? 의장님이 항상 얘기하는 것처럼 한국인은 쿨하지 않아서 그런가? 정도 많고 쿨하지 못하니까. 쿨하게 "우리 같이할 거면 나는 CEO를 할 테니까 너는 이거 해." 이런 걸 잘 못하는 거 같아요.

김현진 레인디가 1년 됐을 때 어떤 게임 회사랑 합병하려고 했어요. 제가 강제로 밀어붙였는데 그쪽에서 오너십 때문에 왜 지금 합쳐야 되느냐고 하더라고요. 참 속상했어요. "내가 부사장 할게"라고 말했고, 그쪽이 오너를 해도 상관이 없었는데 말이죠.

이정석 그 얘기 들으니까 저도 비슷한 경험이 하나 떠오르네요. 제가 투자한 회사가 M&A를 할 타이밍이었는데 경영권을 안 놓으려 하는 거예요. 대체 경영권이 뭐라고. 수십 억 챙길 수 있는 기회인데. 돈 벌고 또 회사 만들면 되잖아요. 결국 사람 욕심 탓이 크죠.

김현진 그런 선례가 드물어요. 내가 사장인데 갑자기 회사가 합쳐져서 부사장이 돼야 하는 걸 어색해해요. 성사되는 케이스가 나와야 하는데 나오질 않아서 다들 망설이는 것 같아요. 전체적으로 보면 지난 10년 동안 다들 사업하겠다고 해서 벤처 업계도 발전한 것 같으면서도 아직

걸음마 단계 같아요. 바뀌겠죠?

박영욱 큰 중견기업만 M&A가 어려운 게 아니라 조그만 회사들끼리도 쉽지 않아요. 돈이 없으니까 합치는 게 더 나을 것 같은데도.

이정석 그리고 중간에 조율을 해줄 수 있는 사람이 있어야 해요. 그런 것 없이 사장들끼리 영차영차 해보자고 하면 자고 일어나서 마음이 바뀔 수도 있습니다. 우리는 계약 베이스가 아니라 인간관계 베이스니까. 계약 베이스를 해버리면 나중에 마음이 바뀌어도 계속 할 수 있어요. 일일이 계약서 쓰려고 하는 사람은 많지 않으니까 현실적인 문제가 생기죠.

한 벤처캐피털리스트의 슬픔과 기쁨

박영욱 벤처캐피털에 계실 때 회의감이 든 때는 언제에요?

김현진 보람찰 때도 있지만 '이런 걸 해야 하나?' 생각이 들 때. 어느 날 의장한테 전화해서 "나와"라고 하고 역삼동에서 칭따오 먹고 싶을 때, 소맥 한 잔 더 먹고 싶을 때 같은 그런 순간? (웃음)

이정석 제가 관뒀을 때 이런 경우가 있었어요. 한 CEO가 저한테 왔는데 도저히 투자할 각이 안 나오는 거예요. 그래도 조언해주면서 1년간 관계를 지속했어요. 회사가 성장하는 걸 제가 옆에서 쭉 보면서요. 그리고서는 "계속 잘 해오셨습니다. 좀 더 잘 하십시오"라면서 초기 투자 많이 하는 곳들 연결도 해줬는데 잘 안 되더라고요. 결국은 이분이 저한테 1500만 원만 빌려달라고 했습니다. 투자해달라는 게 아니고 월급인가 월세를 줘야 한다더라고요. 정말 다 죽어가는 목소리로 돈을 좀 빌려달라고 하더라고요. 하지만 제가 선뜻 빌려줄 만큼 여유롭지 않은 상황이었죠.

김현진 개인한테 빌려달라고 하는 거니까.

이정석 그 사람이 나를 개인적으로 아는 것도 아니고 일 때문에 만나서 1년 동안 가끔 얼굴 본 사이인데 돈을 빌려달라고 해요. 거꾸로 이야기하면 얼마나 급했으면 나한테 이러겠나 싶죠. 충분히 이해는 하지만 제가 해줄 수는 없더라고요. 돈을 빌려줄 정도로 천사는 아니거든요, 제가. 그래서 그때부터 연락을 안 했습니다. 그때 참 가슴이 아파서 술을 엄청 마셨습니다.

김현진 본인 마음은 여기서 끝난 것 같고 정리해야 할 것 같은데 그 사장이 미련을 갖고 어떻게든 더 해보려고 하니까 미안함과 회의감이 동시에 든다는 거죠.

이정석 저도 일이 안 될 것 같으면 그냥 관계를 정리해야 하는데 정이라는 게 있으니까.

김현진 한국은 어쩔 수 없습니다, 정이라는 게. 그러면 가장 기쁘셨을 때는 언제죠? 이게 나한테 맞는 직업인 것 같고 너무 좋다는 때도 있지 않았나요?

이정석 일을 하면서 제일 좋았던 점은 좋은 사람들 많이 알게 된 거요. 그 순간들은 정말 좋은 거죠. 또 하나는 도장 찍는 게 좋네요. 6개월, 1년 동안 싸우다가 마지막에 도장을 찍을 때 드디어 덕담이 오가거든요.

박영욱 그땐 사장도 좋아요. 통장에 딱 주금 납입 됐을 때. (웃음)

이정석 그런 것 같아요. 회사가 성장했다는 이야기를 듣는 것 이상으로, 내가 시작한 투자 덕분에 그 사람이 안도하거나 우리가 계획했던 투자심사를 통해서 그 회사가 이 돈으로 뭔가 할 수 있겠다는 생각이 들 때는 내가 마치 CEO가 된 것 같은 성취감을 느껴요. 기분이 굉장히 좋습니다.

앞으로의 성장이 기대되는 투자와 창업 환경

김현진 저도 요즘 투자를 하고 있습니다. 그래서 오늘 말씀해주신 것들 공감이 되더라고요. 아주 큰 금액은 아니지만 세 군데 투자를 해보니까 옛날에 들었던 이야기를 그대로 하고 있더군요. "아이템에 집착하지마라", "사람이 중요하다", "5년 이상 할 생각해라", "투자금은 없는 돈이라고 생각해라" 등등. 이런 걸 반복하니까 굉장히 재미있는 것 같아요. 수년 전부터 너무나 많은 사람이 반복하고 실패하고 누구는 잘 되고. 그렇게 누적이 되니까 탄탄해질 수밖에 없겠다는 생각이 들더라고요. 요즘 들어서 전체적으로 많이 나아진 거 같아요. 앞으로는 어떻게 될 거라고 보세요? 우리나라의 투자 환경이랑 창업하는 젊은이들을 보시면 앞으로 더 잘될 거라고 느끼세요? 2000년 초반부터 지금까지 격동의 시절을 겪었잖아요.

이정석   적어도 똑똑한 친구들이 의대에만 가는 시대는 지난 것 같아요. 점점 더 스마트한 친구들이 사업 쪽에 관심을 갖게 됐고 사업을 할 수 있는 통로가 많아졌죠. 처음에도 이야기했지만 예전에는 대기업하고 끈이 있거나 납품이나 하청하는 방식으로만 사업을 했는데 이제는 하다못해 스마트폰 애플리케이션이라도 잘 만들면 바로 부각이 되잖아요. 그거 하나만 가지고도 수익을 낼 수 있다고 난리인 데다가 사회적인 네트워크가 늘어나면서 다른 사람과 접촉할 수 있는 방법이 다양해졌다는 것도 기회죠. 즉 다른 사람에게 팔아먹을 기회가 많이 생긴다는 거죠. 똑똑하기만 하면 여러 가지 서비스를 만들어볼 수 있어요. 초기 자본도 많이 필요하지도 않고. 그래서 저는 긍정적으로 봐요. 자본을 대는 캐피털에서 바라보는 시각도 점점 더 좋아질 테고 아까 이야기했던 것처럼 펀드에도 다양성이 생겨서 투자하는 대상도 다양해질 거고요. 펀드 운용하는 사람들도 스스로 학습할 거예요. 그래서 긍정적일 거라 봅니다.

김현진   앞으로 머지않아 후끈 달아오를 거예요.

박영욱   벤처캐피털에 대해서 잘 몰랐는데 좋은 이야기를 많이 듣고 배운 것 같아서 뿌듯합니다.

김현진   오늘 이정석 캐피털님이 여기 오셔서 방송을 통해 사람들에게 일종의 투자를 하셨다는 생각이 듭니다. 좋네요. 벤처캐피털 스페셜하면서 재미있는 이야기 많이 들었습니다. 편견과 오해, 그리고 긍정적인 것과 부정적인 것을 한 번에 들어볼 수 있었던 것 같아서 너무 좋았어요. 벤처캐피털이 나빠서, 사장들이 못나서, 마켓이 작아서, 이런 이유라기보다는 대한민국이라는 나라가 가진 어쩔 수 없는 환경의 문제가 많네요. 이제 조금씩 개선되고 있는 단계잖아요. 현실적인 부분에서 차근차근 개선하는 게 중요하지 않을까 하는 생각이 드네요. 오늘 수고하셨습니다.

CEO에게 필요한 덕목과 자질은 뭔가요?

박영욱 저는 포기에 대해서 이야기하고 싶어요. 회사가 망하는 시점에 대해 물어보시는 분들이 많아요. 언제 회사가 망하냐면 CEO가 모든 걸 포기했을 때 망해요. 돈을 5억 잃을 때가 아니라 '나는 이제 빚이 3천만 원밖에 안 되지만 더 이상 힘들어서 때려 칠래'라고 하는 시점이에요. 저희 회사 같은 경우는 2011년에 많이 힘들었어요. 그래서 김현진 대표님이랑 술 마시면서 했던 얘기가 "하늘이 무너져도 솟아날 구멍이 있다는데 나는 솟아날 구멍 하나 없이 무너지네요"였습니다. 그런데 시간이 지나고 나니까 솟아날 구멍이 있더라고요. 그때 포기를 했었다면 지금쯤 연봉 4천만 원 받아서 10년 갚아야 하는 상황에 처했을 거예요. CEO는 적절한 시점에 빨리 포기해야 하기도 하지만 자기가 책임지고 있는 사람들과 그들의 미래 그리고 본인의 믿음에 대해 끝까지 포기하지 않는 자세가 필요하다고 봐요.

이정석 욕심을 놓을 수 있는지가 중요한 것 같아요. 제가 벤처캐피털에서 일할 때 회사를 하나 인수한 적이 있어요. 인수합병을 한 당시에는 돈이 180억~190억이 있었어요. 가만 놔둬도 삼성전자, LG전자에서 받는 돈이 순이익만 따져도 70억 정도니까 합하면 250억이죠. 그런데 1년 지나고 그 회사의 통장을 보니까 60억밖에 없었어요. 인수하고 나서 대표이사를 하나 세웠는데 그게 화근이었죠. 사장이 "이제 나 사장됐다. 새로운 아이템을 해보자. 지금 하는 아이템 말고 더 대박 나는 아이템을 해야지"라면서 사람을 왕창 뽑았더라고요. 일단 돈이 있으니까. 하지만 1년이 지나고 돈은 줄어드는데 "조금만 더 하면 잘할 거고, 잘될 것 같다"면서 돈을 계속 때려 박아요. 직원 140명에서 시작해서 200명까지 갔는데 결국은 사람들 다 내보냈어요. 그 사람들에 대해 책임을 못 진 거죠.

김현진 포기를 잘 하고 잘 멈춰야 한다는 건 아이템에 대한 거예요. 레인디란 회사는 이렇게 가요. A라는 아이템도 하고 B라는 아이템도 하고 C라는 아이템도 해요. 그런데 이 중에 안 되는 건 버려요. 사람을 버리자는 게 아니라 아이템을 버리자는 거예요. 이러다 보니까 죽이 되든 밥이 되든 회사는 계속 가요. 물론 제일 좋은 건 한 번에 잘되는 겁니다.

벤처, **직원**을 구하라 4

이 원고는 팟캐스트 방송 '벤처야설—벤처, 직원을 "구하라"'를 정리한 것입니다. 출연자는 의장 김현진 (레인디 대표), 사장 박영욱(블로그칵테일 대표), 캐피털 이정석((주)LS 사업전략팀 차장)입니다.

김현진　돈 관련한 문제 말고 저희한테 자주 오는 질문들이 '같이할 창업 멤버는 어디서 구하냐?', '개발자를 비롯해서 사람은 어디서 구하냐?'였습니다. 그래서 오늘은 '벤처, 직원을 구하라'라는 주제로 이야기를 나눠보도록 하겠습니다.

학교 네트워크를 공략하라

김현진　보통 창업할 때 창업 멤버를 모아서 팀을 만들죠. 사장은 처음 창업하실 때 어떻게 사람들을 모으셨어요?

박영욱　사실 저도 제일 많이 듣는 질문이 시작할 때 개발자를 어떻게 구했느냐였어요. 결론부터 말씀드리면 저는 혼자 시작했어요. 제가 개발자였습니다. 올블로그라는 서비스를 혼자 만들어서 몇 달 하니까 사람들이 모이더라고요. 그 사람들이랑 몇 번 술 먹으니까 그중에 몇몇을 꼬실 수 있었고요.

김현진 1인 창업인 셈이네요. 제품을 먼저 만들고 그 제품을 보고 사람들이 모이는 거. 좋은 케이스예요.

박영욱 조그맣게 회사 시작할 때는 학교에서 쌓는 네트워크가 중요하다고 봐요. 학생들이 창업할 때는 자기 학교에 꼭 같은 과 친구가 아니더라도 다른 동아리나 다른 과에서 사람을 구하거든요. 저희 때는 학교 안에 포스터 같은 게 많이 붙었어요. '제2의 세르게이 브린(Sergey Brin, 구글 창업자) 모여라'라거나 '제2의 구글을 만들어볼 사람들 여기 모여라' 하는 포스터요. 그러면 진짜로 사람들이 모여요. 2003년만 해도 구글이 최고였으니까.

김현진 박 사장님은 제품을 먼저 만든 뒤에 동문들 가운데 좋은 사람들을 만난 케이스인데 저희는 반대예요. 저의 경우 레인디라는 회사를 만들 때만 해도 외국에서 고등학교와 대학교를 나왔기 때문에 한국에는 동문이 없었어요. 그래서 제가 예전에 SM엔터테인먼트 다닐 때 캐스팅 일할 때처럼 했어요. 소녀시대 캐스팅은 알고 보면 서울 시내 초등학교를 다 뒤진 결과물입니다. 오후 3시, 초등학교 끝날 시간에 학교 앞에 가만히 서 있으면 애들이 나와요. 그러면 붙잡고 "너희 학교에서 누가 제일 예쁘냐? 노래는 누가 제일 잘하니?"라고 물어봐요. 그래서 강타를 뽑고 동방신기, 소녀시대를 뽑았거든요. SM에서 이런 걸 배웠어요. 그래서 제가 레인디 창업할 때 예전에 넥슨 후배들 통해서 "야, 너희 학교에 유명한 후배 있으면 소개 좀 해줘"라고 부탁했습니다. 뒤져서 술을 막 사 먹이고 "휴학해라"라고 꼬셔서 같이 창업했어요. 동문의 힘을 빌릴 수 없으면 이런 방법도 괜찮았던 거 같아요.

박영욱 근데 실전 가면 개발자 구하는 게 말처럼 쉽지는 않아요. 술 사먹이고 꼬셔보라는 게 말은 쉬운데 막상 안 되는 경우도 많아요. 술 먹이면서 어떻게 꼬셔야 할지 고민도 되고. 사랑한다고 고백할 수도 없잖아요. (웃음) 현실적인 부분도 얘기해야 하고.

이정석 공식적으로 개발자 네트워크 같은 게 없나요?

김현진 저는 젊은 사람들이랑 창업을 한 덕분에 대학 동아리를 공략했어요. 연세대는 '유타'라는 동아리가 있었어요. 유타는 정보올림피아드 출신의 특례 입학한 학생들로 구성돼 있습니다. 연대 컴퓨터공학과 중에서도 타고났다고 하는 친구들인데 그쪽 출신이 넥슨에 많았어요. 그친구들 통해서 유타로 찾아가서 "나 창업하려고 하는데 같이할 사람 없어?" 물어봤습니다. 저희 같은 경우는 이런 식으로 동아리 네트워크를 많이 활용했죠.

박영욱 실제로는 어려울 거 같아요. 만약에 내가 지금 창업을 앞둔 대학교 2~3학년인데 학교 동아리, 그것도 자기가 속하지도 않은 동아리에 가서 "지금 창업하려고 하는데 멤버 구하러 왔습니다", 이러면 어떤 반응이 올까요?

김현진 제가 그때 스물일곱 살이었고 그 친구들도 젊다 보니까 별 문제는 없었어요. 나이가 비슷하면 문제가 될 수도 있을 것 같고.

친구와 공동 창업은 비추

박영욱 그런 얘기도 많잖아요. '창업할 때 친구랑은 절대 하지 마라'라고. 비슷한 맥락으로 이런 질문도 나와요. "친구가 하나 있는데 같이 창업해도 될까요?"라고.

김현진 심각하게 생각해볼 문제죠. 매우 중요한 것 같습니다. "친구 몇명 있는데 같이 창업하면 어떨까요?"라는 질문에 솔직히 저는 무조건 반대입니다. 친구들이랑 창업하는 걸 반대하는 건 동생도 아니고 형도 아니기 때문이에요. 회사라는 데가 위아래 관계 설정이 중요한데 친구끼리는 그게 안 되니까 힘들더라고요. 누구는 지시하고 누구는 지시받고 그러다 보니까 와해되기도 하고요. 처음에 시작하실 때 친구분들도 있었어요?

박영욱 지금 회사 차리기 전에 제가 잠깐 웹에이전시를 했어요. 예를 들어서 저는 영업 따와서 내일까지는 꼭 만들어야 되는 상황이 생겼어요. "이거 내일까지 꼭 만들어야 하니까 만들어줘"라고 하면, 같이 일하는 친구는 "싫어, 나 오늘 약속 있단 말이야" 이래요.

김현진 그렇죠. 동갑이거나 나이가 비슷할 때 가장 많이 생기는 문제예요. 책임감을 부여하기가 쉽지 않아요.

이정석 저는 대기업 생활에 적응하지 못해서 사업해보겠다고 하는 사람들에 대해서 얘기해보고 싶네요. 저도 사실 회사 선배랑 같이 사업 한 번 해보려고 했었거든요. 그래서 6~7개월 동안 사람 만나고 계획을 짜고 했는데, 이런 게 있더라고요. 아까 약속이 있다고 해서 빠지는 거랑 비슷한 일이 생겨요. 대기업이라는 데를 들어왔을 때는 각자 뭔가 목표가 있을 거 아니에요. 옆에 있는 형이랑 마음이 맞아서 같이 뭔가를 해보자고는 했는데 실제로 회사 생활 하다 보면 본업에 매이니까 서로 "왜 안 했어?", "형은 뭐하셨어요?" 이러고 있더라고요.

어떤 사람들을 모을 것인가?

김현진   이어서 역량에 대해서도 얘기를 해봅시다. 말씀하신 것처럼 사람들이 누구나 우리 이런 거 해보자고 할 수 있지만 실제로 실천하는 사람이 많지 않고 시작한 일을 꾸준히 유지해나가는 건 더 어렵잖아요. 그러면 과연 처음 사람들을 모을 때 어떤 역량을 가장 중요시해야 할까요?

이정석   역량 따지기 전에 기업가 정신이 있느냐 없느냐가 첫 번째인 것 같아요.

김현진   처음에는 그런 게 없는 경우가 굉장히 많잖아요.

이정석   인생의 미래가치를 지금의 가치보다 훨씬 더 잘 만들 수 있을 거란 확신이 있어야 하고 그런 확신을 가진 사람들이 모여야 하죠. 역량은 그 꿈을 이뤄가는 구체적인 도구고. 사실 우리나라에서 CEO라는 존재는, 혹은 벤처기업에서의 CEO는 CTO에 더 가깝죠. 아이템을 가지고 있는 사람, 그리고 아이템을 직접 실현할 수 있고, 그 사람을 복사해서 붙여넣기 열 명 정도만 하면 회사가 잘될 것 같다는 확신이 서는 사람들. 그런 거 보면 기획보다는 실행력이 있는 사람이 필요할 것 같아요.

김현진 박 사장님은 어떤 역량을 가장 많이 보셨어요? 그러니까 시작할 때 사람의 어떤 점을 보고 합류를 허락했어요?

박영욱 저는 열정을 제일 중요하게 봤어요. 그렇지 않아도 힘든 게 벤처인데, 끌려오는 사람들이 스스로 일을 안 해서 제가 일일이 이끌려면 너무 힘들죠. 스스로 하고 싶어서, 본인의 꿈 이루고 싶어서 여기에 왔다는 사람이었어요.

김현진 저희랑 어떻게 보면 비슷하네요. 레인디를 처음 만들었을 때 저희는 사연이 많은 사람을 많이 뽑았어요. 예전에 서울대 경영학과를 나온 부산 사는 친구가 있었어요. 군대 막 갔다 온 친구였어요. 그 친구 처음 만났을 때 밥을 사 먹이면서 물어봤어요. "넌 왜 서울대 경영학과를 왔니?"라고. 그랬는데 갑자기 울컥하는 거예요. "왜 그래?" 그랬더니 아버지가 안 계셔서 홀어머니 밑에서 자랐다고 하더라고요. 어머니는 기초생활수급자라서 한 달에 삼십몇만 원 받으면서 살고 계시고. 어머니한테 효도하려고 서울대 경영학과 왔대요. 제가 그래서 "강남 집값이 얼만데 삼성전자 들어가서 언제 어머니한테 집 사 드리냐? 휴학해라"라고 했어요. 예전에 레인디 CTO는 연대 컴퓨터공학과에 다니는 친구였어요. 아주 뛰어난 개발자가 되는 것이 꿈이었던 친구였죠. 이 친구 아버지는 개인택시 하시는데 장기임대 주택에서 사시더라고요. 그래서 "형이랑 같이하자. 레인디 100억에 팔면 아버지한테 타워팰리스 밑에는 사드릴 수 있다"라고 했어요. 저희가 이런 식으로 스토리 있는 사람을 좋아했어요. 사업 오래 하신 분들은 "그런 애들은 야망이 너무 클지 모른다. 너를 넘어 서려고 할 거다"라고도 해요. 그런데 벤처하면 급여도 짜고 환경도 어렵잖아요. 그렇게 잘난 사람들이 좋은데 가면 더 많이 받는데, 꼬셔야 될 거 아닙니까.

벤처 CEO는 악덕 기업주?

박영욱 처음에 급여는 얼마나 주셨어요?

김현진 제가 못된 사장이라 레인디를 차릴 때 이야기를 했죠. 지분을 나누면서 기본적인 운영비를 대야 하니까 1년 동안 월급 없다고요.

이정석 효도하려고 벤처를 하는데 월급은 없네요.

박영욱 그렇죠. 그런 게 효도죠. (웃음)

김현진 처음에 1년 동안 월급을 하나도 못 가져갔어요. 다음 해에는 지분 가지고 있는 임원들만 월급을 안 가져가고 나머지 분들은 다 월급을 줬고요. 자본금 5천만 원으로 법인 세웠는데 제품 만들고 뭐 사고 밥 먹고 하면 은근히 돈이 많이 들어요. 헝그리할 때는 회식을 한 번 해도 그냥 치킨에 맥주면 되는데, 회사에 돈이 들어온다는 걸 회사 분들이 느끼기 시작하면 치킨에 맥주만 먹을 수는 없잖아요. 이런 부대 비용이 너무 컸어요. 대신 한 가지 확실하게 했던 건 있어요. 같이 창업한 분들한테 내가 돈을 헛되게 쓰고 있지 않다는 건 느끼게 해줬어요. 어떠셨어요?

박영욱 저희도 한 1년 동안은 급여가 없었어요. 이제는 시간이 많이 지나서 좋아졌는데 그 당시에는 돈이 워낙 없는 상태에서 창업을 했기 때문에 최대한 돈을 아끼려고 급여도 거의 없었어요. 급여로 쓸 돈 있으면 먹을 것 더 사먹고. 그때는 이상하게 벤처기업으로 인증받는 게 로망이었어요. 지금은 그냥 쉽게 받는다고 하는데 저희는 떨어졌었어요.

김현진 지금은 기술보증기금 받으면 그냥 다 벤처 인증이죠.

박영욱 처음에 벤처 인증 떨어져서 기술보증기금을 받으려고 했는데 심사에서 떨어뜨리더라고요. 두 번째는 IITA(정보통신연구진흥원. 과거 정보통신부가 있던 시절의 IT, 콘텐츠 관련 지원 기관이었으며, 유사 기관 통폐합 과정에서 현재의 정보통신산업진흥원[NIPA]으로 변경됨)에서 받았는데 기술력으로 인정받아서 벤처기업 인증을 받았어요. 벤처기업 인증 받을 때 직원 급여와 4대 보험이 다 나가야해요. 급여 지급 인증 기록부 사본까지 다 제출해야 돼서 급히 급여 입금을 하고 난리도 아니었죠. 기금을 받으려면 이런 거 챙기는 친구가 있어야 하는데 처음에는 이런 거 모르죠.

김현진 꼭 알아야 하는 것 하나. 국가기관 내지는 공공기관에서 인증을 받으려면 최소 4대 보험 받는 사람이 몇 명 이상이라는 기준을 제시해요. 그래서 처음에 헝그리하게 "자, 우리 급여 없이 시작하자"고 해도 4대 보험은 세금이라고 생각하고 열심히 내셔야 합니다. 기록을 남

거야 한다는 거죠. 미래를 위한 투자라고 봐야 해요. 그런데 그러다가도 투자를 받으면 바로 급여가 올라가나요? 저희는 아직 투자를 한 번도 못 받아봐서요. 저는 제가 투자를 했죠. (웃음)

이정석   의장님이 투자하고 나서 월급이 어땠는데요?

김현진   저희는 투자 조건이 이렇게 돼 있습니다. 저희가 출자를 하면 일단 출자받은 회사 대표는 1년 동안 월급이 무조건 100만 원입니다. 대표 월급만 제재를 하고요. 대표가 나머지 월급을 설정할 수 있도록 해놓습니다. 그건 터치 안 해요.

이정석   월급을 더 줬다가 뺏을 수도 있겠네요.

김현진   그럴 수도 있겠네요? 너무 벤처캐피털 마인드인데? 의심이 많아요. (웃음) 대표가 월급 70만 원 받고 직원들은 300만 원씩 줬는데 알고 보니까 직원들 월급 빼서 사장한테 몰아줬다는 식으로 꼼수 부렸다가는 당장 투자 회수하죠. 근데 저희가 왜 그랬냐면 창업자들 그러니까 사장님, 부사장님, 개발이사님 비롯한 3인자까지, 즉 지분을 조금이라도 소유한 사람은 헝그리 해야 더 발전이 있다고 생각해서예요. 정말 자주 물어봐요 "지분을 얼마나 줘야 돼요?", "월급은 얼마나 줘야 돼요?"라고. 어렸을 때는 지분이 짱인 줄 알았어요. 그래서 보상도 지분이 짱인 줄 알았죠. 그래서 여덟 번째 창업 멤버한테 "지분 얼마 줄까?" 그랬는데 이러더라고요. "대표님, 저는 주식 같은 건 관심 없고요. 연봉만 두 배 올려주세요"라고. 보상 방법이라는 건 꼭 지분만 주는 건 아닌가 봐요. 처음에 창업하면 착각을 합니다. 왜냐하면 사장님들은 지분에 집착하거든요. 그래서 일곱 번째, 여덟 번째 멤버도 지분에 관심이 많을 거라고 생각하는데 연봉 30퍼센트 올리는 게 더 좋을 수도 있어요. 그런 걸 잘 가려내서 보상을 다양하게 하는 것도 한 방법인 것 같아요.

이정석 월급을 두 배 준다고 했잖아요? 현실적으로 중요 개발자인 경우에는 그런 식으로라도 붙잡아야 하겠죠. 회사 월급표를 보면 항상 CEO보다도 월급을 훨씬 많이 받는 한두 명이 있어요. 이 사람들은 CTO도 아니에요. 알고 보면 회사가 어느 정도 성장하고 나서 외부에서 데려온 친구들입니다. 그 사람들은 회사가 좀 나빠지면 금방 나갈 사람들이죠.

김현진 맞아요. 제일 먼저 나갈 수 있는 사람들이죠. 사실 내부에서 연봉 서로 공유하지 말라고 그렇게 얘기는 하지만 워낙 좁으니까, 사장 빼고 자기들끼리 술을 마실 때 다 얘기해요. "너 얼마 받느냐?" 이러면 이제 거기서 기분이 나빠지는 경우가 많죠. 특히 직원 열 명 이하인 스타트업 때 "왜 쟤가 나보다 돈을 더 받지?" 이런 일 생기면 굉장히 난감해요. 등급이라고 하기엔 좀 그렇지만 창업자와 창업 멤버, 초기 멤버 그리고 일반 직원들을 구분하긴 해야 하는데.

박영욱 제가 개인적으로 좋아하는 회사 한 곳은 1년 반 동안 급여 정액제를 했어요. 대표이사부터 말단 직원까지 모두 월 100만 원. 알토스벤처에서 투자받을 때 알토스에서 그들이 그렇게 살아왔다는 걸 알고는

"최소 생계비는 줘라"라고 해서 연봉 협상을 처음 했어요. 그다음부터 먹고살 정도로 줬어요.

이정석 의장님과 사장님 이야기 들으니까 첫 직장 생활을 대기업에서 시작하고 심사역 하다가 다시 대기업 온 제 입장에서는 참 존경스럽습니다. 저는 그렇게 못 할 것 같아요. 누가 100만 원을 주는데 꿈을 함께 하자? 저야 말로 4~5개월쯤 일하다가 "아, 저 약속이 있어서", "군대를 가야 돼서" 그럴 것 같아요.

김현진 대부분 이렇게 핑계를 대요. 아버지가 편찮으시다고. 아버지가 참 자주 편찮으시죠. 아니면 어머니가 힘드시거나. (웃음)

박영욱 초기에 자기가 개발을 못 한다고 해서 꼭 풀타임 개발자나 디자이너를 둘 필요는 없다고 봐요. 회사에 데려오지는 않더라도 가끔 개발된 거 공유할 수 있는 정도의 사람은 찾을 수 있어요.

이정석 월급을 비롯한 보상 측면에서 벤처 스타트업이 대기업을 따라갈 수는 없어요. 제가 외국계 회사의 자회사이던 중소기업이 한국 회사로 변신하는 과정에서 투자를 한 케이스가 있어요. 보통 외국계는 월급이 많죠. 월급을 500만 원씩 받는 사람이 "한국 회사가 됐으니까 이제는 그렇게 못 줘"라고 하면 나가버려요. 난감하죠.

스타트업은 직원 하나만 이탈해도 타격이 커
이정석 박영욱 사장님이 이야기한 열정, 그리고 의장님이 이야기한 미래나 미래가치에 대한 공유를 하지 못하면 안 될 것 같아요. 한 가지 예를 들면, 안철수 원장님이 안랩 만들고 나서 직원 수가 어느 정도 되기 전까지는 개인마다 맨투맨으로 우리 회사의 비전은 이렇고 미래는 저렇고 그래서 너와 나의 역할은 무엇이다, 이렇게 공유했다고 해요. 그런 거 중요하죠.

김현진 오히려 면담을 많이 하면 초반에 많이 이탈하지 않나요? 당연히 사장은 이탈하지 않죠. 자기 열정이 제일 세니까요. 하지만 방금 말씀하신 것처럼 자주 이야기를 안 하고 공유를 하지 않으면 심리적인 보상이 안 돼요. 그러면 사람들이 빨리 떠날 수밖에 없죠. 그리고 작은 조직은 처음 출발해서 열 명이 넘기 전에 한 명만 나가면 도미노 현상이 일어나죠. 사람들이 막 흔들려요. 든 자린 몰라도 난 자린 표가 난다고. 그렇기 때문에 저희 같은 경우는 정말 서로 이야기를 많이 하려고 노력했어요.

이정석 스타트업은 몇 명 없이도 회사를 구성하잖아요. 그래서 한 명이 빠지면 그 자리가 정말 큽니다. 대기업은 많은 사람이 중복된 일을 하기 때문에 직원 한 명이 스스로 '아, 내가 빠지면 어떻게 될까?'라고 걱정을 한다 해도 정작 아무 상관없어요. 그런데 스타트업은 한 명 빠지면 난리가 나거든요.

박영욱 백 명 중에 한 명 빠지는 건 1퍼센트인데 세 명 중에 한 명 빠지면 33퍼센트죠. 스타트업 사장님들이 제일 싫어하는 얘기가 "사장님 드릴 말씀이 있습니다"예요. 제일 무섭죠. "따로 잠깐 드릴 말씀이 있고요. 이번 달부터 월급을 안 받겠습니다." 이런 말이 무서워요. 갑자기 표정 안 좋아지고 어느 날부터 일찍 퇴근한다고, 그러다가 정장 입고 오고, 한 며칠 있다가 "사장님 드릴 말씀이 있습니다" 이러면.

김현진 100퍼센트예요. "내가 열정이 떨어진다"라거나 "더 좋은 조건을 찾았다. 사장님한테는 미안하지만 빠지겠다", 이런 거죠. 이런 케이스는 차라리 나아요. 일반적이니까. 저희는 어떤 일이 있었던 줄 아세요? 저희랑 일한 지 6개월밖에 안 된 겸손하고 착한 친구가 하나 있었어요. 이 친구 어머님이 저희한테 김치를 갖다 준다고 차를 몰고 오시다가 교통사고가 났어요. 그런데 차에 보험이 안 들어 있었어요. 피해자가 신혼부부였는데 28바늘을 꿰맸대요. 그런데 이 친구 명함에 부사장이라고 적혀 있으니까 그쪽에서 합의금으로 7천만 원 달라고 생난리를 치더라고요. 제가 변호사를 데리고 합의를 보려고 아무리 했는데도 안 되더라고요. 이런 경우는 스타트업의 한계였죠. 내가 이 친구 대신 7천만 원을 내줄 수는 없으니까. 결국은 700만 원에 합의를 보긴 했습니다. 그래서 요즘은 벤처 회사 사장님들이 계속 "우리는 헝그리 해도 돼요"라고 하면 "당신은 헝그리해도 되지만 당신 사람들이 위기에 몰리면 어떻게 할래? 그 사람 아버지가 암 걸리면 당장 어떡할 건데. 걔는 100만 원밖에 없어"라고 해요. 사람 삶이라는 게 외부에서 무슨 일이 생길지 모르겠더라고요.

박영욱 일단 우리는 벤처 스타트업이니까 사람 구할 때 급여보다는 비전 같은 걸로 설득을 하죠. 그런데 이런 방송이나 잘된 사례만 듣고, 비전만으로 모든 사람을 이끌 수 있다는 오판은 안 하셨으면 좋겠어요.

사실 비전만으로 이끌 수 있는 사람은 소수예요. 그 사람이 잘된 사례라서 그런지 모르겠지만 사실 돈 가지고 사람 뽑고 데리고 오는 게 제일 쉽죠.

김현진　그렇죠. 삼성 다니는 분한테 "연봉 1천만 원 더 줄 테니 나랑 가자", 이게 최고죠.

박영욱　연봉보다는 비전을 따라갈 수 있을 만한 사람을 잘 데리고 오는 게 벤처이기 때문에 몇 번 비전 가지고 얘기했지만 잘 안 되는 사례도 많아요. 비전이 있다면 계속 노력해야지, 한 명 해보고선 '역시 비전 가지곤 안 된다'고 포기하진 않았으면 좋겠다고 생각해요.

이정석　회사가 좀 더 성장을 해서 좀 더 나은 사람이 필요할 때를 가정해봅시다. 이때쯤 되면 회사가 성장했다는 게 밖에서 보이잖아요. 그러면 그때는 월급이나 무슨 자리를 원하는 게 아니라 지분을 요구하면서 들어오는 사람이 있거든요. 성장하는 과정에서 외부에서 조금 투자도 받았다면 사장들의 지분이 이미 상당히 희석돼 있어서 떼어주기 힘든 상황이 옵니다. 그래서 신주인수권부사채라고 하는 BW(Bond with Warrant: 새로 발행할 주식을 우선적으로 인수할 수 있는 권리인 신주인수권이 포함된 채권. 신주인수권을 분리해서 팔거나 양도할 수 있는 분리형 BW 형태가 많다. 이 신주인수권을 저렴하게 살 수 있도록 하는 방식으로 지분을 주는 경우가 있다)나 주식매수청구권 같은 걸 줄 수도 있지만 대표이사는 최대한 지분을 안 주려고 욕심내는 경우가 있더라고요. 반면에 새로 들어오는 사람이 너무 많이 받으려고 해서 안 좋아 보일 때도 많고요.

그쯤 가면 열정을 논하는 게 아니라 돈 대 돈의 관계로 가죠.

김현진 비전으로 다른 사람을 설득했다는 것은 나의 비전에 동조하는 사람이 생겼다는 거잖아요. 그 과정이 정말 신나거든요. 자기 확신도 생기고. 돈은 주지만 제대로 해보자는 멤버가 새로 생길 때마다 진짜 재미있고 즐거워요. 그런데 나중에 가면 말씀하신 것처럼 계산기를 두드려야 하죠. 회사가 어느 정도 크면 이 친구 5천 줘서 1년 안에 뽑아먹고 내보내면 된다고 생각하는데 처음에는 그게 아니죠.

비즈니스는 비즈니스다
이정석 사업을 같이한다는 건 6개월 하고 마는 게 아니잖아요. 5년, 10년을 바라보면서 지금은 5천만 원에 불과하지만 3년 뒤에는 100억짜리 회사 만들자는 식으로 하는 거죠. 우리나라 정서상 술 한잔 사주면서 아니면 형, 동생, 친구 먹으면서 얼렁뚱땅 넘어가죠.

김현진 이해관계가 애매해지는 경우가 많죠.

이정석 "내가 많이 해줄게"라고 말로만 하는 게 문제예요. 무서운 겁니다. 초기부터 계약서를 쓴다든지 해서 명문화할 필요가 있어요. 제가 보기에 스타트업들은 그런 게 좀 부족해요. 시작부터 계약서 들이밀면서 "우리의 관계는 이 계약서를 바탕으로 하겠습니다"라고 하지는 않더라고.

김현진 관계 설정을 해야 하죠. 젊은 친구들이 창업을 할 때 보면 한국의 정서 탓인지 "우리 회사 같이하는 거야. 지분 나눴고 각자 이렇게 하자"라는 식으로 계약서에 쓴다는 걸 굉장히 어색해해요. 관계 설정이라는 게 차가운 말 같지만 중요합니다. 누가 대표고 누가 부사장이고 누가 3인자이고 어디부터 직원이고 정해야죠. 지분은 어떻게 나눌 건지도 따져봐야 하고. 박영욱 사장님은 처음에 관계 설정을 어떻게 하셨어요?

박영욱 저도 제대로 못 했어요. 처음에 지분구조를 나눌 때는 잘 모르는 상태에서 각자 이 회사에 현재까지 관여한 것과 앞으로 기여할 만큼을 고려해서 같이 투자했어요. 그래서 처음 제 지분이 50퍼센트 정도 됐죠.

이정석 그래도 나눠서 투자를 했네요.

김현진 저희는 다 대학생들이라서 투자를 할 사람이 없었어요. 그래서 그냥 제가 다 만들고 지분만 나눠줬어요. 예전에 부사장이었던 친구는 투자를 했고 그만큼 지분을 가져갔었죠. 관계 설정이란 단어를 저희 부사장한테 들으면서 참 바람직하다고 생각했어요. 그 친구가 먼저 "대표님, 이런 건 관계 설정을 해야 합니다"라고 하더라고요. 그 친구는 처음에 "저는 공동대표를 원합니다"라고 했어요. 공동대표에 대해서 여기저기서 조언을 얻었더니 그건 아닌 것 같다는 결론을 내렸어요. 그래서 부사장이나 부대표로 빼는 게 맞는 것 같다 싶어서 합의를 봤어요. 제일 쉬운 관계 설정은 자본금대로 나누는 겁니다. 1억 원짜리 회사를 만드는데 "내가 3천만 원 넣었으니까 30퍼센트 가질게", "7천만 원 넣었으니까 70퍼센트 가질게" 이렇게 하면 됩니다. 하지만 젊은 친구들이 창업할 때 나눠서 내는 경우가 별로 없거든요. 돈이 없으니까. 그냥 있는 대로 내든가 한 명이 내거나 해요. 그러다 보니 관계 설정이나 지분을 나눌 때 굉장히 묘해집니다.

이정석 근데 초기 자본금을 납입하느냐 아니냐는 아무리 어린 나이일지라도 피를 섞는다는 차원이죠. 올가미로 엮었다고 봐도 되고. 그런데 만약에 갑자기 실적이 안 난다고 "저 100만 원 돌려주세요"라고 말하기는 쉽지가 않죠.

김현진 자기 자본을 안 들이면 언제든지 떠날 수 있다는 게 문제예요.

이정석 그래서 계약금 조로 단 10만 원이라도 내도록 해야 해요. 그리고 지분에 대해서는 그 사람이 기여한 만큼 줄 수 있도록 해야 하고요. 단순히 "너 20퍼센트만큼 해라"가 아니라 20퍼센트가 가지는 의미가 어떠한지를 잘 설명해야 합니다. 그래서 대표이사는 공부를 많이 해야 해요.

김현진 "어떻게 나눠야 해요?"라고 물으면 한 회사 사례를 이야기해줍니다. 메인이 되는 사람이 제일 돈을 많이 내고 나머지 사람들이 1인당 500만 원씩 출자합니다. 그리고 월급은 50만 원씩 10개월 동안 가져가는 거죠. 그러면 자기가 낸 돈이 500만 원이기 때문에 적어도 10개월 안에는 이탈을 안 하더라고요. 10개월, 1년 별로 긴 것 같지 않지만 현실에서는 창업한 뒤에 제일 사람들이 이탈하기 쉬운 기간입니다. 그래서 "네 돈 500만 원 넣었으니까 월 50만 원씩 받고 10개월 동안은 나갈 생각하지 마라"와 "내가 너한테 주식 5퍼센트 무상으로 줄게. 열심히 해봐"라고 하는 건 또 다른 의미의 책임감 부여인 것 같아요.

이정석 지분구조는 초창기부터 대표이사가 압도적으로 많아야 합니다. 얼리스테이지일 때는 회사 자본금은 얼마 안 되잖아요. 하지만 초기에는 자본금보다는 그 회사의 '어떤' 역량으로 회사 가치를 평가하기 때문에 엔젤투자자나 벤처캐피털이 수억 원을 투자할 수 있어요. 만약에 10억 원을 투자받는다고 생각해봅시다. 회사 가치를 20억 원이라고 하고요. 단순 계산으로는 회사의 총 가치가 30억 원이 됩니다. 그럼 대표이사를 비롯해서 설립에 관여한 사람들의 100퍼센트에서 지분이 3분의 2인 66.6퍼센트로 줄어들겠죠. 나머지 33.3퍼센트는 투자자가 갖고요. 그래서 초기일 때는 아무리 공동대표나 부사장, 주요 멤버한테 지분을 나눠준다고 하더라도 대표이사가 일정 수준 이상의 지분율을 유지할 수 있도록 해야 합니다. 한 번만 투자받을 게 아니잖아요. 투자를 받을 때마다 대표이사 지분율이 줄어들 테니까요. 이게 나중에는 문제가 될 겁니다. 세 번째쯤 투자받을 때는 투자자 입장에서 보면 별로 매력적이지 못한 아이템이 돼요. 돈은 돈대로 드는데 지분은 많이 가지고 가지 못하니까. 그런 것까지 염두에 둔다면 쉬운 일이 아닙니다. 그래서 주주 간 계약서를 통해서 앞으로 지분구조를 어떻게 짤 것인지 회사가 성장하면서 언제쯤 내가 투자를 받을 것인지를 생각하고 거기에 따른 지분 변화도 고려해야 합니다.

김현진 대학생들은 지분에 대한 개념이 없다 보니까 어려워하는 것 같습니다. 스타트업 사장님들을 보면 초기 1년 동안 겪는 일들이 거의 비슷합니다. 좋은 분들 많이 찾아다니면서 계약서는 어떻게 써야 하는지 등 회사 경영에 관한 실무를 배울 필요가 있어요. 좋은 게 좋은 거라고 하다가는 나중에 부메랑으로 돌아올 수 있습니다. 부부도 이혼을 하는 세상이에요. 창업 멤버 소중하고 중요하죠. 하지만 헤어질 수 있고 어떤 이슈가 불거질지 모르기 때문에 철저히 준비하셔야 합니다.

벤처업계의 불편한 진실

김현진 창업 멤버를 모으고 사람을 뽑다 보면 따지지 않을 수 없는 게 있죠. 특히 한국에서는. 바로 직원들의 학벌입니다. 스타트업에서 직원들의 학벌이 얼마나 중요한가. 솔직히 저는 직원들의 학벌을 따지지는 않지만 학벌 좋은 사람이 많아서 나쁠 건 없다고 생각하거든요. 우리나라 문화에서는 역량이고 능력이라고 생각하는데 어떻습니까?

박영욱 저희는 학벌을 별로 따지지 않지만 외부에서 많이 따진다는 건 느껴요.

이정석 학벌 많이 보죠. 제가 심사역을 할 때 그랬습니다. 다른 심사역도 마찬가지고. CEO, CTO를 비롯한 주요 멤버 중에 학벌 좋은 사람이 있는 회사의 사업계획서를 보면 "오!" 하고 감탄사를 내요. 좋은 학교를 나오면 대기업을 가든 사업을 하든 자신의 역량을 일부러 증명해 보일 필요가 적어집니다. 미안한 얘기지만 출신 학교가 변변하지 못하면 평생 자기 자신을 증명해야 해요. 대기업을 가든 작은 회사를 가든 다른 사람이 자기를 인정해줄 때까지 계속 입증해 보여야 하는 거죠. 어느 위치까지 가기 전까지는 피곤한 인생을 살아야 해요. 하지만 학벌이 좋은 사람은 그걸 할 필요가 없는 거죠. 헛소리를 하더라도 학벌이 좋은 사람이 말하면 뭔가 있어 보이고 학벌이 안 좋은 사람이 헛소리하면 "쟤는 뭐 아는 건 쥐뿔도 없는 게 저런 헛소리를 하느냐"고 합니다. 이게 현실이에요. 벤처캐피털 입장에서 까놓고 이야기하면 나와 학벌이 비슷한 친구들 혹은 비슷한 전공인 친구들한테 눈이 가요.

김현진 레퍼런스 체크(Reference Check: 경력에 대한 사실 여부 확인과 평판을 알아보는 것)도 쉽죠.

이정석 이런 것도 있습니다. 투자할 때 "이 친구는 계속 회사에 남아 있게 되나요?"라는 걸 묻기도 해요. 사업을 하는 입장에서는 역량이 있는 사람이냐 아니냐를 보고 사람을 선택하겠죠. 뜻을 같이하느냐 아니냐도 중요하고. 근데 투자자 입장에서 보면 투자해서 피를 섞기 전까지는 그렇지 않거든요. 그래서 투자 검토할 때는 아무래도 같은 백그라운드를 가진 사람 혹은 좋은 백그라운드를 가진 사람을 우선 눈여겨보는 거고요. 물론 여기에도 함정은 있습니다. 너무 출중하면 '얘는 곧 떠나겠네'라고 생각하죠.

김현진 맞아요. 양날의 검이죠. 저희도 설립할 때 서울대, 연대, 카이스트 친구가 많았어요. 그런데 나중에 들어온 한성과학고 졸업해서 카이스트 나온 친구가 고대 통계학과 나온 저희 세 번째 CEO를 보고 "저 사람이 우리 이사인가요?" 하고 묻더라고. 저희 회사 열한 번째 정도로 들어온 어린 친구가 그렇게 말을 하더라고요.

이정석 그러면 이렇게 질문하면 되잖아요. "너는 왜 서울과고 못가고 한성과고 갔냐?"라고. (웃음)

김현진 "개발이사님이 고대 나온 거 같은데 왜 이사예요?"라고 저한테 당당하게 이야기하더니 "아우, 여기 나갈래요" 하고 휙 나갔어요. 당연히 잡지 않았어요. 인품, 인성이 잘못됐으니까. 만약에 자신이 창업자로서 열정도 있고 에너지도 있지만 고졸이에요. 또는 지방에 이름 없는 전문대를 나왔다면, 이런 사람들은 자신의 학벌이 안 좋다고 쫄아 있기보다는 능력 있고 학벌 있는 친구들을 어떻게 끌어 모으냐가 중요하다고 생각해요.

이정석 대표이사가 1940년대에 태어나서 고졸이라면 당시에는 대학 안 나온 사람들이 많았으니까 학벌이 다들 비슷비슷할 거예요. 근데 제가 뵌 대표이사 한 분은 1960년대 생이고 고졸이었는데 자기를 위해서 일하는 사람들의 학벌은 서울대 경영학과, 외국 유학 경험이 있는 사람들이었어요. 서로가 되게 깍듯하게 잘하고 열심히 했어요.

김현진 그분은 어떤 카리스마가 있었나요?

이정석 일단은 그 사업에서 제일 중요한 게 영업이었는데 정말 단기간에 성공한 사람이더라고요. 어떻게 보면 돈의 힘일 수도 있는데 확실히 뭔가 카리스마가 있었어요.

박영욱 스스로 자신의 능력을 입증한 거네요.

이정석 서울대 나오면 뭐해요. 돈 많이 버나? 3년에 100억? (웃음)

김현진 학벌 중요합니다. 만약에 자기 학벌이 안 좋다면 좋은 사람을 많이 모으면 돼요. 콤플렉스 가질 필요 없어요. 창업자라면 어떤 사람이라도 끌어안을 수 있어야 한다고 생각합니다. 그리고 또 재밌는 건 학벌 좋은 사람이 많이 모여 있으면 다음에 그런 사람을 뽑기가 더 쉬워진다는 겁니다. 열 명이 창업을 했는데 다 학벌이 좋아요. 사장님은 고졸이라고 치고. 그러면 열한 번째 학벌 좋은 사람 뽑는 건 훨씬 쉽습니다.

이정석 네트워크가 되잖아요.

김현진 "너희 후배 데리고 와봐", "동생 데리고 와봐" 할 수 있는지가 중요하죠.

박영욱 그렇다고 학벌 안 좋은 사람들만 모여 있다고 해서 투자 못 받는 건 아니고 유리한 면은 많다는 이야깁니다. 그러고 보면 이런 이야기도 있어요. 요즘에 벤처캐피털들이 가장 좋아하는 회사가 스카이(SKY) 출신 개발자만 5~10명 모여서 개발만 할 줄 아는 곳이래요. 기본 5억을 받는다고 하더라고요.

함께한 사람과의 헤어짐이 가장 힘들어

김현진 회사가 5~6년 갈 때까지 멤버가 그대로면 참 좋겠지만 부득이한 일이 생기거나 개인적인 사정이 있거나 비전이 달라지거나 해서 헤어질 수도 있잖아요. 헤어지는 것에 대한 얘기도 좀 해보죠. 혹시 기억에 남는 경험 있으세요? 제가 중앙일보, 서울여대 교수님, 서울여대 학생들과 술을 마시고 좌담회를 하는데 나온 얘기가 이거였어요. "사람이 떠날 때 힘들다. 사람을 보내야 할 때, 그 사람을 잡을 수 없을 때. 다른 건 다 적응이 돼도 이럴 때 상처받는 건 어쩔 수가 없더라"라고 했더니 나머지 사장님들 다 공감하시더라고요. 여러 가지 케이스 중에 가장 마음이 아팠던 건 내가 케어하지 못하는 범위의 개인적인 문제가 발생했을 때예요. 좀 어이없었던 건 "아빠 엄마가 사업하지 말래요"라고 해버릴 때였어요. 부모님이랑 싸울 수도 없잖아요.

박영욱 저희도 비슷한 일 많았어요. 저는 가장 아팠던 일이 조직이 커가면서 편 가르기가 생겼을 때였어요. 열 명 때까지도 괜찮았는데 한 30명 정도가 되니까 알게 모르게 회사 내에 정치적 편 가르기가 생겨요. 열 명 이하일 때는 누구한테 무슨 일이 있었는지 다 아는데 30명만 돼도 표정이 안 좋으면 왜 그런지 감이 안 잡힐 때가 많습니다. 일일이 케어는 못 하니까 누군가에게 맡기게 되는데 그 사람이 내가 안 보는 데서 어떻게 잘못하면 조직에 갈등이 생기고 안 좋은 영향을 끼치게 되고 해요.

김현진 가장 가까운 사람이 가장 큰 라이벌이래요. 어떤 분이 사장의 라이벌은 부사장이고, 남편의 최고 라이벌은 아내라고 하시더라고요. 왜냐하면 나를 너무나 잘 알고 나를 넘어서고 싶어 하는 욕구가 있기 때문이래요. 아마 초기 벤처기업가들은 많이 공감하실 거예요. 어느 날 갑자기 부사장이 독립하겠다면서 애들 데리고 나가겠대요. 자긴 이미 판을 다 짠 거죠. 열 명도 안 되게 시작했는데 다섯 명을 꼬셨더라고요. 사장님의 비전이 마음에 안 드니까 차라리 자기들이 회사를 차리자고 한 거죠. 아이템은 우리 회사랑 같은 걸로 하고요. 그런데 어릴 때 창업하면 비밀유지계약서도 없고 주주계약서도 없기 때문에 딱히 막을 수가 없어요. 그래서 상처 받은 사람들이 전화를 많이 하더라고요. "형, 부사장이 반기를 들었는데 어떻게 해야 해?"라고. 그러면 저는 솔직하게 "빨리빨리 잘라라. 더 전염되기 전에"라고 말해요. 그런데 망설여요. 왜냐하면 같이 창업을 했기 때문에 더 미안한 거죠. 설득하고 싶고. "안 나가면 안 되겠니? 네가 있어야해"라고 해도 이런 사람은 이미 마음을 정리한 경우가 많아요.

박영욱 오히려 그럴 때 내보낼 사람은 내보내야 해요. 나가려는 사람을 억지로 잡으려고 하면 남은 사람도 전염이 될 수 있어요.

만일을 위해 계약서는 반드시 있어야

이정석 그래서 아까 이야기했던 것처럼 명확한 계약서가 있어야 해요. 계약서라는 것은 뭔가를 잘 하도록 만드는 게 아니라 나쁜 경우에 어떻게 할지를 명확하게 하기 위해서 만드는 겁니다. 나쁜 경우라 하면 동업자를 잃거나 자기 밑에서 일하는 사람들이 자기를 배신하는 등의 일이죠. 그때를 대비하기 위해서라도 계약서는 필요해요. 사람 사이의 일이니까.

박영욱 벤처를 할 때 기본적으로 필요한 서류가 많아요. 직원들이랑 계약할 때도 그렇고 주주 간 계약서나 정보보안서약서 등 기본적인 계약서가 꽤 필요해요. 계약서 없이 시작하지 마시고 의장한테 요청하세

요. (웃음)

김현진 메일로 요청하시면 제가 간단한 계약서를 써드리도록 하겠습니다.

이정석 그러지 말고 우리 관련 서류 몇 가지 모아다가 해피캠퍼스에 올려볼까요? (웃음)

박영욱 서류 찾기가 만만치 않아요.

이정석 우리나라 민법에 보면 '신의성실의 원칙'이란 게 있죠. 상호 신뢰를 지켜가면서 '니가 알아서 이 정도는 해라'는 거잖아요. 그런데 만약에 제가 공동 창업을 했다고 생각해봅시다. 서로 간의 관계에 대해서 별도의 계약서를 쓰진 않았고요. 그런데 CFO 역할을 맡은 동업자가 투자를 받기 위한 관련 프로세스는 다 진행했어요. 공동대표니까 할 수 있죠. 저는 개발만 한다고 하고. 근데 이 사람이 투자 계약을 이상하게 해서 나중에 일이 터졌어요. 그렇다면 이 CFO는 사람은 회사와 동업자의 인생을 망친 겁니다. 그래서 상대방에게 해를 끼치는 것 관련한 내용도 광범위하게나마 계약서에 집어넣어야 한다는 게 제 생각입니다.

김현진 네. 젊은 친구들은 잘 대비하지 못할 때가 많아요.

박영욱 처음에 지분 나눠줄 때 계약서를 잘 쓰셔야 해요. 처음 창업을 할 때는 10년, 100년 같이할 것 같은데 언제든 깨질 가능성이 있어요. 깨질 땐 명확하게 정리해야 해요. 그때 잘 정리하기 위해서는 계약서를 꼼꼼하게 쓰는 게 중요하죠.

김현진 저희는 레인디를 만들 때 주주계약서를 쓰고 시작했습니다. 대표인 저를 포함해서 동업자 중에 누군가가 3년 안에 나가면 자신이 소유한 주식을 회사에 무상으로 반납하고 나가야 한다고 썼어요. 그리고 3년이 넘으면 그다음부터는 시가로 팔고 나가고요. 최소 3년은 하라는 이야기죠. 물론 저희는 비상장회사고 시가를 산정하기 힘들지만 적어도 액면가 이상은 됐다고 봐요. 그런데 결과적으로 보니까 대부분 3년 이내에 이탈했던 거 같아요.

박영욱 시가라고 하는 걸 산정하기가 힘들죠.

김현진 그렇죠. 가치평가를 하기 어려우니까 시가로 하기로 한 거죠. 그때 한 벤처캐피털리스트에게 조언을 구했더니 시가로 하는 게 맞는다고 해주셨어요.

박영욱 저희는 처음부터 주주계약서를 잘못 썼어요. 나간 사람이 지분을 너무 많이 들고 있었고 직원들도 많이 데리고 나갔어요. 처음엔 주식도 안 팔 거라고 하더군요. 그대로 갖고 있겠다고 하더라고요. 그렇지 않아도 작은 회사인데 그 많은 지분을 적대적으로 회사를 빠져 나간 외부사람이 들고 있다면 좋은 그림이 아니죠. 이런 걸 해결하기가 상당히 어려웠어요.

이정석 투자자 입장에서 보면 그런 건 리스크입니다. 내가 얼굴도 보지 못했고 지금 일하지도 않는 사람이 지분을 많이 들고 있다면 '얘네들 사이에 무슨 일이 있었나?' 아니면 '회사에 무슨 일이 있었나?'는 의심을 하게 되요. 그거 좋지 않습니다.

박영욱 알토스벤처 한 킴 대표님이 추천해주신 방법은 이랬어요. 주식을 주더라도 3년에 걸쳐 나눠서주되 처음 1년이 지나면 20퍼센트, 그리고 2년이 지나면 30퍼센트, 마지막 3년이 지나면 50퍼센트를 주는 거죠. 3년은 있어야 받기로 한 지분을 다 받는 구조죠. 혹시라도 중간에 나가게 되면 액면가에 팔수 있도록 약속을 했습니다.

김현진 액면가가 제일 바람직한 것 같아요.

이정석 한국에는 스톡옵션(Stock Option, 주식매수선택권: 주식회사가 직원들에게 회사 주식을 저렴한 가격에 살 수 있도록 하는 제도) 제도가 활성화돼 있지 않죠. 외국 투자업계에서는 상당히 활성화돼 있는데 투자단계가 지나면 지날수록 부담되는 게 스톡옵션입니다. 이게 기업주 입장에서는 직원의 사기를 올려주는 하나의 방법이잖아요. 하지만 기업주가 스톡옵션을 추가로 발행하면 발행할수록 총 발행 주식수가 늘어나고 투자자가 소유한 지분율은 일방적으로 희석되죠. 결국 투자자 입장에서는 회사가 성공했을 때 기대 수익률이 낮아지죠. 투자받은 뒤에 스톡옵션을 발행하겠다고 하면 황당하죠.

김현진 요즘엔 스톡옵션 주는 곳이 많아지는 거 같아요. 스타트업의 경우에는 따지고 보면 스톡옵션 표준계약서에 사인만 하는 거잖아요. "나중에 줄게"라고 하는 거죠. 주변 스타트업을 보면 실제로 행사하는 경우는 별로 없어요.

이정석 그래서 보통 전체 발행 주식의 10퍼센트 한도 내에서 스톡옵션을 줄 수 있도록 제한하죠. 사실 내가 성과를 엄청 냈다고 하면 뻔뻔해질 필요도 있는데 주변에서는 이해를 못 하죠.

김현진 아무래도 한국은 미국이랑 많이 다르니까요.

이정석 벤처 문화가 성숙해질수록 계약에 대해 이야기하고 계약서 내용을 따져보는 것이 중요하다고 봅니다. 기술을 개발하고 파는 것도 중요하지만 이런 부분도 관심을 가져야 하죠. 어디서 어설프게 듣고 와서 투자자한테 이거는 어떻고 저거는 어떻고 해버리면 콧방귀만 뀝니다. (웃음)

박영욱 아파서 병원 갔는데 인터넷에서 자기 증상 다 찾아보고 의사 선생님한테 이야기하는 것과 똑같네요.

시가는 투자 유치에도 불리
이정석 그런 행동은 부정적인 이미지를 주기 딱 좋으니까 자제해야 해요. 아까 시가로 한다고 했죠? 가치평가라는 게 정말 힘든 일입니다. 아트죠, 아트. 그런데 시가라고 하는 순간 불확실성이 생기는 겁니다.

김현진　다행히 저희는 시가를 환산하기 전에 다 물갈이가 돼서 시가 환산해본 적이 없어요.

이정석　투자를 앞두고 있는데 지분구조를 정리해야 할 때가 있습니다. 벤처캐피털이 와서 "이거 어떻게 된 거냐" 하면 "지금 처리하겠습니다"라고 해요. 결국은 얼마에 사줄지가 문제죠. 시가라는 표현으로 애매하게 남겨놓는 것보다는 연간 얼마씩 처리한다든가 시기에 따라서 다른 가격을 적용한다는 정도로 해놓는 게 좋죠. 공동 창업자들이 초기에 지분을 나눠가지는 경우가 종종 있습니다. 의견이 갈라지거나 개인적인 사정으로 나가야 하는 멤버가 발생할 때가 있습니다. 그럴 때 지분을 정리하지 않고 들고 나가면 나중에 벤처캐피털에서 투자를 받기 어려워집니다. 외부에 있는 지분 때문에요. 내부에서 사업을 하고 있는 창업자들은 나간 사람들 지분을 쉽게 회수할 수 있을 것처럼 이야기하지만 그렇지 못한 경우가 많아요. 그래서 벤처캐피털이 투자를 검토하다가 보류하는 경우도 있습니다. 시가라는 표현이 위험하다고 하는 이유는 초기 벤처기업 주식의 가격은 결국 '부르는 게 값'이기 때문에 협상이 지지부진하거나 터무니없이 비싼 가격으로 울며 겨자 먹기로 사와야 하는 경우가 생기기 때문이에요.

박영욱　원래 가치평가 방법이 있지 않나요? 양도세 낼 때 주식 가치를 산출하고 그러던데.

이정석　주식을 사올 때 세금을 어떻게 할 것인지를 말씀하시는 것 같네요. 세금을 내기가 싫으니까 세금까지 가격에 얹어 달라고 하는 경우가 생기기도 해요. 그러니까 정교하게 할 필요가 있어요.

김현진 대다수의 스타트업은 거의 액면가 수준이죠.

이정석 그게 맞는 것 같습니다. 그게 객관적인 이유는 미래를 향해서 같이 가다가 관뒀다면 이 사람은 같이하넌 일에 대해서 미래가치가 없다고 판단한 거라고 간주할 수 있는 거니까요. 쏟아 부은 만큼만 가져가라. 액면이 될 수도 있고 일했던 만큼의 가치가 될 수도 있죠. 계약서는 멋있을 필요가 없어요. 상법에 저촉되지만 않는다면 사적인 계약이거든요. 법적 용어 말고 일반적으로 쓰는 표현 있잖아요. 자세하기만 하면 우리가 그냥 쓰는 표현대로 써도 계약서는 성립해요. 굳이 멋있게 쓸 필요가 없다는 거죠. 결국은 문서화한다는 자체가 중요합니다.

김현진 문서화가 제일 중요합니다. 인간적인 부분은 인간적인 부분이고 약속은 문서화하는 게 좋습니다. 해외에서는 그냥 쿨하게 사인하면 되는데 한국에서는 계약서 쓰기가 참 난감하죠.

박영욱 처음에 계약서 쓸 때 괜히 미안해하고 그러죠.

김현진 미안해할 필요가 없습니다. 창업하실 때 아무리 친해도 계약은 하셔야 해요. 관계 설정과 이에 따른 권한, 권리를 정리하는 게 중요합니다. 주주 간 계약서 정도는 반드시 쓰고 시작하시는 게 확실합니다.

박영욱 그때 껄끄러워서 안 하시면 다시 크게 돌아와요.

김현진 헤어지는 것을 준비하라는 게 아닙니다. 매끄러운 관계를 유지하기 위한 거죠. 공지영 작가 소설 중에 "이별하고 나서도 고마웠던 사람을 생각해라"라는 글귀가 있어요. 이별하더라도 그 사람 만난 게 내 인생에 최고였다고, 창업을 했다가 헤어지더라도 '그 회사를 다녔던 게 즐거웠어', '헤어졌지만, 이제는 주식 다 반환하고 갈라섰지만 그때가 최고였어'라고 생각하는 게 좋습니다. 나가면서 주네 안 주네, 말 많아지고 '옛날에 준 시계 다시 내놔!'라는 식으로 나오면 주면서도 기분이 나쁩니다. 저희는 이미 나간 친구들이랑 자주 만나서 술도 마시고 해요. 지금 그중에서 벤처하고 있는 사람은 저밖에 없고 다 취직을 했어요. 자기들이 생각해도 깜냥이 모자랐다 싶은지 별 문제가 안 생겨요.

스타트업은 사람이 전부다

김현진 오늘은 '벤처, 직원을 구하라'였습니다. 다들 어떠셨나요?

박영욱 오늘 방송하면서 반성 많이 했어요. 사람 구할 때 열정을 본다고 하면서도 소극적인 얘기만 하게 되고 쓸데없이 민감해지는 것 같았어요. 그리고 요즘 비전을 세워야 하는 단계인데도 공유를 하지 못해서 후회와 반성을 많이 하고 있습니다.

이정석 저는 만약에 내가 사업을 한다면 누가 나를 믿고 따라줄 수 있을까 하는 생각을 했네요. (웃음) 김현진 의장님, 박영욱 사장님, 참 존경스럽다는 생각도 들었습니다. 만약 제가 회사 안에서 큰일을 벌이거나 나와서라도 큰일을 벌일 때 함께 해줄 사람이 누가 있을까 생각했어요. 네트워크에 관해서 이야기하면서 계속 고민했어요. 개인적으로 저도 반성 많이 했고 앞으로 사람과의 관계를 형성할 때 어떻게 해야 할지에 대해서도 생각을 많이 했습니다.

김현진 저도 반성 많이 했습니다. 옛날 기억도 나더라고요. 저희가 후반에 우울해지는 얘기를 많이 하기도 했지만 사실 사업은 사람이 전부입니다. 사람한테 상처받고 사람이 가장 무서울지 모르지만 사람만이 희망입니다. 제가 SM엔터테인먼트를 그만둔 이유가 뭔 줄 아세요? 아무한테나 가서 "너 연예인 할래?"라고 말한 뒤에 그 사람의 인생을 바꿔야 한다는 부담감 때문이었어요. '과연 남의 인생을 책임질 수 있을까?', '쟤는 연예계에 관심이 없는데 연예인을 하게 해야 하나?'라는 생각을 했어요. 그런데 사업을 할 때도 마찬가지더라고요. "나랑 같이 창업할래?", "우리 회사에 들어와서 100만 원 받고 1년만 고생할래?"라고 하는 건 다른 사람의 인생을 사들이는 거죠. 아까 교통사고 당하신 부사장의 어머니가 갈비뼈에 금이 가셨는데도 병원에서 "사장님, 사고 쳐서 죄송해요. 우리 애가 회사에 신경 못 쓰게 돼서 잘못했어요"라고 하실 때 문 닫고 펑펑 울었어요. 여러분들이 사업을 하실 때는 항상 당신을 믿어주는 많은 사람의 인생이 당신한테 걸려 있다는 걸 생각하세요. 계약은 관계를 유지하기 위한 거지 못 믿고 떠나라고 하거나 헤어지자는 게 아닙니다. 사람은 열정적으로 구하시고 관계는 깔끔하게 정리하세요. 그리고 그 관계 안에서 신뢰를 가지고 사업을 하시면 아주 훌륭한 기업가가 될 겁니다.

고등학교 2학년인데요. 고등학생이 할 수 있는 경영 공부라고
해봐야 책을 읽거나 강연에 참석하는 것밖에 없더라고요. 저도
창업의 꿈을 갖고 있고 이미 아이템도 생각해서 특허까지
신청해놨습니다. 그런데 그것을 어떻게 이끌어 가야 할지 또
무엇을 준비해야 할지 굉장히 궁금합니다. 그리고 대학교는
어느 학과를 가야 할지 모르겠어요. 경영학과를 가야 할까요?
아니면 시각디자인학과를 가야 할까요? 이론적인 것이 많이
도움이 될까요? 고등학생이 할 수 있는 건 뭐가 있을까요?

김현진 제가 디지털미디어고등학교에서 강연을 되게 많이 했는데 이사회
님들이 되게 싫어하시죠. 저 때문에 학생들이 자퇴 되게 많이 해서. 저희
회사가 디미고 자퇴한 학생들 몇 명을 키우고 있어요. 저희가 그 친구들을
키우는 이유를 말씀드릴게요.

이 친구들은 고등학교를 자퇴했어요. 고등학생인데 한 달에 외주 개발
해서 250만 원을 벌어요, 혼자. 고등학교 1, 2학년인데 말이죠. 디자인을
하고 개발을 하는 거죠. 그리고 절 찾아왔는데 저한테 이런 이야기를 해
요. 대학을 가는 방법은 여러 가지가 있지만 자신은 검정고시를 보겠다고
요. 검정고시를 만점을 받으면 내신 1등급이 된대요. 아이템 하나 잘 만들
어서 언론에 이슈가 되면 연대에 창업 특례로 들어갈 수 있다는 거죠.

저희의 목표는 이 아이들을 다른 방법으로 눈에 띄게 만들고 대학에 보

내는 거예요. 이런 일이 있으니까 선생님들이 농담으로 김현진 대표 강의 부르면 애들이 자꾸 자퇴하니까 부르지 말라는 농담을 하셨대요. 사실 이 게 엄청난 발전이라고 느끼고요. 심지어 고등학생인데 연대 컴퓨터공학과 다니는 애들을 설득해서 자기네 개발자로 써요. 제가 봤을 때는 고등학생이라는 게 중요한 건 아닌 것 같아요. 하려는 사람은 어떻게든 해요. 물론 우리나라에서 고등학생이란 신분이 일반적으로 뭘 하긴 쉽진 않아요. 부모를 설득한다는 것도 힘들고요. 제가 놀랐던 건 스스로 찾아와서 "대표님 자퇴할 겁니다. 같이해주세요"라고 하는 아이들이 있다는 거죠. 저는 고맙죠. 제가 바람을 넣은 건 아니었거든요. 그런 아이들이 제 주변에 일곱 명 정도 있어요. 다 특이하게 디지털미디어고등학교 친구들이더라고요.

저도 꿈이 생겼어요. 내가 나중에 성공해서 마흔 살이 넘으면 디지털미디어고등학교를 인수하겠다고요. 사학을 인수해서 애들이 자퇴를 안 하게 만들어줘야겠다는 거죠. 어쨌든 제도는 발전된 게 없지만 분명히 하실 수 있을 겁니다. 제일 중요한 건 부모님한테 어떻게 어필해서 설득하느냐인 것 같아요. 그리고 지금 당장 창업할 게 아니고 대학교 때 창업을 하는 게 목표라면 좋은 대학에 가면 됩니다. 그게 제일 중요할 수도 있어요.

이정석 그게 5년 뒤죠? 그때는 아무도 몰라요. 지금 이야기한 것처럼 그때 창업을 한다고 목표를 세우고 지금 어떻게 해야 하는지 궁금해하는 것도 큰 것 같아요. 먼저 멘토가 필요할 거예요. 최대한 사람을 많이 만나서 이야기를 많이 듣는 게 중요해요. 특히 특허 신청 이런 것들은 사실 되게 절차적인 거라서 하면 누구나 할 수 있어요. 내가 어떤 마음가짐이어야 하는지 알아야 하는데 그런 것들은 멘토에게 이야기를 많이 듣고 정말 내가 어떻게 생각해야 할지 스스로 많이 깨달아야 하지 않을까 해요. 그리고 좋은 대학 가세요. 정의가 여러 가지가 있겠지만 사회에서 인정해주는 대학이 좋은 대학이고요. 좋은 학교와 나쁜 학교의 차이를 어떻게 구분하느냐 하면 다른 사람들이 그 사람에 대해서 능력이 있는지 없는지를 스스로 증명을 해야 하느냐 아니냐의 차이인 것 같아요. 좋은 학교를 나왔으면 다른 사람들이 그 사람의 능력에 대해서 뭔가 증명하라고 하지 않아요. 하지만 그 학교가 좋지 않다고 인식이 된다면 그 사람이 능력이 있는지 없는지 기회를 주는 것조차 주저하고, 기회를 주고 나서도 그 사람이 능력이 있다는 걸 증명해보이도록 계속 강요를 해요. 그것을 입증하기 위한 스트레스가 엄청나죠. 그게 좋은 학교와 나쁜 학교의 차이인 것 같고요. 좋은 학교에 가게 되면 자기 자신에 대한 입증할 필요가 없기 때문에 자기가 하고 싶은 일은 더 자유롭게 할 수 있겠죠. 그래서 좋은 학교에 갈 필요가 있는 거죠.

권일운 저는 인문학, 즉 교양이라는 게 중요하다고 생각하는데, 제가 점점 나이가 들어가니까 제 머리가 비어있다는 생각이 들어요. 사실 우리나라 초중고 12년 동안 가르쳐주는 국영수, 사회, 과학 이런 게 나중에 가면 아무짝에도 쓸모없는 게 아니에요. 결국 그 사람의 교양이더라고요. 당연히 사는 데 불편한 건 없죠. 그런데 데이터베이스라고 해야겠죠. 갖고 있는 DB거든요. 일단 지금은 직업이 학생이잖아요. 그러니까 본업은 소홀히 안 하셨으면 좋겠어요.

그리고 제가 확실하게 말씀드릴 수 있는 건 명문대를 가세요. 농담이 아니라 진심입니다. 시각디자인학과나 경영학과에서 뭘 배우실지 모르겠는데 질문을 보니까 "이론적인 것이 많이 도움이 될까요?"라고 했는데 시각디자인학과를 간다고 해서 실무를 가르치는 건 아니거든요. 그것도 큰 틀에서 보면 이론입니다.

김현진 맞아요. 저한테 고등학교 2학년 친구가 페이스북으로 물어보더라고요. "컴퓨터공학과를 갈까요, 경영학과를 갈까요?"라고 물어봐서 이렇게 이야기했거든요. "서울대 경영학과를 입학해서 컴퓨터공학과에서 맨날 놀아라." 일맥상통하는 이야기예요. 아니면 서울대 전산학과를 가서 경영학과 가서 놀거나 말이죠.

권일운 카이스트도 괜찮죠.

김현진 네. 카이스트도 좋습니다. 한국의 MIT라고 부를 수 있는 카이스트 출신 중에 벤처캐피털 심사역이 많습니다. 따라서 투자받을 때 창업자가 카이스트 출신이면 유리한 경우가 있습니다. 명문대를 가세요. 여기는 대한민국입니다.

정부 과제의 **허**와 **실** 5

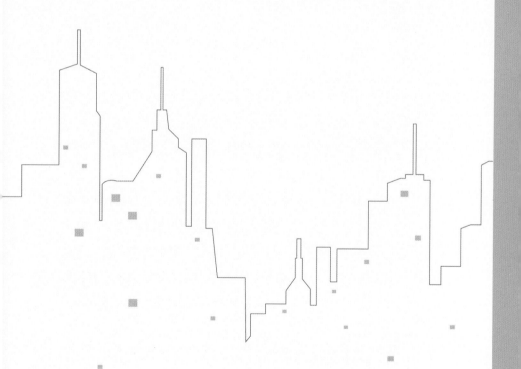

이 원고는 팟캐스트 방송 '벤처야설–허와 실'을 정리한 것입니다. 출연자는 의장 김현진(레인디 대표), 사장 박영욱(블로그칵테일 대표), 기자 권일운(머니투데이 더벨 기자), 캐피털 이정석((주)LS 사업전략 팀 차장), 게스트 박성준(나인플라바 대표)입니다.

김현진   현재 시각은 오늘 2012년 1월 15일 일요일 오후 5시 25분. 〈벤처야설〉 5화를 녹음하기 위해 충무로 모처에 모였습니다. 지난 시간에는 사람 모으는 데 대해 이야기를 했는데 반응이 뜨거웠어요. 이번엔 나랏돈 그야말로 '눈먼 돈' 받는 방법에 대해서 이야기해볼까 합니다. 오늘도 훌륭하신 분들이 모이셨습니다.

권일운   안녕하십니까. 자본시장 전문미디어, 머니투데이 더벨 권일운 기자입니다.

박영욱   블로그칵테일 박영욱입니다. 사장이에요.

정부 과제 전문가가 말하는 정부 과제의 허와 실
김현진   오늘은 스페셜 게스트가 나오셨습니다. 오늘의 주제인 '정부 과제의 허와 실'에 대해서 업계 최고의 전문가로 인정받고 계신 분이 나왔어요. 자기소개해주시죠.

박성준 안녕하세요. 저도 얼른 고정 멤버가 되고 싶네요. (웃음) 사업은 잘 못하고 정부 과제만 너무 많이 하고 있는, '이제 정부 과제는 그만 해야지'라고 생각하고 있는, 정부 과제 전문가로 불러주셔서 굉장히 쑥스러운 게스트 박성준입니다. 반갑습니다.

김현진 박성준 대표님, 회사 소개 좀 해주세요. 꽤 오래 사업을 하셨잖아요. 경험이 엄청나신데.

박성준 저는 2003년 말에 회사를 차리려고 대학원을 그만뒀습니다.

김현진 대한민국에서 제일 좋다는 서울대에서 학사, 석사, 박사까지 공부하시다가 창업하신 거죠?

박성준 박사과정 중간에 나왔죠. 명함에는 가급적 박사 수료라고 쓰고 싶네요. (웃음) 실제 창업은 서른 정도에 했어요. 커뮤니티 게임이라는 아이템으로요. 커뮤니티에서 캐릭터들이 서로 이야기하고 돌아다니는 콘셉트죠. 커뮤니티에 있는 콘텐츠들이 서로 싱크(Synchronization, 동기화)된다는 개념이었습니다.

김현진 예전에 박성준 대표님께 듣기로는 1998년도에 이미 지금의 소셜커머스 같은 공동구매 아이디어를 떠올렸다고 하더라고요. 인사이트가 깊고 아이템 개발하는 능력도 남다르시네요.

박성준 제가 워낙 이것저것 만들고 새로 시도하는 걸 좋아합니다. 그런데 나중에 가서는 너무 빨리 시작한 것 아니냐는 이야기를 들어요. 막상 제가 성공하지 못한 걸 보면 사실 무엇을 얼마나 일찍 하느냐보다는 얼마나 잘하느냐가 중요한 것 같아요.

벤처캐피털리스트는 정부 과제가 좋다

김현진 오늘 주제인 정부 과제, 정부 과제가 뭔지에 대해 정의를 한번 내려보죠. 다들 어떻게 알고 계세요? 정부 과제가 뭡니까?

이정석 제가 먼저 할게요. 벤처캐피털리스트들한테 정부 과제라는 건 가끔씩 심사하러 오라고 해서 용돈까지 쥐어주는 아주 바람직한 일이죠. (웃음)

김현진 벤처캐피털리스트가 정부 과제를 심사해요? 교수님들만 하는 게 아니었나?

이정석 교수님들만 하시는 건 아니죠. 과제와 관련된 기관들과 네트워크가 빵빵한 사람들은 꽤 자주 합니다. 보통 하루 30만 원쯤 줬던 것 같아요.

김현진 생각해보니 충청도에서 모 벤처캐피털 이사님과 심사를 같이 했어요.

이정석 전국을 돌아다니면서 하죠. 좋은 회사 있는지 보는 것보다는 그냥 하루 출장 가서 동네 구경 좀 하고, 회사 소개도 받고, 부채비율은 어떻게 계산하는지 공부도 하고. (웃음)

김현진 캐피털의 시점에서 바라보는 정부 과제의 아름다운 면모로군요. (웃음)

박성준 심사받으러 가서 보면 여러 심사위원들 중에 꼭 저렇게 별 목적의식 없는 표정으로 앉아계시는 분들이 있더라고요. 항상 누군지 궁금했는데 이런 분이셨구나. (웃음)

김현진 '나 오늘 하루 쉬러 왔어' 이런 표정의 분들이죠. 기자의 시각으로 봤을 때 정부 과제는 어떤 의미로 다가오나요?

권일운 할 일 안 하고 딴 짓 하는 거죠.

이정석 잠깐만요. 다르게 이야기할게요. 내가 투자한 회사가 정부 과제를 수주하면 기특하다는 생각이 들어요. 과제를 받으면 돈이 들어오고 투자를 또 안 해도 된다는 안도감이 드니까요.

김현진 이미지 안 좋아질까 봐 빨리 변명하시는 것 같은데, 이건 정의가 아니라 변명이에요. (웃음)

이정석 좀 디테일한 이야기를 드려볼게요. 정부 과제를 수주하려면 매칭 자금이 꼭 필요합니다. 매칭 자금이 뭐냐면 나라에서 10억 원을 주는 정부 과제를 받는다고 가정해봅시다. 그러면 통상 과제를 주는 쪽에서 벤처캐피털을 비롯한 기관 투자를 받을 수 있는지의 여부를 봐요. 정부 자금과 민간 기관 자금을 동등한 비율 혹은 일정한 비율로 매칭시키겠다는 겁니다. 그러면 벤처캐피털에서 10억 원을 투자받아놓거나 투자심의를 통과한 상태라면 정부 과제를 받기가 수월합니다. 그래서 만약에 연초, 1월 1일에 벤처캐피털에서 투자를 받아놓은 게 있으면 정부 과제를 신청하기에 상당히 유리한 조건을 갖추게 됩니다. 반대로 정부 과제 심사는 통과했는데 매칭 자금을 구하지 못해서 실제 사업은 수행하지 못하는 일도 종종 생깁니다.

김현진 실제로 투자하신 회사 중에 정부 과제 많이 받은 회사들이 있어요?

이정석 그럼요. 대부분이 그랬습니다.

김현진 그러면 기자의 경우에는 다양한 업종의 다양한 업체들을 많이 보잖아요? 정부 과제 받은 회사들은 제조업처럼 규모가 크고 사업비가 많은 곳들이 대부분인가요?

권일운 제조업체의 경우에는 공장, 그러니까 생산 설비가 이미 갖춰진 경우가 많죠. 아니면 최소한 연구 설비라도 있잖아요. 정부 과제비로 현금 흐름을 만든다는 데 의미를 두는 곳들이 많은 것 같습니다. 이게 회계상으로 매출로 잡지는 않을 겁니다.

김현진 기자님이 본 제조업체들은 사이즈가 얼마나 돼요? 우리 IT 쪽에서 생각하는 건 커봐야 5억~10억 원 정돈데.

권일운 돈 받는 액수요? 50억 원짜리도 있죠.

이정석 제조업도 초반에는 작은 정부 과제라도 어떻게든 따보려고 노력하죠.

김현진 박 대표님이 이전에 경영하시던 회사인 아이토닉에서 받았던 정부 과제 중에 제일 컸던 건 뭐였나요?

박성준 처음 정부 과제를 받은 건 소프트웨어 벤처기업 할 때입니다. 회사 직원은 네 명이었고요. 전체 사업규모는 4억 5천짜리인데 아까 말씀하셨던 것처럼 매칭 자금이 필요해요. 정부에서는 3억 원을 대준다고 하면 나머지 1억 5천은 우리 회사가 인건비 형식으로 부담하거나 장비를 투입하거나 해야 하죠. 작은 것들은 8천만 원짜리도 있었고요. 제일 컸던 건 한 대학교와 컨소시엄(Consortium: 다양한 단체가 하나의 사업을 위해 구성한 협력체)을 구성해서 받은 20억짜리였어요. 3년 동안 하는 거였죠.

김현진 그러면 대학이랑 컨소시엄 짜서 3년 기간인 20억짜리 과제를 받으면 회사에 들어오는 예산은 얼마나 되나요?

박성준 아까 말씀드린 케이스 때는 우리 회사에 들어온 돈이 7억 원 정도 됐어요. 충청남도가 하는 사업이었는데 충남에 있는 한 대학교와 현지 벤처기업이 참여해야 하니까 쪼개야 할 곳들이 많았죠.

이정석　지역 특화펀드(특정 지역의 벤처기업을 육성하기 위한 펀드. 대신 해당 지자체가 펀드 약정액에 일부를 출자하는 경우가 많다)에서 나온 돈이었나요?

박성준　자세한 건 기억이 잘 나지 않네요. 핵심은 저희 회사 기술로 진행하는 프로젝트였다는 겁니다. 그래서 저희 회사가 전체 예산의 3분의 1을 배정받았죠.

김현진　기술을 가지고 했다면, 가장 중요한 건 특허겠네요.

정부 과제의 비결, '교수님과 프렌들리하게'

박성준　미리 특허를 확보해놓아야 하는 건 아니었습니다. 아까 말씀드렸던 제일 컸던 프로젝트에 대해서 좀 구체적으로 설명드릴게요. 당시에 저희는 3D 애니메이션 창작 서비스를 하고 있었습니다. 이 기술과 관련된 과제도 몇 개 하다 보니 충남 쪽 대학 교수님들을 몇 분 만나게 됐어요. 그분들은 과제를 내기 위해서 미리 사전 조사를 하고 계시던 차였습니다. 보통 정부 과제는 전년도에 '기술선행조사'라는 걸 합니다. 지식경제부나 문화체육관광부 같은 정부 부처에서 관련 학과 교수들이나 관련 업종의 사장들한테 다음 해에 어떤 정부 과제를 하면 좋을지에 대해 자문을 구하죠.

이정석 벤처캐피털 업계에도 비슷한 게 있습니다. 중소기업청 같은 기관에서 내년에 어떤 업종에 투자를 많이 하게 될지에 대해 수요조사를 합니다.

박성준 그래서 수요조사 시기가 되면 교수님들 몇 명이서 "우리 이 과제에 세안서 내서 한 번 따보자"라고 해요. 우리같이 사업하는 사람들은 정부 과제 하는 것보다 매출 일으키는 게 중요하지만 교수들은 논문 실적, 연구 실적처럼 이름 적어내는 게 중요하니까 미리 작업을 하는 거죠. (웃음) 그래서 이분들이 정부 과제를 발제합니다. 실무적으로 가면 산학 협력도 해야 하고, 벤처기업도 끼워 넣어야 하거든요. 그래서 이런 니즈를 가진 교수님들을 만나기 위해서는 많이 돌아다녀야 합니다.

김현진 박영욱 사장님도 벤처를 오래하셨으니까 느끼셨죠. 어떠셨어요? 블로그칵테일도 정부 과제를 지원한 적이 있습니까?

박영욱 저희도 초창기에는 많이 했습니다. 그런데 결과는 안 좋았어요. 당시 사업비 규모가 2억 정도 되는 우수신기술지원사업이라는 게 있었어요. 사업비의 70퍼센트를 정부가 대고 나머지 30퍼센트는 기업이 내는 구조였죠. 정보통신부에서 주최하는 대회에서 입상하고 나서이 사업에 지원하는 기업에게는 가산점을 어마어마하게 준다고 했어요. 저희가 이런 대회들이 쏟아지던 초창기에 상을 받았잖아요. 그런데 저희 빼고는 입상한 곳들이 거의 다 국책과제 사업자로 선정됐어요. 2억 원이면 조그만 회사 입장에서는 엄청나게 크죠. 인건비는 충분히 뽑아낼 정도로.

이정석   그런데 왜 박영욱 대표님네만 빠졌을까요?

박영욱   이런 이야기해도 될지 모르겠지만 행정 담당자의 실수 때문이었어요. 제도가 시행된 초창기라 그랬는지 누군가 실수를 하시는 바람에 가산점을 완전히 다 받지 못했어요. 5점 만점에 3점을 가산점으로 주거든요. 3점이면 꽤 큰 건데.

이정석   이런 일을 놓고서 "제도가 현상을 따라가지 못했다"라고 하죠.

김현진   저희도 그래요. 레인디가 2012년 1월 21일에 창업 5주년인데, 그동안 정부 과제에 제안서 넣으면 PT에서 늘 떨어졌어요.

이정석   정부 과제에 선정된 분들 혹은 정부 과제를 열심히 하시는 분들을 보니 대부분 교수님들과의 네트워크가 빵빵하고 지식경제부 사무관 같은 분들과도 상당히 가까운 것 같습니다. 특히 요즘에는 WBS가 핫이슈더라고요. WBS와 관련 있는 교수님들이 힘깨나 쓰시는 것 같습니다. 제가 투자한 회사도 WBS에 선정됐어요. WBS가 뭐냐면, '월드 베스트 소프트웨어(World Best Software)'라는 건데, 지식경제부에서 한국 소프트웨어 산업을 안드로이드를 만들어내는 미국 수준까지 끌어올려 보자고 추진하는 겁니다.

권일운   사업비 규모는 어느 정도인가요?

이정석   3년간 1조 원이니까 매년 수천억 원은 되겠죠. 큰 회사 하나를 지정해서 주는 게 아니라 여러 곳에 쫙 뿌리는 방식입니다. 받은 회사와 못 받은 회사의 차이는 엄청나죠. 컨소시엄을 구성하면 대기업부터 아주 작은 회사까지 들어갑니다. 삼성이나 KT도 들어갈 수 있는 사업입니다.

김현진　교수님들이 계속 거론되고 있네요. 발제부터 시장조사까지를 주도하시는 게 대부분 교수님들이라면 교수님들과 관계를 잘 유지하고 친하게 지내야겠네요?

박성준　교수님들과 친해지는 게 유리하긴 하죠. 저희가 했던 프로젝트도 30퍼센트 정도는 교수님들이랑 했어요. 아까 말씀드렸다시피 발제를 했던 교수님과 연결된 적도 있어요. 많이 돌아다니다 보니까 우연히 만난 경우죠. 벤처기업이 할 몫이 있는데 이걸 우리 회사에서 했으면 좋겠다고 하셔서 시작한 일이었습니다. 또 다른 경우는 본인이 연구한 내용을 토대로 과제를 신청하려고 하시는 교수님이 연구 내용을 실제로 구현해낼 수 있는 회사가 필요하다면서 우리를 찾아오셨어요. 컨소시엄을 구성해야 한다는 조항도 있었고요. 그때도 제가 그 교수님과 친한 사이였습니다. 그런데 나머지 70퍼센트는 안 그랬어요.

김현진　그 70퍼센트를 수주하게 된 배경이 뭘까요? 혹시 그러니까 '우리가 이걸 갑자기 왜 딴 거지?'라는 생각을 해보신 적이 있나요?

박성준　저희가 첫 번째 과제를 땄을 때 그런 느낌이 들었던 것 같아요. 2004년에 3억 주는 과제였습니다.

창업 하고 돈은 떨어지고, 정부 과제는 마지막 선택

권일운 그때 자본금은 얼마였어요?

박성준 자본금 4천만 원에 직원 네 명이었습니다.

김현진 따지고 보면 1인당 8천 버는 거였네요. 자본금이 4천만이었다고 하신걸 보니 자본금이 많지 않아도 가능했네요. 직원 네 분은 다 서울대 출신이었나요?

박성준 아니요. 저랑 또 다른 친구 하나는 서울대 출신이었고, 나머지 친구들은 지방대 나왔습니다. 두 명이 석사, 나머지는 학사였습니다. 그때 3억이 다 저희 회사로 온 건 아니었습니다. 컨소시엄 방식이라서요.

김현진 잘 모르시는 분들을 위해서 정부 과제에서 말하는 컨소시엄이 어떤 건지 설명 좀 해주세요. 한 기업만 참여하지는 않는 거죠?

박성준 그렇죠. 정부 과제마다 다 다른데, 주관기업의 요건을 정해놓습니다. 이건 연구소가 해야 한다, 이건 몇 명 이상의 기업이 해야 한다, 이건 중소기업으로 지정된 곳이 해야 한다, 이런 식입니다.

김현진 그럼 첫 번째 과제 때는 주관기업이 아니라 따라 들어가는 입장이었겠네요?

박성준 당시에는 저희가 주관기업 자격으로 컨소시엄을 만들었습니다. 사실 그 전에는 참 많이 떨어지기도 했습니다. 창업 직후라 돈은 없고, 우리 사업을 하려고 하는데 그때만 해도 벤처캐피털 투자가 활발하지도 않았어요. 그래서 정부 과제를 어떻게든 따야 하는 입장이었습니다. 정부 과제가 주로 2, 3월 등 연초에 많이 나오잖아요. 열심히 했는데 다 떨어졌습니다.

권일운   제대로 들이대려면 전년 여름, 가을부터 미리 준비해야겠네요.

김현진   그런데 정부 과제에 대한 정보는 어디서 얻으셨어요? 네이버에서 정부 과제라고 치면 나오는 게 너무 많아요.

정부 과제를 보내주는 메일링 리스트는 유료 수익모델

박성준   보통 정부 부처들이 있잖아요. 부가 있고 그 아래로 진흥원들이 있습니다. 문화체육관광부 밑 콘텐츠진흥원이 있는 식이죠. 최근에는 저희도 과제를 잘 안 해서 정확하지는 않지만 자기 회사와 비슷한 분야의 정부 부처 홈페이지들을 자주 들어가야 합니다. 한꺼번에 볼 수 있는 메일링 리스트도 있는데 유료라서 권하기는 좀 그러네요.

김현진   맞아요. 정부 과제를 모아서 메일링 리스트로 보내주는 유료사이트가 있습니다. 잘 활용하시면 재미 보실 수 있습니다. 사실 저도 박성준 대표님이 알려주셔서 이런 게 있는지 알았어요. 여러분들도 찾아보시면 됩니다. 하시던 이야기로 돌아가서요. 어쨌든 자본금 4천만 원일 때 정부 과제를 시작하셨네요.

박성준 그렇죠. 그런데 원래는 우리가 될 만한 과제가 아니라고 생각했어요. 당시만 해도 로비가 중요하다는 이야기가 파다했어요.

김현진 맞아요. 정부 과제 따내려면 로비가 필요하다는 이야기가 들리는데, 정말 그런가요?

박성준 사실 저는 잘 모르겠어요. 막상 로비가 중요한 것 같지는 않은데. 이런 건 있어요. 아까 발제한다고 했던 교수님들 있잖아요. 그런 분들은 미리 준비를 많이 해놓으십니다. 또 비슷한 분들끼리 많이 모여 계십니다. 그러니까 그 사람들이 합격할 확률이 높죠. 과제가 나오면 네트워크가 잘 갖춰진 교수님들은 누가 심사하는지도 많이 알아내더라고요. 저희가 처음 과제를 땄을 때도 그런 네트워크가 작용했어요. 저희가 처음 딴 과제가 스토리텔링 엔진개발이었습니다. 저희는 여기에 3D 애니메이션 기술을 붙였습니다. 선정이 유력했던 교수들은 텍스트 위주의 스토리텔링 엔진개발에 대해서 발제를 해놓은 상황이었어요. 그런데 저희는 3D 애니메이션으로 하겠다고 했죠. 3D를 해본 적은 없지만 창의적인 아이디어라고 생각했어요. 그리고 영화 쪽 선배 한 분과 게임 개발하던 후배까지 불러서 컨소시엄을 만들었습니다. 결국은 교수 그룹이랑 싸워서 저희가 선정됐어요.

이정석 사실 심사를 할 때 회사의 규모나 재무 상태 등을 평가 항목에 넣으면 대부분 답이 안 나옵니다. 그런 항목은 빼더라도 말도 안 될 정도로 수준 낮은 지원자들이 많아요. 그런데 방금 전에 말씀하셨던 정도로 준비하면 점수를 나쁘게 매기지 않을 것 같네요.

박영욱 회사마다 주력하는 분야가 있잖아요. 그런데 아무 분야나 아이템으로 정부 과제를 따내려고 신청했다가 막상 선정되고 나면 그다음부터 고민을 하는 경우가 많습니다. 이 돈을 가지고 어떻게 개발해야 할지 고민하고, 회사의 방향과는 다른 거 같은데 해야 할지 말아야 할지 고민도 하고요.

김현진 자금이 어떤 식으로 집행되는지도 이야기 좀 해주세요.

박성준 몇 번으로 나눠줬는지는 정확히 기억이 안 납니다. 일단 과제용 통장을 따로 만들어야 합니다. 돈이 거기로 들어오고 나면 연구비 카드를 만들어서 사용했습니다. 그리고 정해진 일정이 있어요. 분기별로 돈을 주건 반기별로 돈을 주건 그때그때 들어온 돈을 가지고 쓰는 거죠. 일정에 따라 써야 합니다.

이정석 전체 프로젝트가 3년짜리라고 하면 1년에서 1년 반 정도를 1차 기간으로 잡는 것 같은데 1차가 끝나고 나면 어디까지 했는지를 비롯한 프로젝트 성취율을 평가받나요? 우리가 대한민국 만들겠다고 하면 38선 아래까지는 1년 반 만에 만들어라 하고는 실제로 뜯어보는 형태로요. 중간평가를 해서 성취도가 너무 낮으면 2차 지원금은 없어지는 경우도 있나요?

정부 과제 2차로 가기 결코 만만치 않다

김현진 2차로 못 넘어가는 경우는 많이 있어요? 그리고 달성 여부는 어떻게 평가해요? 처음에 제안서에 썼던 내용이랑 똑같은 걸 만들어 가면 되는 건가요?

박성준 그렇죠. 제안서에 큰 목표와 세부 계획이 다 있잖아요. 목표대
로 됐는지 안 됐는지 보는 거죠.

이정석 보통 평가는 벤처캐피털리스트나 공무원, 교수들이 합니다.

권일운 그러면 5억만 주면 1년 만에 아이폰을 만들어내겠다는 내용으
로 제안서를 냈다고 칩시다. 6개월 안에는 어디까지 만들고 1년 후에
는 완제품을 내놓겠다고 했다고 하겠죠. 그러면 결과가 당초 기획보다
더 좋게 나오기는 어렵겠네요?

박성준 그게 정부 과제의 문제죠. 벤처 입장에서는 하루하루가 다른데
정부 과제는 1년이나 3년을 목표로 해서 계획을 세우잖아요. 시장과
업계 상황은 달라질 수밖에 없는데 심사위원은 제안서에 있는 대로만
심사를 해야 하죠.

김현진 그때 제안서를 이렇게 냈으니까 똑같이 해왔느냐를 본다 이거
죠?

이정석 평가기관에서는 "어느 회사는 진도가 잘 안 나갔으니까 중도에
빼버립시다"라고까지 해요. 사업이 열 개라고 보면 한두 곳 정도는 그
런 식으로 빼버립니다.

김현진 진짜 빼요? 정부 과제 완료 못 하면 사업비 다 토해낸다는 이야기가 있는데 정작 토해냈다는 회사는 본 적이 없거든요.

박영욱 일부 토해낸 회사는 봤어요.

권일운 추가 입금이 안 되는 게 아니라 토해내는 거라고요?

박성준 저는 토해낸 경우는 못 봤어요. 대신 처음에 진짜 부실하게 했는데, 나중에 엄청 고생해서 간신히 살아남은 회사는 봤어요.

이정석 1차 평가 마치고 탈락하는 경우가 꽤 있습니다. 다행히 제가 투자했던 회사들은 다 잘 됐고요. 정부 과제는 분과가 여러 곳 있어요. 저는 2년 동안 심사를 가서 총 15곳의 회사를 심사해봤습니다. 첫 해에 열 곳, 두 번째 해에 다섯 곳씩 심사를 했죠. 첫 해는 열 군데 중에 하나 떨어뜨리고 두 번째 해에는 두 곳을 떨궜습니다. 인건비 받아먹고 계획서는 엉망으로 써내고, 계획서의 달성 성과 리포트도 엉망으로 한 곳들이었죠. 과제를 내는 정부 기관도 감사를 받기 때문에 일을 엉망으로 해놓으면 곤란해져요.

권일운 애당초 왜 그런 곳을 합격시켰어요? 그게 문제인 거 같은데.

이정석 처음에는 선정 요건을 정확히 맞춰서 왔죠. 당연히 통과했고. '정부 과제 스페셜리스트'라는 느낌을 줄 정도예요. 그런데 1년 지나보니까 연구를 전혀 안 했거나 자금을 이상하게 집행하는 곳들이 있어요. 예를 들면 인건비에 써야 하는 돈을 딴 데 썼다던가 하는 경우죠.

권일운 다른 곳이면 어떤 곳입니까? 상당히 궁금한데 이거. (웃음)

김현진 정부 과제가 왜 필요한지에 대해서 먼저 생각을 해봅시다. 정부만 좋아서 하는 게 아니지만 그렇다고 해서 벤처기업 배만 불려주는 것도 아니거든요.

이정석 산업발전과 청년실업 해소를 위해서죠. (웃음)

김현진 실제로 정부 과제를 신청해서 정부 돈을 받게 되면 과제를 완료하기까지 기본 3년, 최소 1년 이상 걸리잖아요. 그 사업비가 정말 회사를 위해 쓰이나요? 개발한 기술은 회사보다는 사회적 용도로 쓰겠다고 해서 세금 들여서 하는 사업인데 연구 기간이 너무 긴 것 같기도 해요.

이정석 회사 위해서 쓰지 않나요? 그게 곧 국가의 발전인데.

김현진 기업 입장에서는 회사를 위해서 쓰고 싶죠. 어차피 인건비 지출이야 하는 거고 프로젝트도 해야 하는데 마침 나라에서 인건비 조로 연구비를 준다고 하니까 큰 도움이 되죠. 대신 벤처기업과 정부가 기술에 대한 권리를 갖게 되죠.

권일운 나중에 일정 비율로 기업과 정부가 수익을 나누는 방식인가요?

박성준 그건 과제마다 다르더라고요.

김현진 이게 나랏돈이다 보니 비용 정산할 때 빡빡하지 않느냐고 물어보는 사람들이 많아요. 1억을 받았든 3억을 받았든 영수증 쪼가리 하나라도 모아서 증명을 해야 하잖아요. 굉장히 불편하다는 이야기를 많이 들었어요.

박성준 꼼꼼하게 잘해야죠. 우리 회사는 워낙 꼼꼼한 선비 같은 친구가 회계 담당 이사를 맡고 있어서 알아서 잘합니다. 만약 제가 했으면 탈락했을지도 모르죠. (웃음)

권일운 정부 과제비 주는 기관이랑 투자해주는 벤처캐피털을 비교하면 돈 관련해서 더 빡빡하게 구는 곳은 어디예요?

이정석 정부 과제도 돈 주고 나서 엄격하게 관리하죠?

박성준 그렇죠.

이정석 벤처캐피털은 투자한 회사 수시로 찾아가서 1천만 원만 회사마음대로 써버려도 '계약 위반이다'라고 하는 경우가 있죠. 거의 매달 찾아갑니다. 정부 과제는 분기별인가 이듬해 감사 전인가 해서 '그동안모아둔 영수증 다 꺼내'는 방식이죠.

권일운 아무래도 기관투자자보다는 정부 쪽 관리감독이 덜 타이트할 것 같아요. 공무원들 머릿수도 적을 것 같고.

김현진 그래서 오히려 더 빡세고 불편해질 수 있어요.

이정석 벤처캐피털은 투자한 회사랑 자주 보니까 나중에는 친해지고 친구 같은 사이가 됩니다. 친구처럼 갈구죠. (웃음) 그런데 정부기관은 분기별 혹은 회계연도별로 몰아서 보죠. 주로 회계사들한테 외주를 줘서 평가합니다. 직접 안 하고. 그래서 회계사도 돈 벌고. 그리고 특허 평가도 하니까 변리사도 돈 벌죠. 사업성 평가하면서 벤처캐피털도 돈 벌고, 공무원 교수님도 옆에서 광 팔고. 이보다 더 좋을 수가 없어요. (웃음)

김현진 다음 세상에는 꼭 교수로 태어나고 만다, 내가!

인건비 30퍼센트로는 답이 안 나와

박성준 근데 실제로 과제비 받아서 쓰다 보면 어려운 점도 있어요. 지출 항목을 너무 타이트하게 잡아놓는 거죠. 벤처기업 입장에서 사실 돈 나갈 데는 직원 월급밖에 없거든요.

김현진 그렇죠. 인건비가 제일 커요. 다른데 쓸 수 있는 부분은 없는 거나 마찬가지고.

박성준 인건비 외에는 다른 데 유용하기 굉장히 좋은 항목들이죠.

김현진 사실 이런 부분은 제도를 개선해야 합니다. 핵심은 인건비 비중이 좀 더 높아져야 한다는 겁니다. 인터넷이나 IT 벤처들은 원자재나 설비 투자에 드는 비용이 없고 쓰는 돈이 사실상 전부 인건비거든요. 그런데 인건비를 전체 지출에서 30퍼센트 이하로 맞추라고 하면 답 안 나옵니다.

권일운 그러면 정부 과제비 지출 항목에는 어떤 것들이 있어요? 자세하게 얘기 좀 해주시죠.

박성준 장비 구입비도 있고 출장비 같은 것도 있습니다. 저희는 장비 구입비가 많았어요. 사업비 받아서 뭘 살지는 대충 정해놔야죠.

이정석 차라리 인건비를 넉넉히 배정해주면 좋을 텐데 그러지 않다 보니까 이상한 의도로 일부러 장비를 비싸게 구입하는 일도 생기고 하죠. 참 안타깝습니다.

김현진 중소기업청분들 꼭 들으셔야 합니다. 제발 인건비 좀 늘려주세요.

권일운 모 벤처 회사 사장님이 급하게 전화해서 77밀리미터짜리 강화유리 200장 사야 한다고 하시던데, 그거 때우려고 하신 거였구나.

이정석 아, 너무 깊게 들어가네요. (웃음)

박성준 그런 사람도 있구나. 저는 들어본 적이 없는 내용인데. 왜냐면 중소기업청에서도 듣는다고 하시니까. (웃음)

김현진 아이러니죠. 좋은 기술을 개발해놓은 뒤에 2억, 3억짜리 정부 과제를 받아서 회사 운영비로 쓰려고 하는데 이걸로 인건비 주기가 쉽지 않으면 참 힘들어요. 원자재 사지 않아도 되는 IT나 인터넷 벤처들은 대부분 상황이 비슷합니다.

이정석 돈을 받을 때 미리 어디에 어떻게 쓰겠다고 제안을 하는 건 어때요? 지금은 정해진 항목에 칸 채워 넣기 식으로 하고 있는데 회사에서 미리 "이번 프로젝트는 장비 구입할 게 많고 설비비가 많이 드니까 그쪽에 70퍼센트를 쓰겠다"라고 보고하는 식이죠. 인터넷 사업하는 분들은 대부분 인건비 지출인데 장비비 항목 맞추려고 일부러 새 노트북을 살 필요 없잖아요. 그냥 "인건비로 85퍼센트 쓰겠다"라고 하면 되죠.

김현진 그렇게 되면 좋죠. 출장을 안 가도 되는데 출장비 쓰려고 없는 출장 만들어 가는 경우가 생겨요. 이런 게 잘못된 거죠.

이정석 지출 항목 문제는 얼른 해결돼야 합니다. 또 말씀드리고 싶은 게 있어요. 막상 정부 과제를 수행하는 회사들의 면면을 보면 대다수가 큰 회사들이에요. 소프트웨어 회사들인데 매출액이 많게는 200억 원도 넘는 곳들.

권일운   우와, 소프트웨어로 200억?

이정석   정부 과제도 큰 게 있고 작은 게 있으니까 구분을 해서 신청해야 합니다. 인터넷 비즈니스를 한다고 해서 다 같은 규모의 회사가 아니잖아요. 소프트웨어 업계에서 갑자기 매출이 커지거나 급성장했다고 하는 회사를 보면 해당 업종에서 유명한 사람들이나 우리나라에서 잘나간다고 하는 사람들과의 네트워크가 상당히 빵빵한 경우가 많습니다. 정부 과제 심사받으러 가면 전부 다 아는 교수님들이고 해당 부처 사무관들하고도 이미 몇 번 본 적이 있고, 그런 수준이죠. 접대를 했다는 게 아니라 같이 일해본 경험이 있을 수밖에 없다는 거죠. 그러면 막 창업해서 정부 과제를 받고 싶어 하는 초기 기업은 어떻게 해야 하느냐. 사견을 전제로 말씀드리겠습니다. 자기가 만들고 있는 소프트웨어 분야에서 정부 과제를 심사하실 정도로 영향력 있는 교수님들의 연구 내용이나 정책 동향을 파악한 다음에 그분을 직접 찾아가서 프로젝트를 도와드리거나 한다면 얼굴 도장도 찍을 수 있지 않을까요.

김현진   레인디 초기에 정부 과제를 몇 개 신청했는데 다 떨어졌어요. 금액이 큰 것도 아니에요. 1억 5천짜리였나? 물론 크다면 크지만. PT에서 떨어지고 난 뒤에 "우리는 정부 과제랑 맞지 않나 보다. 역량이 모자란가봐. 정부 과제 하지 말자"라면서 잊고 살았어요. 그런데 되게 아이러니한 일이 생겼죠. 저희 회사가 뉴질랜드에서 하는 사업에 대해서 강의를 해달라고 연세대에서 전화가 왔어요. 연세대학교 건축공학과 교수님한테서. 지역 정보에 관련된 강연을 해달라는 요청이었습니다.

정부 과제 심사에 교수님의 영향력이 큰 것은 개선되어야

김현진   다음에 교수님이 하신 말씀이 "내년에 지역 정보와 관련된 정부 프로젝트가 많이 나올 거고, 같이할 법인이 필요한데 레인디가 하면 좋겠다"라는 것이었습니다. 한 3~4년 전에 이런 루트를 알았으면 좋았을 텐데 싶었어요.

이정석   그런 분들을 통해서 우리가 할 수 있는 과제를 찾아내는 거고 우리는 그분들이 제대로 연구 결과를 낼 수 있도록 도구가 되어드리는 거죠.

김현진   그렇죠. 초창기에 알았어야 하는데. 한 템포 늦었던 거죠. 결국 교수랑 친해져야 한다는 거!

권일운   정부 예산 집행하는 데 자문역으로 교수들이 왜 이렇게 많이 끼나요? 많이 배운 양반들인 건 아는데 벤처기업에게 새로운 연구과제 던져줄 정도로 트렌드를 선도하는 분들은 아니잖아요. 지나간 트렌드를 잘 요약해서 논문 쓰고 학생들 가르치는 일을 하시는 분들인데.

김현진   정부 프로젝트에 교수님들이 너무 많이 개입되는 건 올바른 현상은 아닌 것 같습니다. 그런데도 현재 상황이 이러니까 교수님들과 친해져서 정보도 얻고 비위 맞춰드려야 하는 게 의무죠. 개선이 돼야 하지 않을까요?

권일운   냉정하게 이야기를 해서 교수님들은 5년 전, 10년 전 이야기 들고서 공자 왈 맹자 왈만 하는 경우가 많아요.

이정석 간혹 빠른 분도 있어요. 그분을 찾아가서 나를 셀링하면 됩니다. (웃음)

김현진 제도가 바뀌긴 어렵겠죠. 그러니까 제도를 바꾸려고 하지 말고 교수님과 소맥 먹으면서 이야기하고 정보도 공유하는 게 낫죠. 그게 사장의 의무이기도 하고. (웃음) 언젠가는 교수님들의 비중이 줄고 현업에 있는 사람들의 중요성이 부각되길 기대합니다. 그러면 정책이 바뀔 수 있겠죠. 중소기업청 공무원 입장에서는 인건비로 돈 빼먹을 수도 있으니까 사업비에서 인건비 비중을 줄여야 한다고 생각할 수 있지만 심사위원들이 모두 사장님이면 빼먹는 일은 없겠죠. "잔머리 써서 빼먹으려고 하지 말고 절차 거쳐서 비용으로 인정받아라. 그러고 나서 편하게 사업이나 해라"라고 했으면 좋겠죠.

권일운 김현진 대표 이 사람 위험하네. 교수님과 공무원들을 왜 이렇게 까요? 정부 과제 해야 한다면서. (웃음)

김현진 안 해! 정부 과제 안 해! (웃음) 그러고 보면 예비기술창업자 제도에도 인건비 관련해 문제가 있어요. 저희가 창업할 때만 해도 없었던 건데 사업계획서만 잘 작성해서 내면 5천만 원을 주는 제도입니다.

권일운 법인 말고 개인사업자도 가능합니까?

김현진 가능합니다. 이 제도가 지원해주는 최대 5천만 원을 들고 기술
보증기금이나 신용보증기금 당기고, 벤처캐피털 찾아다니라는 거죠.
그런데 예비기술창업자 제도조차도 인건비 비중이 너무 낮아요. 정부
에서 5천만 원 받으면 인건비로 다 빠져야죠. 인터넷 사업이 다 그렇듯
이 노트북은 이미 있는데.

이정석 삼성전자와 LG전자 노트북 많이 팔리라고 내놓은 꼼수? (웃음)

김현진 박성준 대표님이 세운 아이토닉이 초반에 정부 과제의 도움을
많이 받았잖아요. 형님이자 전문가, 사업을 오래 하신 선배님 입장에서
심사위원들의 어떤 면이 개선되어야 하는지, 그리고 이제 막 창업하는
친구들에게는 어떤 식으로 해야 도움이 될 것인지 이야기 좀 해주세요.

박성준 인건비 비중이 높아져야 하는 건 분명합니다. 그런데 교수님들
이 끼는 것은 보통의 사업 투자가 아니라 주로 기술 개발 과제이기 때
문인 것 같아요. 교수님들이 그쪽 분야에서 연구를 하는 분들이니까
요. 교수님들이 하는 연구가 최신인지 아닌지는 몰라도 사업하는 사람
들만 모여서 기술개발 과제를 내놓을 수 있을지는 의문입니다.

김현진 제가 정리할게요. 심사위원 열 명 가운데 일곱 명은 기업가, 세
명은 교수님. 이 정도 비율이면 아름다울 거 같은데,

이정석 캐피털은?

김현진　정정합니다. 열 명 중에 여섯 명은 기업가. 세 분은 교수님. 그리고 벤처캐피털 심사역 한 분. 이 정도로 정리되면 현실적일 것 같아요. 중소기업청도 교수님들이 정부 과제 발제와 선정을 주도해서는 안 된다는 걸 알고 있어요. 그런데 막상 기업가들을 모으려고 하면 다들 바쁘다는 이유로 섭외가 어렵고요. 저처럼 심사하는 거 좋아하는 사람도 있지만 바빠 죽겠는데 대전을 왔다 갔다 하느라 시간 다 뺏기는 거 싫어하는 분도 있고요.

박영욱　저희 불러주세요. (웃음)

김현진　그렇죠. 저희 벤처야설팀을 불러주시면 교통비 안 주셔도 됩니다. 심사와 발제 다 가능합니다. (웃음) 어쨌든 앞으로 개선될 것 같기는 합니다. 공무원들이 제일 안타까워하는 게 교수님들의 기득권이 너무 세다 보니 기존의 방식을 바꾸기가 어렵다는 겁니다.

이정석　아무래도 교수님들은 사회적인 신망이 두터우니까 평가를 하실 때 객관적이라는 평가는 받을 수 있죠.

권일운　그건 인정합니다.

이정석　제가 심사위원으로 참여했을 때 같이하신 교수님들은 평가서에 꼼꼼하게 서명하시고 상세한 코멘트도 남겨주셨어요. 혹시라도 높은 곳에서 나중에 떨어진 곳에 대해서 말이 나올 수 있으니까 명확히 증거를 남겨놓자는 거죠.

심사를 좌우하는 대표이사 가지급금

김현진   저도 심사를 해봤어요. 2011년에 충청도에서 하는 정부 과제에 심사위원으로 참여했는데 심사를 하는 입장에서 봤을 때 의아한 점이 있어요. 심사위원이 여섯 명 왔는데 벤처캐피털 한 명, 기업가인 저 한 명, 나머지는 교수님들이었어요. 정말 많은 제안서가 들어오죠. 평가할 시간은 얼마 없어요. 눈 오는 날 거기까지 불려가면 힘들잖아요. 그럼 어떻게 되는 줄 아세요? 사업계획서 안 읽습니다. 못 읽어요. 일단 기본적인 것들은 봐야 하거든요. 자본금 크기 몇 점, 회사 대표 경력 몇 점, 회사 대표 학력 몇 점, 직원 몇 점, 이런 식으로 배점을 해놓습니다. 아이디어의 확실성은 차후예요. 그럴 수밖에 없어요. 왜냐하면 사업계획서가 4천~5천 개 쌓여 있는데 이 중에 열 개 뽑기가 얼마나 힘들겠어요? 그러다 보니 정부 과제 할 때 가장 많이 나오는 이야기가 정부 과제 처음 시작할 때 재무제표에 대표이사 가지급금 있으면 안 된다는 거예요. 대표이사가 법인에게 빌린 돈도 가지급금으로 처리해요. 몇 년 전만 해도 법인을 설립하려면 최소한 자본금이 5천만 원은 있어야 했거든요. 예비창업자가 5천만 원이라는 큰돈이 있을 리가 만무하죠. 그래서 5천 만 원을 지인들에게 빌리고 나서 회사를 차린 뒤에 법인 설립하자마자 대표이사 개인 계좌로 빌려줘요. 그래서 대표이사는 자본금으로 넣기 위해서 빌린 돈을 갚고요. 이게 다음연도 재무제표에 가지급금 계정으로 잡힙니다. 이런 이유로 정부 과제에서 감점을 받았어요. 요즘은 어떤지 모르겠네요. 정부 과제 처음 신청하러 가면 재무제표를 내라고 해요. 그런데 처음에 회사를 차리면 당연히 돈이 없어요. 자본금 1억짜리 회사인데 매출 없으면 안 되니까 어떤 식으로든 만들어내죠. 직원도 몇 명 이상 있어야 하고, 그중에 박사도 있어야 하고.

지금 구조로는 지원서는 엄청 많은데 점수는 매겨야 하고. 지원서는 엄청 많다 보니 제대로 된 사업을 찾아내기가 쉽지 않죠.

권일운 벤처기업이 안정 단계에 오른 제조업처럼 원료를 얼마 넣고 전기는 얼마 써서 몇 명이서 얼마짜리 제품을 뚝딱 만들어낼 수 있다는 게 아니잖아요. 그런데 정량 지표를 놓고 평가한다는 게 말이 안 되죠.

김현진 그리고 다음 단계인 프레젠테이션에서 최종 결정되죠. 프레젠테이션할 때야 그거 잘하면 이기겠지만 일단 앞선 서류작업에서 통과를 못 하는 일이 비일비재합니다. 4년 전쯤 일인데요. 그때는 자본금 5천만 원 이하로는 법인을 못 만들었죠. 벤처를 차리려고 하는 대학생이 5천을 어떻게 구합니까? 아빠가 사업하라고 주지 않고서야 말이죠. 첫 달에 5천만 원 넣고 그다음 달에는 대표이사 가지급금이 생겨요. 다음 해 3월에 정부 과제를 신청하러 갑니다. 그런데 재무제표가 확정되는 2월이 지났으니까 재무제표 내라고 하죠. 그러면 이런 애들은 바로 탈락하는 겁니다. 공무원들은 그걸 모르죠.

박영욱 우리 회사도 가지급금이 많았는데, 어떻게 됐지?

김현진 그런데 합격했어요? 상당히 마이너스 점수일 텐데. 자본금 5천만 원짜리 회사 차렸는데 자본금을 넣자마자 빼고 대표이사 가지급금을 잡는 구조죠. 이건 부채로 잡힙니다.

이정석 초기 기업 평가를 하는데 부채비율 항목이 있다는 건 이해가 안 가는 거죠.

김현진   그게 웃긴 거죠. 벤처 대표들이 모이면 항상 그 이야기를 했어요.

이정석   그 정도로 평가 항목이 부실하다는 거죠. 소규모 기업을 평가할 때랑 대기업, 중견기업 이상을 평가할 때는 분명히 기준이 달라야 해요. 그런데 어렴풋이 배운 사람들은 회사가치를 평가할 때 경영학적인 툴만 들이밀려고 하고 있어요. 회사가치를 평가하는 데 계산기 두드려서 되겠어요? 시장에서 통하는 가치를 잘 모른다는 거죠.

김현진   설립된 지 6개월 미만의 회사는 자본 잠식되는 게 당연합니다. 월급 주면 5천만 원 다 날아가잖아요. 자본금이 50퍼센트도 안 남죠. 그리고 매출 없죠. 그런데 조금 남은 돈은 대표이사 가지급금으로 빼야 하는 상황입니다. 그런데 자본 잠식이랑 매출 없는 거, 부채 많은 거, 이 세 가지가 다 마이너스를 받는 요인입니다. 신청하자마자 서류 점수에서부터 까이고 시작하는 겁니다.

권일운   잘되는 사람들은 진짜 돈이 많아서 사업하는 거구나.

이정석   그러면 그럴수록 초기 기업들은 자꾸 줄어들고, 중견 기업 이상은 살기가 더 좋아질 거고, 어느 정도 궤도에 오른 사람들 위주로만 가게 되죠.

김현진   아니면 집안이 좋든가 제안서만 잘 만드는 애들만 되든가.

박영욱 아는 사람들 모두 인력으로 넣고. 이런 경우 많아요.

정부 과제에 브로커가 진짜로 존재할까?

김현진 정부 과제 따게 해준다는 브로커가 있다는 말도 돕니다. 정부 과제 브로커. "내가 이렇게 해준다. 얼마 해주면 당신들도 딸 수 있다" 이거 존재합니까?

박성준 저희한테도 해주겠다고 연락 온 곳은 있었는데 믿음직스럽지가 않아서 안 했죠. 그런 분들이 있긴 있는 것 같아요.

김현진 그렇죠. 있는 것 같죠? 작년에 『국민일보』에서 취재하겠다고 해서 저희 회사에 와서 인터뷰한 적도 있어요.

박성준 브로커로 엄청나게 소문난 양반한테도 연락 온 적이 있어요.

김현진 혹시 교수님 아니죠? (웃음)

박성준 그런데 그분이 제가 발표하는 데 심사위원으로 들어오더라고요. 태클 엄청 걸었어요. (웃음)

김현진 고용 안 한 브로커가 심사위원으로 들어와서 태클을 걸었네요. 저는 브로커 썼다는 분 얘기를 들은 적이 있어요. 2009년에 5천만 원짜리 예비기술창업자 제도가 생겼을 때 이야기예요. 구글에 인수된 유명 벤처 회사 아시죠? 그 회사 임원 바로 밑에 있었던 모 직원께서 예비기술창업자 5천만 원짜리가 나와서 신청하셨대요. 저희 회사에서도 똑같은 걸 신청한 분들이 있었고요. 그분은 선정됐는데 우리 회사 사람들은 다 떨어졌어요. 궁금해서 "사업계획서 아주 잘 쓰셨나 봐요?"라고 물었더니 사실은 브로커를 썼기 때문이래요. 그런데 그분은 5천만 원 받고 그냥 직장 다니시더라고요. 5천만 원은 용돈으로 쓴 거죠. 얼마 떼어 줬느냐고 물어봤더니 5천만 원에서 20퍼센트 줬대요. 천만 원을 떼어 준 거죠. 좀 허무했어요.

권일운   접근할 때 멘트가 딱 "야, 내가 이쪽 잘 아는데 니네 상당한 가능성이 있어. 나 따라오면 나랏돈 받을 수 있다. 같이 해보자"였겠네.

박성준   그런데 브로커라고 해서 생각하는 것처럼 심사위원을 매수하거나 하지는 않는 것 같아요. 서류를 어떻게 쓰면 가산점을 많이 받는지 등에 대한 경험이 많은 사람인 거죠. 막 썼거나 하진 않은 것 같아요.

김현진   맞아요. 저희가 너무 어둡게 이야기한 면은 있어요. 그래도 한 가지는 확실하게 말씀드릴 수 있습니다. 브로커가 접근해오면 그분이 교수인지 아닌지 확인을 하세요. 교수님이면 친하게 지내시고. (웃음) 아니면 사기일 가능성이 높습니다. 정부 과제를 잘 모르는 사람들은 많이 당할 수 있어요. 벤처의 '벤'자도 모르고 창업하겠다고 서울 올라왔는데, 누가 접근해서 정부 과제 따게 해준다고 하면 혹하거든요. 마치 연예인 시켜줄게 하는 것처럼. "선수금 500만 원 줘봐, 심사위원들 술 먹이게." 이렇게 나올 때 여러분들은 절대 돈 주시면 안 됩니다.

박성준   그 사람들 심사위원이 누군지도 잘 모를 거예요. (웃음)

이정석   그 정도로 실력 있는 브로커도 아닐 거예요. 정부에서 청년 실업을 해결하자고 지원금을 풉니다. 정부가 직접 시장에다 푸는 건 아닙니다. 중소기업청이나 기술거래소 같은 곳을 통해서 풉니다. 청년실업 지원금을 5조 원 풀었다고 하면 이 돈들이 다 여러분들을 위한 돈이에요. 이걸 어떻게 잘 받아낼 것이냐는 여러분들이 생각을 하셔야 되는 겁니다. 자기가 혼자서 맨땅에 헤딩해야 된다면 최대한 많은 사람들을 만나서 자기 회사를 객관적으로 평가받으세요. 자기 스스로 평가를 못 할 경우에 관련 교수님들을 찾아가서 조언도 듣고요. 그분들을 멘토로 삼아 일할 수도 있습니다. 네트워크를 넓히는 기회로도 삼을 수 있고요.

박영욱   박성준 대표님을 찾아가셔도 괜찮을 것 같아요.

김현진   인터넷에서 아이토닉이나 나인플라바 검색하셔서 박성준 대표님한테 이메일 보내시고, 조언 많이 구하세요. 또 여기 벤처캐피털 쪽에서 심사위원으로 나오셨던 전 LB인베스트먼트 이정석 팀장 형님께도 메일 주시면 무료로 상담해드립니다.

교수님들도 원하는 회사 있으면 연락주세요!
김현진   정부 과제 하고 싶으신 교수님들. 훌륭한 벤처 회사가 필요하면 저희한테 연락주세요. 매칭해드릴게요. 교수님들이 어떻게 만나야 할지 몰라서 못 만나는 훌륭한 벤처 회사들 많습니다. 경력은 6개월 이상된 훌륭한 기술을 가진 회사들입니다. 좋은 아이템 갖고 계신 교수님들 댓글 달아주시고 메일 주시면 매칭해드리겠습니다.

권일운 아까 교수님들이 사업비 집행한다고 하셨잖아요. 학교별로 할당인가요, 아니면 교수님들끼리 무한 경쟁으로 따오는 건가요?

박성준 학교별로 나눠주는 건 아닙니다.

권일운 그러면 그중에 사업비 꽤 많이 쥐고 계신 교수님들도 있겠네요.

이정석 기업이 정부 과제를 무한정할 수 없듯이, 교수님도 그런 게 있을 것 같아요.

박성준 그렇죠. 대학원이라 하더라도 연구소마다 할당 비율이 있죠. 그래서 자기 학생들 가운데 어떤 과제에 50퍼센트 들어갔다고 하면 다른 과제에는 50퍼센트 이상 못 들어간다는 식의 룰이 있어요.

김현진 그렇죠. 무한정 할 수는 없죠.

이정석 그래서 박사과정 학생이 많이 필요하군요. 그런데 요즘은 학생들이 대학원에 잘 안 가요. 그래서 교수들이 많이 힘들대요. (웃음)

정부 과제는 독인가? 아니면 약인가?
김현진 캐피털 이정석 형님도 그렇고 오늘 전문가로 와주신 박성준 대표님도 아시겠지만 사실 정부 과제에 목숨 걸게 된 가장 큰 계기는 투자 시장이 얼어 있어서 어떻게든 현금을 확보하고 회사를 유지하기 위해서였잖아요. 용역 아니면 정부 과제 신청이 유이한 해법이었군요. 그런데 요즘은 투자를 많이 하자는 분위기죠. 그래서 작년에 벤처 차린 애들이 참 부럽기도 합니다. 아무튼 정부 과제도 굉장히 많은 에너지를 소비하잖아요. 그래서 박성준 대표님 생각에는 기술보증기금이나 신용보증기금 받아서 제품 만들고 벤처캐피털을 만나 투자를 받을 수 있다면 굳이 정부 과제를 할 필요가 있다고 생각하세요? 요즘이랑 그때는 많이 다르니까.

박성준 일반적인 이야기지만 정부 과제는 정말 독이 될 수도 약이 될 수도 있어요. 돌이켜보면 처음 받은 정부 과제는 진짜 돈만 바라고 했던 거죠. 우리가 잘할 수 있던 분야도 아니었는데 아이디어를 짜서 3D로 해보겠다고 지른 거죠. 사실 그게 독입니다. 그런데 그게 새옹지마더라고요. 저희가 원래 시도했던 게 잘 안 됐고 정부 과제 때 했던 기술이 메인 아이템이 됐죠.

김현진 그걸로 클로즈업을 만드신 거죠? 클로즈업으로 20억 정도 투자도 받으셨고.

박성준 약이 됐죠. 클로즈업을 할 때 관련된 과제도 많이 했죠. 결국은 기업이란 건 매출을 내야 하는데, 저희는 정부 과제 쪽으로만 계속 잘 되더라고요.

김현진 정부 과제는 한 번 잘해놓으면 통과가 쉽다는 이야기가 있죠. 그런데 정부 과제는 2억, 5억짜리 따도 매출로 잡히지 않고 정부보조금이라는 다른 계정으로 잡히기 때문에, 독이 될 수도 있어요.

박성준 결과적으로 보자면 너무 많은 정부 과제를 하면서, 저희가 B2C(Business to Customer)도 아니고 B2B(Business to Business)도 아니고 B2G가 됐어요. 비즈니스 투 거버먼트(Business to Government). 결과적으로는 정부 과제를 오래 하면 역효과가 날 수 있어요. 성장보다 생존에 너무 집중하게 된다는 말이죠.

김현진 벤처는 생존이 중요하지만 성장도 매우 중요한데, 정부 과제가 발목을 잡을 수도 있다는 말씀이죠?

박성준 정부 과제는 굉장히 도움이 되지만 지금 하려고 하는 사업과 일치하는 쪽을 진행하셔야 합니다. 돈 때문에 쓸데없는 건 하지 마시고요. 일단 선정이 되면 꼭 결과물을 내놓아야 한다는 점도 부담입니다.

박영욱 선정되고 나서 후회하는 경우 많습니다. 회사의 아이덴티티와 전혀 다른 방향으로 가버리면 말이죠.

박성준 그리고 실질적으로 인건비 비중이 낮기 때문에 아주 큰 도움은 되지 않을 수도 있어요. 땄지만 손해 보는 것 같은 거죠. 나중에 시간만 많이 뺏기니까. 자기 사업에 맞는 걸 해야죠. 대신에 맞는 걸 잘 잡으면 성장에 큰 도움이 되죠.

김현진 클로버추얼패션의 부정혁 대표나 우리 공동대표 카이스트 박 사님은 박성준 대표님이 노하우를 잘 알려주신 덕분에 정부 과제를 잘 잡았죠. 클로버추얼패션은 그중에서 자기들한테 맞는 아이템을 따내서 미래에셋캐피탈에서 투자까지 받고요. 박성준 대표님의 공로죠.

박성준 이렇게 또 우리끼리 칭찬을. (웃음)

정부 과제를 할 때는 지조를 지켜라

김현진 소프트뱅크 문규학 사장님이 한 이야기가 있어요. "부모가 자식을 망치는 가장 좋은 방법은 자식한테 돈을 주는 거다. 그런데 우리나라 정부는 벤처기업을 살리겠다고 정부 과제를 몰아준다"라고요. 우리나라는 환경이 좀 특수하잖아요. 그러다 보니까 벤처 사장님들이 정부 과제도 잘 활용해야 하죠. 앞서 말씀하신 대로 아이덴티티만 잘 지키면 됩니다. 지조. 우리가 그래픽으로 시작했는데 정부 과제 따려고 갑자기 맥주를 팔 수 없잖아요. 제도도 내가 원하는 방향으로 잘 활용하면 결국엔 도움이 됩니다.

박성준 정부 과제를 하다 보면 우리 회사랑 80퍼센트 정도는 맞는데 20퍼센트는 조금 방향이 맞지 않은 것도 있을 수 있어요. 그럴 때는 조금 더 머리를 써서 우리한테 꼭 도움이 되는 방향으로 계획을 세워야죠.

김현진 정부 과제를 이끌어 가라, 우리 회사에 맞게. 그게 포인트네요.

박성준 그래야 또 경쟁하는 교수님과 차별화도 되고요. (웃음)

김현진 교수님과 적이 돼 맞부딪히는 건 색다른 스릴과 묘미가 있죠. 같은 편이기도 하지만 같은 프로젝트에서 부딪힐 수도 있네요. 어쨌든 실력이 있으면 충분히 승산이 있다는 거죠?

박성준 아무래도 교수님은 아까 권 기자님이 말씀하셨지만 조금 시대에 뒤처지는 부분이 있죠. 저 절대 교수님 욕한 건 아닙니다. (웃음)

김현진 대한민국 교수님들 다 사랑합니다. 하지만 우리나라 벤처캐피털 어록에는 교수가 창업하는 회사에는 절대 투자하지 말라는 말이 있습니다. 이유는 잘 모르겠고요. 어쨌든 다들 정부 과제 잘했으면 좋겠습니다. 오늘은 정부 과제 스페셜이었잖아요. 정부에서 프로젝트를 주는 나라가 한국 말고 또 어디가 있어요?

이정석 미국이랑 이스라엘이 있어요.

김현진 창업 초기에 돈을 구하는 방법 중 가장 좋은 것은 부모님이 주시는 겁니다. 1, 2화 때 계속 이야기한 거죠. 그 돈 없으면 신용보증기금 5천만 원 당기시고요. 다음에는 기술보증기금 2억 당기셔서 제품 만드시고 그다음에 벤처캐피털 만나세요. 그런데 그 중간에 자금 필요하시면 자기와 방향이 잘 맞는 정부 과제에 한번 도전해보세요. 잘만 하면 나중에 잘 활용할 수 있습니다. 박성준 대표님이 말씀하신 것처럼 방향이 너무 다른 걸 하면 후회할 수 있다는 것은 명심하시고요. 그러면 정부 과제 충분히 따낼 수 있을 겁니다. 그리고 사장이라면 교수님이랑 친하게 지내세요. (웃음) 세상을 원망하지 말고 세상에 자신을 맞추세요.

최근에 많이 등장하는 개념이 CSR(Corporate Social Responsibility), 즉 기업의 사회적 책임입니다. 사회적 기업에 대해서는 어떻게 생각하시나요? 벤처를 시작하는 입장에서 생존 문제에 직면해 있는데 사회적 책임까지 생각한다는 건 배부른 소리가 아닐까 하는 생각이 들기도 합니다. 하지만 사회에 뭔가 환원을 해야 기업과의 동반 상승효과가 있을 것 같은데요. 사회적 기업에 대해서는 어떻게 생각하시나요?

권일운 개인적으로는 사회적 기업이란 개념을 별로 좋아하지 않습니다. 기업이 해야 할 일은 여러 가지가 있지만 가장 중요한 것은 주주들에게 이익을 나눠주고 직원들의 생계를 유지해주는 겁니다. 주주와 직원은 사회 구성원 아닌가요? 결국 기업이 주주와 직원들에게 책임을 다하는 것도 사회에 공헌이 될 수 있습니다. 일단 기업이 기본적으로 해야 하는 책임을 다한 뒤에 사회적 영향에 대해 생각해보는 것이 좋지 않을까요? 이제 막 기업을 설립하려고 하는 분은 사회적 공헌에 대해서는 나중에 생각하시는 게 좋을 것 같습니다. 결론을 말씀드릴게요. 사회 공헌이 더 하고 싶은 거면 회사 세우지 마세요.

김현진 저도 기업은 사회적일 수 없다고 생각해요. 사회적 기업 사람들이 저를 찾아와서 하는 이야기를 들으면 '사회적 기업이니까 적자 내도 된다'

고 생각하는 것 같아요. "우린 사회적 기업이니까 적자 내도 되고 나라에서 돈 받아 좋은 일 하면 됩니다"라고 이야기를 하는데 왜 국민이 낸 세금을 자기네가 받아먹고 적자를 내는지 모르겠어요. 그런데 이런 선입견을 깬 사회적 기업이 있어요. 한동헌 대표가 하는 마이크임팩트는 2012년 예상 매출이 100억 원이래요. 이런 사회적 기업은 의미가 있다고 생각해요. 사회적 기업이 좋은 일만 하고 적자 내도 된다는 의미로 해석되지 않았으면 해요. 사회적 기업도 연매출 500억, 1천억 원 할 수 있어요. 이익률을 좀 낮추면 되죠. 사회에 환원하는 조건으로.

박영욱 제일 많이 오해하는 것 중 하나죠. "우리는 사회적 기업입니다. 돈을 벌기보다 좋은 일을 하려고 합니다"라고 할 거면 왜 사업을 하는지 모르겠어요.

이정석 저는 좀 다르게 생각합니다. 기업이 효율성을 추구해야 하는 것은 맞습니다. 교과서에도 나오죠. 기업은 주주 가치를 극대화해야 하는 조직이라고. 그런데 이제는 복지라는 개념에 대해 생각하지 않을 수 없죠. 자본주의 사회의 주식회사라는 제도가 사회가 좀 더 좋은 곳으로 나아가기 위한 매개체 역할을 한다면 의미가 있다고 생각합니다. 대신 적자는 내지 말아야죠. 세금이 제대로만 들어가고 세금을 받은 회사가 제대로 움직인다면 과연 적자가 날까 하는 생각이 들어요. 저도 앞에 말씀하신 분들 이야기 중에 동의하는 부분은 있어요. 돈을 까먹겠다는 생각은 절대 하면 안 될 것 같습니다. 기업이라는 건 인풋이 100이면 100보다 큰 아웃풋을 내야 하거든요. 그러려면 인풋 100을 최대한 잘 쓰고 아웃풋 가운데 최대한 많은 부분을 CSR에 집어넣을 수 있도록 노력해야겠죠. 저는 CSR에 신경 쓰는 기업이 많아지면 좋겠어요. 공무원한테 돈 주는 것보다는 기업이라는 효율적인 집단에 주는 게 더 좋을 것 같기도 해요. CSR을 중요시하는 회사의 경영진에게는 좀 더 높은 수준의 책임감이 필요하다고 봅니다.

글로벌 시장을 노리는
모글루 6

이 원고는 팟캐스트 방송 '벤처야설―설 특집, 쉬어가는 코너'를 정리한 것입니다. 출연자는 의장 김현진(레인디 대표), 사장 박영욱(블로그칵테일 대표), 게스트 김태우(모글루 대표)입니다.

김현진   회사 이름이 모글루라니. 예뻐요. 모글루는 뭘 하는 회사인가요?

김태우   모글루는 아이패드나 갤럭시탭과 같은 태블릿 PC에서 볼 수 있는 인터랙티브 전자책 플랫폼을 만드는 회사입니다. 쉽게 생각하면 파워포인트 같은 건데, 모바일에서 작동하는 거라고 보시면 됩니다.

김현진   책에 특화된 거죠?

김태우   네, 특히 요즘은 유아교육 쪽에 많이 사용됩니다.

김현진   모글루는 요즘 언론에서 주목을 많이 받고 있어요. 김태우 대표님은 나이도 젊으세요. 올해 나이가 스물다섯이죠? 사실 김태우 대표님하고 저는 나름 인연이 깊어요. 대표님 창업하시기 전부터 알았으니까요.

김태우 제가 다짜고짜 연락해서 도와달라고 부탁했죠.

김현진 기억나네. 김태우 대표님이 찾아오셨길래 신사역 근처에서 순두부를 먹었죠. 그게 벌써 1년이 지났네요. 이제는 이렇게 훌륭하게 성장하셨고요. 너무 멋져요. 카이스트 나와서 그냥 안정적인 직장에 갈 수도 있었는데 어떤 동기로 창업을 하게 된 거죠?

프레젠테이션만 듣고 세뇌되어 창업의 길로
김태우 여러 가지 있죠. 아무래도 가장 큰 건 학부생 때 실리콘밸리에서 경험한 벤처캐피털 때문인 거 같아요.

박영욱 우리가 아는 벤처캐피털인가요?

김태우 SK텔레콤벤처스라고 SK텔레콤 자회사입니다. 이 회사가 실리콘밸리에 있어서 주로 미국 회사에 투자를 해요. 한국 회사에는 투자한 적이 없는 걸로 알고 있고요. 아무튼 SK텔레콤벤처스에서 인턴으로 일했습니다. 그때는 갑의 자세로 사장님들 프레젠테이션을 들었죠. 그런데 지금은 을이 됐네. (웃음)

김현진 미국 SK텔레콤 벤처캐피털에 찾아오는 사장님들은 다 한국 사람?

김태우 아니요. 미국인이죠.

김현진 와우, 미국사람 앞에서 갑질을. (웃음)

김태우 처음에는 그 사람들이 무슨 말 하는지도 못 알아듣다가 3개월 쯤 지나니까 조금씩 들리기 시작하더라고요.

박영욱 벤처캐피털 쪽으로 쭉 가시지 왜 창업을 하신 거예요?

김태우 인턴 기간이 반년이었어요. 거기 있는 동안 하루도 빠짐없이 창업하신 분들 프레젠테이션을 들었는데, 세상을 바꾸겠다는 이야기 만 해요. 저도 듣다 보니까 세상을 바꾸지 않으면 큰일 날 거 같더라고 요. 반년 정도 들으면 세뇌가 됩니다. (웃음) 그리고 근처에 스탠퍼드가 있었어요. 거기 친구들이 저랑 비슷한 스물한두 살쯤 됐는데 걔네들도 똑같이 세상을 바꾸겠다는 이야기를 해요. 죄다 세상 바꾼다는 이야기 만 하니까 정말 안 바꾸면 큰일 날 거 같더라고요. 그래서 나도 세상을 바꿔야겠다. 아무것도 없지만 그러자고 생각을 한 거죠.

김현진 인턴 경험 때문이었구나.

김태우 뭣도 모르고서 그냥 무조건 세상은 바꿔야 하는 거구나, 바꾸려 면 창업을 해야겠다는 생각은 했는데 팀도 없고 돈도 없고 아이템도 없 었죠. 일단 한국에 돌아와서 저지르긴 했어요. 그게 2010년 1월이었습 니다.

김현진 그때 몇 살이었어요?

김태우   한국 나이로 스물셋이요.

김현진   스물셋밖에 안 됐는데 세상을 바꿔야겠다고 생각하다니.

김태우   네. 그러면서 경영대학원에 석사과정 지원서 넣고, 학교 안 나가고 팀원들 모으러 다녔어요. 아는 게 없으니까 그냥 카이스트 후배들을 데려왔어요. 시작은 네 명으로 했고요.

김현진   네 명 다 대학생이었죠?

김태우   네. 그런데 대학생들은 학기 중에는 풀타임으로 일하기가 어려워요. 방학이 다가오는 5월에서 8월까지는 풀타임으로 일을 하는데 또 8월하고 2월은 어려워요. 복학이나 개학 시즌이라서요. 8월에 별 문제 없으면 반년 더 가고 그렇지 않으면 접어야 해요. 그때 소셜네트워크 쪽 일을 했는데 제가 처음이다 보니 팀을 잘 이끌지도 못했고 팀원들도 미래를 못 본 것 같았어요.

김현진   그래도 몇 개월은 했죠?

김태우   8월까지였으니까 파트타임으로 5개월, 풀타임으로 3개월 했어요.

SNS의 허세를 막겠다는 발상에서 시작

김현진   그때 당시 아이템을 소개해주시죠.

김태우 스틱톡이라는 SNS 서비스였어요. 보통 자기 프로필을 쓸 때 자기가 직접 쓰면 허세를 부리게 되니까 좀 더 재미있고 신뢰를 줄 수 있는 프로필을 제공할 수 없을까 생각해봤어요. 그래서 나온 아이디어가 친구들이 대신 프로필을 써주도록 하자는 거예요. 글로만 하면 재미가 없으니까 스티커도 붙일 수 있게 했어요. 예를 들어, 얘는 똑똑한데 싸가지가 없다면 '똑똑하다'라는 스티커와 함께 '싸가지가 없다'는 스티커를 붙이는 거죠. 욕까지는 아니지만 부정적인 내용을 담은 스티커를 붙일 수 있게 한 겁니다. 스티커를 주고받다 보면 레벨업도 할 수 있고요. 성격이나 관심사가 비슷한 사람을 서로 엮어주는 기능도 있었습니다.

김현진 페이스북 애플리케이션으로 하셨던 거죠?

김태우 네. 그걸로 싱가포르에서 열린 대회에서 상도 받았어요. 지금 돌이켜보면 적은 인력으로 하기에는 너무 큰 프로젝트였어요.

김현진 젊은 나이였는데 또래 대학생들이랑 일을 하면서 어떤 걸 경험했어요? 각각 장단점이 있을 것 같은데.

김태우 모두가 코파운더(Co-Founder, 공동 창업자)이자 주주였다면 이야기가 좀 다르지만 코파운더는 한두 명이고 나머지는 그냥 데려온 후배들이면 반년 이상 같이 일을 하기는 어려운 것 같아요. 동기부여가 안 되니까.

김현진 그렇죠. 한국 대학생들은 항상 복학이 다가오는 6개월마다 많은 고민에 빠지죠.

김태우 창업자는 목숨 걸고 하는 건데, 데려온 멤버들은 경험 삼아 하는 거니까 차이가 많죠. 반년 하다가 학교로 돌아가거나 하잖아요. 그러면서 빠르게 말아먹었죠. 그런데 말아먹기 전에 5월 말에 스타트업위크엔드(Startup Weekend)라는 행사에 가서 지금 팀 멤버들을 만났어요.

김현진 스타트업위크엔드가 무슨 행사인가요?

김태우 스타트업위크엔드는 미국 시애틀에서 시작했습니다. 주말 2박 3일 동안 하는 거라 명칭에 위크엔드가 붙어요. 기획자, 개발자, 디자이너가 모두 모여서 실제 제품을 만들어요. 2박 3일 밤 새워가면서요. 그때 나왔던 아이디어가 지금 하고 있는 비즈니스의 모태가 됐습니다.

김현진 모글루가 그때 거기서 시작됐다는 말씀이죠?

김태우 네, 지금이랑 정확히 같은 건 아닌데 거기서 나온 아이디어를 발전시킨 거죠. 거기서 알고 지냈던 팀이랑 8월까지는 각자 일을 하고 있었어요. 저는 아까 말씀드린 SNS 서비스, 거기는 지금 아이템. 그런데 우리 쪽 개발자들이 8월에 다 복학을 하고 저 포함해서 둘만 남는 바람에 합치게 됐죠.

김현진 따지고 보면 혼자 남은 거나 마찬가지였네요.

김태우 네, 경영 도와주는 친구 한 명 있었어요. 그쪽 팀은 개발자만 둘 있고 경영자 역할을 할 사람이 없었어요.

박영욱 원래 김태우 대표님 전공은 뭐예요? 개발은 아니고?

김태우 저는 카이스트에서 수학을 전공했고요. 개발은 자바(JAVA: 컴퓨터 프로그래밍 언어의 일종) 두 과목 들어서 아주 조금 알고 있었어요. 실제 도움이 되는 수준은 아니고요.

김현진 나머지 개발자 두 분은 전공이 뭐였어요?

김태우 전산과죠. 한 분이 고려대 전산학과, 다른 한 분은 이화여대 전산학과요. 아무튼 둘을 만나서 이야기를 하다 보니 그대로 계속 하다가는 망할 거 같다고 하더라고요. 비즈니스 쪽으로 답이 안 나오는 상태라서.

김현진 한쪽은 제품이 없는 상태였고, 다른 한쪽은 영업자가 없는 상태였군요. 법인 대 법인은 아니고, 사람 대 사람으로 합병을 한 케이스네요.

솔직히 학연의 도움은 없었나요?

김태우 제가 8개월 만에 회사 하나 말아먹고 M&A 아닌 M&A도 한 번 한 다음에 2010년 10월에 정식으로 모글루를 설립했습니다. 돈이 없어서 천만 원으로 시작했어요.

김현진 천만 원짜리 법인을 만들고 두 달 뒤에 바로 국내 굴지의 대기업인 GS샵, 법인명은 GS홈쇼핑에서 6억 원의 투자를 받으셨어요. 금액은 이미 언론에 공개가 됐고. 두 달 만에 투자받는다는 게 쉽지 않을 텐데, 어떠셨나요?

김태우 많은 분들이 학연으로 한 게 아니냐고 하더라고요. 알고 봤더니 본부장님이 카이스트 출신이셨어요.

김현진 모르셨어요? GS샵 김준식 본부장님이 카이스트 출신이고 당신 선배야.

김태우 네, 몰랐습니다. 그리고 또 대표님은 중학교 선배님이더라고요. 그것도 투자받고 알았습니다.

김현진 이놈의 학연! (웃음) 아이템이 좋았죠. 별거 아닌 것처럼 보여도 불과 5~6년 전만 해도 대기업이 5억 이상 투자하는 경우가 드물었습니다. 벤처 회사, 특히 스타트업한테는요. 아마 사장도 공감할 거예요. 신기하지 않아요?

박영욱 법인 설립하고 두 달 만이라니.

김현진 그것도 자본금 천만 원으로 시작한 회사예요. 지분율은 6억에 30퍼센트였나요? 기사에 그렇게 나왔던 거 같은데.

김태우   네, 그건 제가 제 입으로 말하기는 좀 그렇고요. 공시돼 있으니까 찾아보시면. (웃음)

김현진   제가 최근에 플라스크 김정태 대표를 만났는데, 김 대표가 "형 투자받으려면 자본금 얼마까지 늘려야 돼요?"라고 묻더라고요. 그게 일반적이었는데. 이렇게 젊고 자본금도 적은 회사에 대기업이 투자하는 문화가 생겨서 다행스럽습니다.

박영욱   3~4년 전만 해도 벤처캐피털이 투자할 때 배수를 따졌죠. 액면가 500원이나 5000원 대비 얼마에 신주 발행한다는 식으로. 지금처럼 기업가치 따져 지분 몇 퍼센트 주겠다고 하는 경우는 드물었어요.

미래 먹거리를 찾으려는 대기업의 전략적 투자

김현진   벤처기업에 투자하는 곳 중에 대기업은 SI(Strategic Investor, 전략적 투자자: 투자를 통해 수익을 얻는 것이 목적이 아니라 투자를 한 곳과 받은 기업 간의 전략적 관계를 따지는 투자자)로 분류할 수 있죠. 대기업이 이렇게 투자를 하는 것은 100억 넣어서 200억 벌겠다는 목적이 아닙니다. 미래 먹거리를 찾으려는 거죠. 2010년에 GS홈쇼핑이 이렇게 젊은 회사에 총 60억을 투자했어요. 대단한 거거든요.

김태우   저희가 60억을 다 받은 건 아니고요.

김현진   모글루와 노매드커넥션에 15억, 버즈니에 10억을 투자했죠. 그리고 텐바이텐 자회사에도 투자한 걸로 알고 있고요. 미래 먹거리를 찾는 데 힘을 많이 기울이는 것 같아요.

박영욱 투자받기 전에 벤처캐피털은 안 만나보셨어요? 어쩌다가 대기업에서 투자를 받으셨어요?

김태우 처음부터 대기업에서 투자받겠다는 생각은 없었어요. 일단은 투자받으려고 어디든 다녔죠. 말씀하신 것처럼 벤처캐피털도 만났고요. 미국 벤처캐피털도 만났고. 그때만 해도 아무 생각이 없었죠. 미국에서 인턴할 때처럼 밸류에이션만 따질 생각을 했지 우리나라 벤처캐피털들의 배수 개념을 몰랐어요.

김현진 미국은 배수 개념이 없죠. 사실 그게 정상이죠. 현금이 얼만지 뭐가 중요해요.

김태우 저는 그 얘기를 아주 나중에야 들었어요. 그래서 투자받으러 다니기 시작할 때는 자본금이 천만 원이라는 데는 전혀 신경을 안 쓰고 있었어요. 그런데 벤처캐피털리스트들 만나고 다니면서 '우리가 투자받으려고 하는 배수가 정말 말이 안 되는 배수구나'를 깨달았죠. 저희가 돈이 없었으니까 자본금을 늘리기는 어려웠어요. 사실 그것보다 결정적인 문제는 저희가 만들어놓은 제품이 없었다는 거였어요. 프로토타입(Proto Type)만 있다 보니 콘셉트만 보여줄 수 있는 수준이었어요. 지금 생각해보면 무슨 깡으로 투자받겠다고 했는지 모르겠어요. 사실은 저희가 GS홈쇼핑이 처음으로 지분을 투자한 회사예요. 그 전까지만 해도 GS홈쇼핑에서 벤처기업에 투자를 안 해봤으니까 선입견이나 정해진 룰이 없었죠. 그래서 저희가 운 좋게 빨리 투자를 받을 수 있었고요.

김현진　실력이죠. 운도 좋았지만. 보통 우리나라 벤처캐피털은 우선주 투자를 하잖아요. 이게 투자자 입장에서는 좋은 점이 많은데 사장은 보통 우선주보다 보통주를 선호하잖아요. 그런데 GS홈쇼핑은 과감하게 모글루에 보통주 투자를 해주셨어요.

박영욱　이것도 언론에 나온 이야긴가요?

김현진　공시에 나올 거예요. (웃음)

박영욱　상장사에서 투자를 받으시면서 보통주로 받으셨다니. 상당히 조건이 좋으셨어요.

김현진　네, 사업가를 굉장히 배려해주는 아름다운 투자라고 할 수 있습니다.

박영욱　저는 미국 알토스에서 투자받을 때, 포스트머니 밸류에이션(Post-Money Valuation: 투자를 집행한 직후의 기업가치)을 얼마로 하고 여기서 몇 퍼센트를 줄 것인지 딱 이야기를 했었거든요. 그런데 나중에 한국에서 투자 과정을 보니까 왜 배수로 계산할 수밖에 없는지를 알겠더라고요. 서류 제출할 때 몇 배로 투자받았는지 다 넣어서 신고해야 하거든요.

김현진　그럼 왜 GS홈쇼핑이 모글루에 투자했을까요?

김태우　많은 분들이 어떻게 GS홈쇼핑이랑 알게 됐는지를 궁금해하시죠. 학연의 영향이 전혀 없었다고는 말 못 하겠어요. GS 김준식 본부장님이 과학고를 나오셨거든요. 그래서 과학고 동문들을 통해서 회사를 찾으셨어요. 제가 과학고를 나온 건 아니지만 제가 다닌 학교에 과학고 출신이 많았고, 학교 선배 중 하나가 GS에서 투자한다는 걸 알고 저한테 한 번 만나보라고 소개해줬어요. 그러고는 『매일경제』에서 했었던 '슈퍼스타M'이라는 대회에서 발표를 했는데 그때는 본부장님 말고 투자담당한 팀장님이 저희를 지켜봤대요. 본부장님이랑 팀장님이 각각 저희를 보시고는 내부에서 합의를 하셨대요.

김현진　그러고 보니 김태우 대표님은 대회에 참 많이 나갔네요. 스타트업위크엔드, 슈퍼스타M. 결과적으로 도움이 많이 됐네요.

김태우　네, 저희는 아시아에서 하는 대회는 거의 다 나갔어요. 싱가포르에 두 번 갔고, 중국과 일본에도 갔고.

김현진　실리콘밸리 테크크런치(Tech Crunch: 미국 최대 IT 전문 블로그 서비스이자 미디어. IT와 관련한 다양한 오프라인 행사를 열기도 한다)에서도 뭔가 하셨잖아요.

김태우　네, 베이징에서 하는 테크크런치 디스럽트였죠.

김현진 코코아북의 김진환 대표가 김태우 대표님 테크크런치 발표를 보고 "영어가 쩐다. 정말 멋있다. 부럽다" 했대요. 해외에는 어떻게 나가게 됐어요? 누구나 나가고 싶어 하지만 실행하기는 쉽지 않은데. 비결은 결국 젊음인가요?

글로벌 서비스 기업으로 성장하려면 영어는 필수

김태우 네. 일단 어리고 아무것도 모르니까 겁이 없죠. 참고로 저희 회사 사무실이 서울이랑 뉴욕에 있어요. 공동 창업자 중에 한 명은 미국인이고요. 프랑스 개발자도 있습니다. 그래서 국적도 세 개고.

김현진 어떻게 외국인 직원을 뽑을 생각을 했어요?

김태우 특별히 그래야겠다는 생각을 한 건 아니고요. 아까 말씀드렸던 스타트업위크엔드에서 지금 직원인 미국인이랑 같이 있었어요. 마침 공동 창업자가 영어를 웬만큼 할 줄 알아서 미국인과 같이 일을 시작하게 됐죠. 그러고는 사무실에서 영어를 공용어로 쓰게 되니까 프랑스 개발자를 뽑을 때도 거부감이 전혀 없었고요. 그 프랑스 개발자도 다른 행사에서 만난 사람입니다.

김현진 외국인 개발자들 성향은 한국인 개발자와 어떻게 달라요?

김태우 일단 프랑스 친구는 개발하다가도 론칭 스케줄 상관없이 반년에 열흘씩 휴가를 갑니다. 저희는 오늘 론칭 때문에 어제 새벽 2시까지 일했는데, 그 친구는 지금 열흘 째 베트남에 가 있어요. 지지난 주 금요

일에 앱스토어에 등록 신청만 하고 가더라고요. 여러 나라 직원들이 같이 일을 하면 이런 점도 배려를 해야 됩니다.

김현진 그럼 한국 개발자들이 질투하지 않나요? 같은 개발잔데 왜 재만 열흘짜리 휴가를 가냐고.

김태우 보통 유럽 사람들은 일을 열심히 안 한다고 생각하잖아요. 그런데 그 친구는 평소에 워낙 열심히 합니다. 책임감도 있고요.

박영욱 그럼 한국 개발자는 평소에 열심히 안 해요? (웃음)

김태우 그건 아니죠. (웃음) 그리고 한국인 개발자 입장에서는 외국인 개발자들이랑 같이 일하는 것 자체가 참 좋은 경험인 것 같아요. 영어로 프로그래밍 할 줄 알면 나중에 구글이나 페이스북 같은 데 갈 수도 있지 않을까요? 영어 때문에 입사를 꺼리는 사람들도 있지만, 거꾸로 영어 때문에 입사하고 싶어 하는 사람들도 있어요.

박영욱 어제 보니까 새벽까지 일하고 계시던데.

김태우 네, 제가 악덕 업주라서요. (웃음) 저희 서비스는 유저의 80퍼센트가 해외에 있다 보니까 설 연휴 전 금요일인데도 론칭 준비를 해야 됐어요. 설 연휴 때 일 안 하려고 어제 12시까지 일곱 명 남아 있었어요. 저희 직원이 열 명 좀 넘는데.

김현진   벤처니까. 그러면 외국인 직원들과 한국인 직원들 간에 갈등 같은 것은 없나요?

김태우   갈등까지는 아니지만 커뮤니케이션에는 문제가 많죠. 저희가 원어민만큼 영어 하는 사람만 뽑는 건 아니거든요. 손짓발짓 해가면서 대화하면 된다고는 하지만 문제는 회의죠. 전체 회의하면 영어로 해야 하니까 말하는 저도 힘들고 듣는 사람 중에서도 힘들어 하는 사람이 나오죠. 영어로 진지한 토론을 하면 말 많던 분들이 갑자기 숙연해지는 경우도 있고.

김현진   우리도 영어로 회의하면 숙연해집니다. 진지해지고요.

김태우   말하는 사람만 하게 되죠. 최악의 경우에는 양해를 구하고 한국말로 회의 하고 통역을 해줄 때도 있어요.

'과장님'이라고 못 부르는 회사

김현진   외국인 직원과 일할 때 편한 점은 나이로 위아래 구분하는 개념이 없다는 건데요. 이름 부르고 편하게 대하니까. 그렇지 않나요?

김태우   외국인들이 섞여 있다 보니까 '과장님' 같은 호칭을 쓸 수가 없어요. 그래서 저희는 서로 영어 이름을 부르고요. 나이도 크게 따지지 않고 있어요.

김현진   20대 초반인데 젊은 사장의 어려움이나 고난 같은 건 없습니까? 회사에서 막내죠?

김태우   네, 인턴들 빼면 막내입니다. 인턴들하고도 나이 차이 별로 안 나고, 동갑 인턴도 있고요. (웃음)

김현진   사장님이 인턴이랑 동갑이래. (웃음) 어쨌든 어떻습니까?

김태우   제가 막내지만 회사에서 제일 나이 많은 분하고 나이차가 많은 건 아니에요. 그래서 서로 자유롭게 의견도 개진하고, 대표나 기술이 사가 말한다고 해서 나머지 직원들이 꼭 따르는 분위기도 아니에요. 그래서 대표나 기술이사는 힘들 수 있지만 실수하는 것도 많이 바로잡을 수 있죠. 저나 기술이사님이나 여전히 경험이 적다 보니까 실수를 자주 하거든요. 그걸 팀원들과 이야기하면서 줄여나갈 수 있다는 점이 좋은 것 같아요. 그리고 솔직하게 말씀드리면 나이가 어리면 언론에서 상대적으로 쉽게 주목받을 수 있다는 장점이 있어요.

김현진   그렇죠. 젊은 벤처사업가다.

김태우   네. 똑같은 일을 해도 어린 친구가 하면 주목받잖아요. 그런데 우리나라 회사들이랑 비즈니스 미팅을 하면 나이 많은 분들이 나이 어린 대표를 무시하는 경우가 생기죠. 요즘은 많이 좋아졌지만요. 어느 분은 제가 고등학생인 줄 알았다고 하시더라고요. 제가 그렇게 어려 보이지는 않는데. 업계 입문할 때 저에 대한 첫 기사가 『세계일보』에서 나왔어요. 그때 기사 제목이 '어리다고 무시당해 서러웠죠'였던가. (웃음)

박영욱   네, 예전에는 정말 심했죠.

김태우   지금은 많이 줄었습니다. 확실히 한두 살 더 어릴 때 창업하는 게 단점보다는 장점이 많은 거 같아요.

박영욱   비즈니스 미팅을 갔는데 제 나이가 한참 어려보이니까 "형이 말 놓고 할게"라는 분이 있더라고요. 너무 기분이 나빠서 다음부터 아무한테도 말 잘 안 놓아요.

김현진   저도 올해 서른넷이고 IT 업계에서는 꽤 나이가 많잖아요. 그런데 지금도 어디 가면 저 보고 어리다고 하는 데가 있어요. 제조업이나 유통업에서는 아직 어린 축에 속하나 봐요. 그래도 젊음의 메리트가 있잖아요. '에너지.' 김태우 대표님 해외출장 많이 다니는 것도 젊으니까 덜 빡센 거예요. 미국 갔다가 일본 갔다가 싱가포르 갔다가. 이거 젊으니까 가능한 겁니다.

김태우   실리콘밸리 경험 때문에 처음 시작할 때부터 글로벌 기업을 만들겠다는 마음을 먹었죠. 지금은 외국인 직원과 같이 근무하고 해외에 많이 진출해 있습니다. 그리고 저희 홈페이지 서비스는 해외 시장을 타깃으로 하기 때문에 영어로만 제공되고 있습니다. 역설적이지만 한국에서 경험이 없다 보니 그렇게 된 것 같아요.

김현진   젊어서 좋은 것도 있지만 어려운 면도 있겠죠? 융통성이 부족하다거나 실수나 잘못을 포용해본 경험이 적을 수 있잖아요. 아직 익숙하지 않으니까. 그리고 같이 창업한 코파운더들과의 갈등도 생길 수 있고. 그런 거 어떻게 풀어나가세요?

김태우   일단은 경험이 없으니까. 지금 1년 3개월이나 지났는데도 사람 대하는 게 제일 어렵죠. 사람이 떠나거나 사람을 떠나보내는 게 어렵고, 아직도 답을 모르겠어요. 아직도 적응이 안 돼요.

김현진   모든 대표들이 고민하는 부분이죠.

김태우   한 킴 알토스 대표님이 말씀하셨지만 가장 좋은 방법은 좋은 사람 뽑아서 나가는 일 안 생기도록 해야 하는 거죠. 그렇지만 아무리 노력을 해도 누군가는 나가더라고요.

투자 유치보다 힘든 것이 사람과의 헤어짐
김현진   뭔가 일이 터져서 이별을 해야 하는 상황이 벌어지면 그때는 빨리 선택하는 게 낫죠?

김태우   그런 결정은 빨리 해서 후회한 적은 없어요. 늦게 내서 후회한 결정만 잔뜩 있고요.

김현진   내공을 엄청 쌓으셨어요. 1년 3개월 만에 이 정도면 훌륭합니다.

박영욱   그동안 가장 힘들었던 일은 뭔가요?

김태우　힘들었던 일들 너무 많죠. 결국 사람 떠나보낼 때가 제일 힘들죠. 저희 공동 창업자도 한 분 나가셨습니다. 그때 투자받을 때보다 더 힘들었어요.

김현진　공동 창업자가 중요하고 필요한데 갈라질 때는 또 갈라질 수밖에 없나 보다 생각합니다. 실리콘밸리에서 시작해서 외국인 직원 고용하고 산전수전 다 겪고. 보통 내공이 아니네요.

박영욱　두 달 만에 투자받을 만하네요.

전략적 투자와 금융 투자의 차이?

김현진　투자 얘기 한 번 더 해주시는 거 어떠세요? 박영욱 대표님은 벤처캐피털에서 투자받으셨고 김태우 대표님은 전략적 투자자인 대기업에서 받으셨는데, 투자란 뭔 거 같아요?

김태우　아까 김현진 대표님이 말씀하신 대로 크게 두 가지 유형의 투자자가 있어요. 전략적인 투자를 하는 SI와 투자를 통해 수익을 내기 위한 FI(Financial Investor)가 그 두 가지입니다. 벤처캐피털은 무조건 FI고 대기업은 SI라고 생각하실 수 있는데 꼭 그렇지는 않습니다. 예를 들어 제가 일했던 SK벤처스는 100퍼센트 SK 자회사라서 SK그룹에 도움이 되는 곳에 주로 투자해요. 유형을 보면 전략적 투자가 70~80퍼센트, 재무적 투자가 20퍼센트 정도 되는 것 같아요. 전략적으로 도움이 안 되면 투자를 안 하는 편이더라고요.

김현진 역시 기업에서 하는 투자는 전략적인 목적이 크죠.

김태우 아마존닷컴 같은 곳을 봐도 나중에 전략적으로 도움될 곳 위주로 투자를 해요. 물론 기업이 펀드를 만들어서 재무적으로만 투자를 하는 경우도 없지는 않습니다. 국내 기업 가운데에서 벤처에 투자를 많이 하는 곳들로는 삼성과 LG, 네오위즈 등이 있어요. 아시는 분이 많지 않지만 네오위즈와 GS홈쇼핑이 초기 기업에 전략적 투자를 많이 해요. 네오위즈는 네오플라이라는 스타트업 인큐베이팅 프로그램이 따로 있고 지온인베스트먼트라는 벤처캐피털도 있어요. 그리고 얼마 전에 대교도 벤처캐피털을 만들었어요.

김현진 네, 눈높이 대교. 회장님이 직접 만드셨다고 하죠?

김태우 네, 대교인베스트먼트가 자본금 70억으로 만들어졌고 펀드도 만들었어요. 여기는 SI이기도 하고 FI이기도 합니다. 아무튼 벤처캐피털마다 그리고 펀드마다 성향이 다르기 때문에 대기업과 연관된 곳에서 투자를 받으시려고 한다면 재무적 투자만 하는 그룹인지, 전략적 투자도 하는 곳인지 따져보셔야 합니다.

김현진 대기업이 투자하는 데를 보니까 벤처캐피털보다는 밸류에이션을 후하게 쳐주는 거 같아요.

박영욱 후한 데도 있고 그렇지 않은 곳도 있죠?

김현진 그렇죠. 일단 대기업은 의미 있는 수준의 지분을 취득하고 싶어 하죠.

김태우 일단 대기업들마다 다르긴 하지만 전략적 투자는 단기적으로는 M&A를 염두에 두는 경우가 있습니다. 내부에서 지금 당장 하기는 어려운 사업이지만 우리가 투자한 벤처기업이 크면 나중에 사겠다는 식이죠. 어떤 벤처 사장님들은 여기에 대해서 좀 부정적이고요. 그런데 한편으로 보면 벤처기업 엑시트를 쉽게 해주는 수단이기도 합니다.

김현진 그렇죠. 투자를 받고 잘 키워서 투자해준 대기업에 인계한다. 아주 아름다운 시나리오죠.

김태우 상황마다 다른 거 같아요.

김현진 정리를 해보죠. 대한민국에서 돈을 구하는 방법에는 벤처캐피털에서 투자를 받는 것과 정부에서 자금을 끌어오는 것 그리고 대기업에서 전략적 투자를 받는 것들이 있다.

김태우 벤처캐피털 같은 경우엔 새롭게 만들어지는 시장에는 투자를 꺼릴 수밖에 없어요. 레퍼런스도 없고 시장이 얼마나 커질지도 모르고 그 시장에 대해서 공부해야 하니까요. 그런데 대기업은 그 시장에 관심만 있다고 하면 아무리 초기 단계라도 투자를 할 수 있어요. 저희도 그런 사례였고요. 저희가 하는 사업이 전 세계에서 처음 시작하는 거라서 시장조사해서 가지고 올 수 있는 자료가 없어요. 비슷한 거 억지로 끼워 맞추기는 하지만.

김현진 대기업마다 색깔이 다르겠지만 간섭은 하나요?

김태우 저희는 아직 간섭 안 받았어요.

김현진 그러면 왜 의미 있는 지분을 취득하려고 하죠?

김태우 저희 투자사라서 자랑하는 게 아니라 GS는 생각보다 감시가 심하지 않고 오히려 도와주려고 하고, 저희랑 회의 날짜 잡는 것도 아주 미안해해요. 방해 안 하려고 최대한 노력하고요. 정말 필요한 회의만 하려고 하는데 오히려 제가 회의를 많이 요청해요. 도와달라고. (웃음)

박영욱 저희가 오늘 설 특집으로 대기업의 벤처투자를 다루고 있는데 원래 메인 주제가 따로 있었잖아요. 이제 본론으로 좀 들어가죠? (웃음)

사내 연애에 대한 벤처 사장님들의 생각은?

김현진 사실 메인 주제는 이겁니다. 젊은 사장님들에게는 투자만큼 중요한 게 있죠? 바로 사내 연애 아니겠습니까. (웃음) 젊은 사장님들이 20대 초중반이고 임원들도 20대 초중반이면 좁은 공간에서 스파크도 생기고, 아름다운 인턴들과 멋진 이사님들이 같이 일하다 보면 이성적 감정이 생길 수 있는 데죠. 여기에 대해 잠깐 얘기해볼까요? 사내 연애 특집. 일단 저희 레인디는 공식적으로 사내 연애 금지입니다.

김태우 저희는 공식적으로 금지는 아니고, 장려하지 않습니다.

박영욱 블로그칵테일도 금지입니다. 결혼하면 오케이. 그런데 결혼 안 하고 헤어지면 그중에 꼭 한 명은 나가잖아요. 회사에서 인재가 얼마나 중요한데.

김태우 꼭 보면 회사에서 잡고 싶은 사람이 나가더라고요.

김현진 그렇죠. 이사하고 인턴이 사귀다가 헤어지면 이사가 나가죠. (웃음) 혹시 그런 경험 있으세요?

김태우 저희는 다행히도 인턴들끼리 연애를 한 적이 있는데 퇴사를 하고 나서 사귄다고 이야기를 하더라고요. 퇴사하기 전에 뭔가 있었겠죠.

김현진 회식자리에서 인턴하고 이사하고 사장님 모르는 사이에 발가락으로 움직이고 그러면 큰일 나요. (웃음) 저희는 5년 전부턴가 사내 연애 안 된다고 공식적으로 얘기를 했는데 그 와중에도 한두 커플이 나왔어요. 아주 전략적이더라고요. 인턴이 끝나고 나가는 날 저희 사귀어요, 하길래 처음에 농담인줄 알았어요. 디자이너하고 인턴이 한 달 전부터 몰래 연애를 한 거죠. 저는 거짓말인 줄 알았어요. 근데 진짜더라고요. 당황했지요. 반대의 경우도 있습니다. 젊은 여자 인턴이 임원한테 관심을 보이는 거예요. 그런데 임원은 여자한테 관심이 없고. 그런 기류를 회식 자리에서 몇 번 느꼈어요. 그래서 다음부터 회식 자리에 둘이 같이 안 앉혔습니다.

박영욱 회사 내에서 둘만 연애하면 괜찮아요. 그런데 삼각관계가 생기면 골치 아프대요. 아는 회사에서 삼각관계 생겨서 싸우던데.

김현진 저희 회사에서 있었던 일은 아니고 들은 얘기입니다. 대단한 팜므파탈이 있었더라고요. 굉장히 스마트하고 일도 잘하는 데다 미인에 글래머러스하대요. 그런데 그분이 개발자들 네다섯 명을 만나고 다닌 거죠. 나중에 그분이 회사 옮기고 나서 자기네들끼리 관계를 알고 회사가 발칵 뒤집혔어요.

박영욱 방금 이정석 캐피털님이 문자로 질문을 보내주셨어요. 대표이사가 보통 남자 직원 뽑을 때 보는 것은 일을 잘하는지, 일할 자세가 잡혀있는지인데, 여성 직원은 여기에 미모도 포함하지 않느냐고 묻네요.

김현진 솔직히 외모 보잖아요. 안 봐요?

김태우 짤방 돌아다니는 거 보면 남자는 체력장, 영어 점수 다 필요한데 여자는 면접 딱 하나만 필요하다고 하잖아요. 저희 회사에서 저는 안 본다고 주장하지만 직원들은 본다고 주장하는 말도 안 되는 사태가 있어요. 저희 회사 직원들이 '자기는 외모도 보는데서 뽑혔다'고 합의를 하더라고요.

김현진 제 친구가 카이스트 로봇동아리 친구들 열 명 정도 모아서 회사를 차렸는데 다 개발자였어요. 직원을 뽑으려고 면접을 보면 "C 다룰 줄 알아요?, 비주얼베이직은요?" 이런 걸 물어요. 그런데 예쁜 여자분

이 다 못 다룬다고 대답하자 "괜찮아요. 가르쳐드릴게요. 배우시면 됩니다"라고 했다고 하더라고요. (웃음)

김태우 저희는 그렇지는 않고요. (웃음)

박영욱 이정석 캐피털님이 화난 거 같아요. 그렇게 여자 직원을 뽑으면 사내 연애를 금지하는 건 옳지 않은 처사라며. "사장은 직원들 시집, 장가보내는 자리는 아니지만 좀 더 일 잘할 수 있는 환경을 조성해야하는 거 아니냐? 왜 사내 연애를 금지하느냐?"라고 물어보시는데.

김태우 공식적으로 금지는 아니라니까요. 장려하지는 않지만. 아까 말씀하신 것처럼 장려하지 않는 이유는 깨졌을 때를 걱정해서죠.

박영욱 대표님, 만약에 몰래 사귀는 커플이 있다면 어떻게 하실 거예요?

김태우 솔직히 이미 사귀고 있는 건 어떻게 할 수 없을 것 같습니다.

박영욱 지금까지는 비공식적으로 사내 연애 금지라고 했는데 사귀는 걸 알았어요. 공식적으로 인정해줄 수 있는 건 아니고. 만약 인정해준다면 금지가 풀리는 거고.

김태우 정말 어려운 거 같습니다. 근데 제가 물리적으로 막는다고 한들 둘이 퇴근하고 만난다면 그걸 어떻게 압니까? 결혼하든가 아님 동반 퇴사해야 하는데 직원 열 명 정도 되는 벤처 회사에서 이런 식으로 말을 할 수는 없잖아요. 결혼을 하라마라 간섭을 할 수가 없죠.

김현진 여직원 왔는데 맘에 든 적은 없었어요? 인간적으로 저런 사람이 내 아내이거나 여자 친구였으면 좋겠다고 하는 마음이 들 수도 있을 텐데.

김태우 지금 제가 대답을 잘못하면 넓은 아량으로 아직까지 저를 보살펴주시는 여자 친구가 저를 버릴 거 같습니다만, 여직원을 보고 예쁘다는 생각을 안 한 적은 없죠. 예쁘다고 생각한 적은 당연히 있습니다. 예쁘다고 생각하는 거하고 이성적인 감정이랑은 다르니까.

김현진 저희 회사도 여자들이 많고요. 괜찮은 여자분들 많아요. 나이 차이가 많이 나서 이성적인 관심은 별로 없었지만. 일단 직원들의 사내 연애도 조심해야 하지만, 벤처 대표님들도 사내 연애는 회피해야 하지 않나요? 사장님에 대한 루머나 복잡한 이성 관계에 대한 이야기들이 사내에 도는 건 좋지 않아 보여요. 그러니까 사장님들은 사외 연애를 하셔야 되지 않을까 합니다. 그런데 벤처 하면 엄청 바쁘잖아요. 비슷한 또래의 젊은이보다 100배는 바쁘다고 해도 과언이 아닐 텐데. 김태우 대표님은 사외 연애 중이신데, 어떠세요?

벤처 사장들의 마지막 힘은 여자 친구로부터

김태우 여자 친구가 넓은 아량으로 이해해줍니다. 사람들이 여자 친구랑 잘 지내는지 물어보면 농담 반 진담 반으로, "아직 안 차였습니다"라고 말해요.

김현진 벤처 사장님들한테 여자 친구랑 잘 지내는지 물어보면 "아직 안 짤렸습니다"라고 해요. 사장님들이 제일 두려워하는 게 여자 친구잖아요. 여자 친구가 짜를까 봐. (웃음)

김태우 제가 뭐 힘이 있나요. 바쁘고 연휴도 없이 일을 하고, 그러다 보니까 이런 사정을 배려 못 해주는 분을 만나면 오래 가기가 어렵죠.

김현진 배려심 중요합니다. 굉장히 중요하죠. 대표님들의 마지막 힘은 여자 친구가 아닌가 싶어요. 결혼하신 분들은 와이프가 되겠죠.

김태우 김현진 대표님이 저한테 조언해주신 것 중에 "직원들이랑 지내는 게 결국 연애하는 거랑 똑같다. 연애를 많이 해보면 직원들과도 더 잘 지낼 수 있다"고 해요. 결국 사람 마음을 이해하는 거니까. 맞는 말 같아요. 그래서 저도 직원들 한 명 한 명을 연애하는 마음으로 대하고, 또 언젠가는 내가 차일 수 있다는 생각을 해요. 그리고 어떻게 안 차여야 할까 하는 생각도 하고요.

김현진 맞아요. 그런데 대기업은 어때요? 삼성전자도 사내 연애에 대한 얘기가 있나요?

박영욱 사내 연애 권장한대요. 입사하고 1~2년 안에 결혼 못 하면 10년 동안 못 한다. 그러니까 빨리해라. (웃음) 그리고 LG디스플레이에서도 사내 연애 권장한다고 하네요.

김태우 대기업들은 권장하는 경우가 꽤 있더라고요. 가족 같은 분위기를 느끼게 해주려고 그러는지.

김현진 대기업들이 결혼을 하길 바라는 이유가 분명 있을 텐데. 직원끼리 결혼하면 이직률이 내려가나 봐요?

김태우 결혼을 하면 회사에 대한 충성심이 높아진다고 생각하겠죠. 그런데 대기업이랑 벤처기업이랑 다른 점은 대기업은 사귀다가 헤어져서 한 명 나가더라도 티가 안 나겠지만, 벤처기업은 한 명 나가면 타격이 크다는 거죠. 그래서 장려하기가 어렵고.

박영욱 대기업은 헤어져도 잘 안 나가더라고요. 그냥 다니더라고요. 어차피 사람 많으니까.

김현진 그렇죠. 삼성전자는 워낙 사람이 많고 다른 부서로 발령 날 수도 있죠. 근데 벤처기업은 저기 앉아 있던 사람이 없으면 티 날 수밖에 없죠. 벤처기업들 중에서도 NHN, 하나투어, 이런 곳은 결혼을 권장한다고 하더라고요. 옛날에 이런 루머가 있었죠. NHN 상장했을 때 스톡옵션 받은 직원 둘 결혼하면 강남에 아파트 산다고. 그러니까 결혼해서 강남에 아파트 사라는 루머가 한참 돌았어요. 회사가 어느 정도 자리를 잡고 충분한 보상을 해줄 시기에는 결혼을 하든 말든 오케이인데, 아직 성장하는 회사들은 연애라는 걸 쉽게 수락하기가 쉽지는 않은 거 같아요.

박영욱 근데 사내 연애도 쉽지 않아요. 차라리 밖에서 미팅을 시켜줘야 해요.

김태우 레인디도 한 번 했던 걸로 아는데. 실제로 저희 회사도 직원에게 소개팅시켜주는 게 사원 복지 중 하나입니다.

김현진 괜찮네요. (웃음) 벤처 사장님들도 고독하겠지만 벤처에서 일하는 임직원들 다 고독하고 외롭습니다. 연애해야죠. 일단 벤처인들끼리 소개팅하면 서로 이해하기는 쉽겠지만 도무지 기회가 안 나더라고요. 벤처 아니어도 되니까 단체로 소개팅만 주선해주시면 됩니다. 저희는 젊은 사람 좋아합니다! 자, 오늘 이야기 마무리해보죠. 첫째, 젊은 사장님이 나이 많은 분들과 같이 일할 때 쫄 것 없다. 나이가 중요한 건 아니다. 그리고 패기와 아이디어만 있으면 투자받을 때 유리할 수 있다. 벤처캐피털이나 정부 과제 말고도 대기업에서도 투자를 유치할 수 있고 오히려 대기업이 더 좋은 조건을 제시하는 경우도 있다. 그런 걸 전략적 투자라고 한다. 그리고 결정적으로 벤처 사장님들은 직원들과 함부로 연애하면 안 된다. (웃음) 사내 연애하다가 잘못하면 회사에서 중요한 사람 다 나간다. 연애는 사외에서 하셔라.

박영욱 저는 모글루라는 회사를 알게 되어 좋았고요. 사내 연애 이야기는 다루기가 쉽지 않은 주제였는데 이야기나눌 수 있어서 좋았습니다.

김현진 제가 김태우 대표님께 새벽 1시에 전화해서 섭외를 요청했는

데, 이렇게 와주셔서 정말 감사해요. 그리고 사내 연애, 굉장히 민감한
사항인데 같이 말씀 나누어주셔서 감사합니다.

제 그릇의 크기가 궁금한 정국일입니다. 사업을 하기 위해서는 자기 자신의 깜냥을 잘 알아야 한다고 들었습니다. 제 그릇의 크기를 알아내려면 어떻게 해야 합니까?

김현진　자기 그릇의 크기를 알 수 있는 가장 좋은 방법은 자기를 함부로 굴리는 거라고 생각해요. 함부로 굴린다는 건 겁내지 않고 내가 안 해도 되는 일까지 다 해보는 걸 말합니다.

　제가 한국에 처음 왔을 때 일이에요. 카이스트 로봇 동아리 출신 친구들이 벤처 회사를 차려서 승승장구했어요. 당시 직원은 80명 정도 됐고 회사 매각하기 직전에 저를 영입하려고 했어요. 저는 그때 뭘 하고 있었느냐면요. SM엔터테인먼트에서 나와서 노가다를 뛰고 있었어요. 정화조라고 화장실을 만드는 건데 제일 더러운 노가다예요. 제가 지금 대학교에 가서 강의를 하면 한 시간에 100만 원을 받는 데 그때 하루 종일 노가다를 뛰고 5만 원을 받았어요. 하지만 저는 아깝지 않았어요. '나의 깜냥은 어디까지일까?'가 궁금해서 벽돌을 날랐거든요. 그런데 친구가 거기서 그러고 있지 말고 자기를 도와달라고 했어요. 아직도 기억해요. 그 친구가 부사장이었는데 자기 회사 사장을 만나라고 했어요. 그 사장이 저를 쳐다보면서 이야기를 하다가 이상한 냄새가 난다고 하더라고요. 그분이 저에게 무슨 일 하냐고 물었어요. 해맑게 웃으면서 "정화조 노가다 판에서 벽돌 나르고 있습니다"라고 했죠. 그랬더니 "당신은 영어 잘하니까 학원에서 강의만 해도 한 시간에 5만 원은 받을 텐데 왜 일당 5만 원 받고 그 일을 하나요?"라고 물었습니다. 하지만 저한테는 그게 제 자신을 찾는 과정 중에 하나였어요. 그런데 안타까운 건 대부분의 사람들은 자기 자신을 평가할 때 오버슈팅하죠. '내 가치는 이만큼이야', '내 연봉은 이만큼이야'라고 하는 데 한참 못 미치는 경우가 많아요.

이정석 그릇 이야기를 하니까 "그릇을 채우려고 하지 말고 그릇을 넓혀라"라는 어른들 말씀이 기억납니다. 지금은 자기 그릇의 크기가 얼마인지를 아는 것도 중요하지만 더 키울 수 있는 방법, 즉 자기를 굴려보려는 시도가 필요한 것 같아요. 결국 중요한 건 실행력이라고 생각합니다. 내일 해야지, 4월에 해야지, 이게 아니라 생각날 때 바로바로 하면 발전해요. 그 경험을 통해서 그릇도 커지고요. 하지만 보통 사람들은 고민만 하거나 술을 먹으면서 시간을 그냥 흘려보내죠. 좀 더 신속하게 실행하는 게 그릇을 더 키우는 방법이고 그렇게 하다 보면 자기 그릇의 크기를 알 수 있을 거라고 생각합니다.

VIKI 1부
한국에서 실리콘밸리로 7

이 원고는 팟캐스트 방송 '벤처야설-VIKI 1부(한국에서 실리콘밸리로)'를 정리한 것입니다. 출연자는 의장 김현진(레인디 대표), 사장 박영욱(블로그칵테일 대표), 기자 권일운(머니투데이 더벨 기자), 캐피털 이정석((주)LS 사업전략팀 차장), 게스트 호창성(비키 공동대표)입니다.

호창성 비키(VIKI)의 공동 창업자 호창성입니다.

김현진 드디어 나와 주셨습니다. 너무 모시고 싶었는데, 그간 너무 바쁘셔서 시간을 내기 힘드셨지요?

호창성 빼려고 뺀 게 아닙니다. 이해해주세요. 처음 〈벤처야설〉을 알게 된 건 저희 회사 직원이 〈벤처야설〉이라는 방송이 있다고 알려주었을 때인데, 네이버에 검색해보니 성인 인증이 뜨더라고요. 제목도 그렇고 해서 성인 프로그램인 줄 알았습니다.

김현진 저희들이 이 프로그램의 이름을 만들 때는 좀 솔직해져보자는 취지였어요. 그러다 보니 이름이 좀 자극적이게 된 면은 있지만, 좋지 않나요? (웃음) 호창성 대표님을 모시면 가장 여쭤보고 싶은 것은 역시 실리콘밸리에 대한 이야기입니다. 한국에서 벤처하는 사람이라면 다들 가지고 있는 로망 아니겠습니까? 그런데 그 실체에 대해서 제대로 말해주실 분은 많지 않은 것 같습니다. 젊은이들의 꿈, 실리콘밸리를 제대로 경험하고 오신 호창성 대표님으로부터 다양한 이야기를 들어 보겠습니다. 우선, 한국에서의 이야기를 해주시죠. 한국에서 먼저 창업을 하셨다면서요? 어떤 계기로 시작하시게 됐고, 또 어쩌다가 실리콘밸리로 넘어가시게 되었나요? 지난 이야기를 먼저 좀 해주세요.

교수님의 제안이 창업의 시작

호창성 인생이 원래 살고 싶은 대로 살 수 있는 게 아니더라고요. 처음부터 창업을 하려 했던 건 아닙니다. 제가 93학번이고 2000년에 졸업을 했어요. 대학 4학년 때 군대를 갔다 와서, 컴퓨터그래픽스와 관련된 졸업 프로젝트를 했어요. 제가 직접 코딩을 다해서 만들었는데, 지도 교수님께서 보시더니 좋은 아이템인데 재미있게 잘 구현했다 하시면서 창업을 권하셨어요.

김현진 그때가 한창 벤처 열풍일 때인가요?

이정석 미국으로 치자면 막바지 시점이라 할 수 있겠죠. 인터넷 버블이 마지막으로 부풀어 오르던 시절 아닌가요? 교수님이 아이템은 잘 보셨을지 몰라도 시기적으로 보면 다소 아쉬운 조언이라 할 수 있겠네요. 그리고 학부생에게 교수님의 한마디는 아주 큰 영향력이 있기 마련인데, 심각하게 생각하셨겠네요. 그러니까 사업의 시작은 교수님 말씀이었군요.

호창성 제가 대학원생이 아니었기 때문에 교수님께서 직접 지원을 해주시거나 그런 건 아닌데 창업해도 괜찮겠다는 말씀을 해주셔서, 진지하게 생각해봤습니다. 그리고 졸업하면서 창업을 했어요. 그게 2000년 2월입니다. 그때부터 문지원 대표와 함께하기 시작했어요.

김현진 지금의 사모님이시죠.

호창성 아직 그때는 문지원 대표가 대학생이었고, 저도 스물일곱의 갓 졸업한 아는 것 하나 없는 초짜였어요. 지금 돌이켜보면 그런 용기가 어디서 나왔나 싶어요.

김현진 당시 벤처 창업자들 중에 굉장히 나이가 어리셨던 거 아닌가요?

호창성 그렇죠. 그때만 해도 지금처럼 졸업하고 곧장 창업하는 경우가 많이 없었어요. 아무튼 창업하고 3년 반 정도는 죽도록 고생만 했어요. 돌이켜보면 그렇게 고생한 데는 여러 가지 이유가 있었는데, 가장 큰 이유는 저희가 하려던 컴퓨터그래픽스 분야가 국내에는 시장이 형성되어 있지 않기 때문이었어요. 어도비(Adobe), 3D맥스 같은 외국 회사들이 할리우드 영화의 특수효과를 담당하기도 하고, 게임에 사용되는 그래픽 엔진을 만들기도 하는데, 한국에는 이런 시장이 아예 없다는 사실을 창업하고 나서야 알았죠.

김현진 영구아트와 비슷한 건가요? 미국의 드림웍스나 픽사 같은 회사가 될 수도 있었겠군요.

호창성   당시에 꿈은 컸어요. 나중에 시작된 '세컨드 라이프(Second Life: IBM에 인수된 린덴랩[Linden Lab]에서 출시한 사이버스페이스)'와 같은 개념의 아이템을 생각했었고, 2000년 4월 4일에 법인을 설립했어요. 그런데 이런 거창한 꿈을 실현해보려면 자금이 적어도 수십억 원은 있어야 하는데 어디 가서 모으겠어요? 투자를 받아야겠다 생각했습니다. 그런데 창업하고 나서 한 일주일 지나서였나? 신문 여기저기에서 벤처기업들이 무너진다는 기사들이 계속 나왔어요. 저희가 창업 전부터 한국소프트웨어진흥원(2009년 8월 정보통신연구진흥원·한국전자거래진흥원과 함께 정보통신산업진흥원으로 통합되었다)의 예비창업 심사에 통과해서 센터에 입주해 있었는데, 옆방 누구는 엔젤투자로 몇 억을 받았다더라 이야기도 있었고, 아무튼 이렇게 2000년 2, 3월까지만 해도 투자가 아주 쉬운 분위기였어요. 그래서 우리도 잘하면 쉽게 투자받을 수 있겠구나, 꿈에 부풀어 있는데 딱 그렇게 신문기사들이 나오고 정말 한 달 만에 분위기가 급변하더라고요. 저희가 기획했던 프로젝트는 당시 가치로 최소 10~20억 원은 있어야 했는데, 아무래도 어려울 것 같아서 계획을 바꿨습니다. 그 당시 돈이 좀 된다고 하던, 커뮤니티의 온라인 아바타 제작을 하기로 했어요. 방향도 바꾸고 사업 규모도 축소한 거지요.

김현진   아바타. 정말 오랜만에 듣네요.

호창성   한때 유행했었잖아요. 세이클럽이나 다음 카페의 아바타. 그런데 그런 방향 전환이 잘못이었던 것 같아요.

이정석   교수님의 한마디 말씀에 꿈과 희망으로 가득차서 시작은 했는데, 결국 그 방향으로 성공을 하진 못한 거군요.

김현진   교수님의 조언이 항상 틀리는 건 아니에요. 이투스 같은 곳은 교수님의 조언으로 잘된 곳으로 알고 있는데, 아무튼 가장 큰 문제는 시장이 없는 아이템으로 창업을 했던 것이네요.

창업에서 용역의 길로

호창성   제가 볼 때는 시장을 보고 시장에 맞는 제품을 내놓는 게 사업의 순서라고 생각하는데, 저희는 뭘 만들 수 있을까를 먼저 생각하고 그 제품을 시장에 억지로 끼워 넣었던 거죠. 그 당시 아바타를 적용하던 프리챌과 세이클럽은 한 달에 몇 억을 번다는 말이 있었지만, 그건 아바타가 돈을 번 게 아니라 채팅, 커뮤니티라는 플랫폼을 기반으로 한 것이었죠. 그때는 정말 순진한 공대생 마인드로 시작한 게 아니었나 싶어요. 그러다 보니까 당장 성과가 없었어요. 저희가 시행착오를 오래 겪으면서 제가 투자한 돈뿐만 아니라 주변 지인들로부터 애써 모았던 돈들도 거의 다 떨어졌어요. 매출이 안 나도 회사는 굴러가야 하고 직원들도 있고, 결국 용역 사업의 길로 빠져들었죠.

이정석   사무실이 어디였어요?

호창성   서초동이요.

이정석   그때는 대학 부설 보육센터 같은 곳을 알아보지는 않으셨어요?

조금이라도 경비를 아끼는 방법을 찾으셨어야 하는 것 아닌가 싶어서요.

호창성 저희는 그때 당시에 앞서 말씀드린 대로 한국소프트웨어진흥원의 인큐베이터센터에 있었어요. 센터의 유지비가 저렴한 편이었어요.

이정석 그러면 그때까지 기관 투자자로부터 투자 자금을 받으신 건 없고요?

호창성 그때까지도 그냥 알음알음, 엔젤도 기관 엔젤이 있었고, 그냥 친인척한테 자금을 받는 정도였어요. 그런데 용역과 아바타 사업을 하면서 어느 정도 매출이 나오니까 욕심이 나더라고요. 열 명 정도가 적당한 숫자였는데, 스무 명 넘게 확장을 했어요. 반드시 투자받을 수 있을 거라는 확신이 있었어요.

김현진 그때는 분위기가 좋을 때라서 그런 욕심이 날 만했을 것 같은데요.

호창성 2002년 분위기가 아주 좋았던 건 아니고, 분위기가 살아날락 말락 하는 정도였어요. 결국에는 안 됐죠. 빚만 생겼습니다. 직원이 스무 명이 넘으니까 한 달 운영비만 한 6~7천이더라고요. 1억이란 돈이, 돈이 아닌 거예요. 한 3억 투자받더라도 5개월밖에 못 쓰는 겁니다. 그때 투자 이야기도 나왔는데 갑자기 투자자 사정으로 취소되었고, 그것 때문에 엄청나게 큰 타격을 받았어요. 매달 6~7천만 원씩 비용으로 나가다 보니 갈수록 빚이 늘었어요. 문지원 공동대표와 함께 빚더미에

쌓이게 됐습니다. 직원들도 다 떠났어요. 그런데도 회사에 대한 애착을 도저히 버릴 수가 없어서 어떻게든 끌어안고 가고 싶었어요. 아침에는 호빵이나 김밥 장사를 해볼까 하는 생각까지 했습니다. 돌이켜보면 잘못된 선택을 한 거였죠. 결국 더는 버틸 수가 없어서 어쩔 수 없이 회사를 정리하게 되었습니다. 빚이 정말 많이 쌓여 있는 상황이어서 어쩔 수 없이 삼성전자에 용역 서비스 하는 회사에 헐값으로 매각하게 됐습니다.

김현진   빚은 어떻게 해결하셨어요?

호창성   매각하면서 빚은 다 해결을 할 수 있었어요.

이정석   사업이 망하게 되면 끝이 좋을 수가 없는데, 그나마 다행이네요.

호창성   저 개인으로 보면 나쁘지만은 않은 매각이었는데, 제 와이프는 좀 더 고생을 할 수밖에 없었어요. 당시 프로젝트 매니저 역할을 하면서 모든 실무를 담당했기 때문에 회사가 매각되면서 같이 옮길 수밖에 없었어요. 팔려간 셈이죠.

김현진   당시는 아직 사모님이 되시기 전인 거죠. 그때도 연인이셨나요?

호창성   그랬죠.

이정석   문 대표님은 바이백 옵션(Buyback Option: 매매 계약서에 부가적으로 추가하는 조항으로서, 향후 특정 조건을 만족할 경우 주식을 매각한 측이 주식을 매수한 측으로부터 주식을 정해진 조건으로 다시 사올 수 있는 권한) 같은 인질인가요? (웃음)

호창성 완전히 정리되기까지는 6~9개월 더 걸렸어요. 그때가 2003년이었고, 한국 IT 산업이 최고 암울했을 때였어요. 그때 IT는 더 이상 답이 없다고 보고 온라인, 인터넷 사업 말고 다른 걸 해보자고 결심을 했는데요. 기회가 닿아서 한화리조트에 입사를 했어요. 마침 신규 사업을 하는 팀이 있었는데, '델리'라는 레스토랑 체인을 개발한 팀이었어요.

매달 25일의 반전
거기서 일할 때는 너무 행복하고 재미있었어요. 사업을 할 때는 매달 월급날만 되면 미칠 지경이었는데, 이제는 매달 25일만 되면 은행 계좌로 돈이 자동으로 들어오는 거예요.

권일운 24일까지 회사에 대한 충성심이 떨어졌다가 25일 아침 9시가 되면 충성심이 딱 수직상승하는 거죠.

김현진 월급이라는 게 주기적으로 사람을 기쁘게 해주잖아요. 꼭 마약 같아요. 그런데 한화리조트에서는 얼마나 계셨나요?

호창성 1호점 오픈 때부터 17호점 오픈할 때까지 2년간 일했어요. 새 매장을 오픈하면 직접 가서 판촉도 했습니다. 메뉴 중에 초밥, 김밥도 있었는데, 직접 만들기도 했어요. 주로 전국의 식재료 공장을 방문해서 식재료를 수급하는 바이어, 머천다이저의 역할을 했어요. 어찌 보면 갑의 입장이잖아요. 사업할 때에 비해서 정말 좋더라고요. 저는 두 가지 의미에서 완전히 반대 상황을 경험했던 겁니다. 사업을 할 때는 사장이고 월급을 줘야 할 입장이었고, 대기업이나 납품처를 상대하는 을의 입장이었잖아요. 그런데 대기업에 입사해서 바이어가 되니까 월급은 자동으로 들어오고, 거래처를 상대할 때는 갑의 입장이 되는 거죠. 양쪽을 다 경험하고 입장을 이해할 수 있었기 때문에, 거래처 분들이 마음을 잘 열어주시더라고요.

이정석 중소기업이 얼마나 힘든지 잘 아니까 거래처 사장님과 더 친해질 수 있으셨겠어요. 하지만 회사에는 하청업체로부터 얻어먹지 마라는 식의 윤리 코드 같은 것이 있잖아요. 제가 일하면서도 그런 게 있었지만, 저는 어느 정도는 얻어먹기는 했어요. 대신 반드시 똑같은 액수를 제 개인 돈으로라도 대접을 했어요. 유대관계를 더 강하게 하고 싶었거든요. 하지만 쉽지 않았죠. 상대방도 저와 같은 마음이어야 하는 건데 쉽지 않더라고요. 대표님께서는 거래처 사장님들을 잘 이해하고, 서로 공감을 잘 이끌어 내신 거네요.

호창성 좋았던 시절이었지요. 그래도 도중에 전환을 할 때가 왔다 느꼈어요. 사실 저는 그렇게 빨리 유학 갈 생각이 없었지만요.

김현진 갑자기 MBA를 선택하셨잖아요. 어떤 계기가 있으셨어요?

호창성 사실, 첫 창업을 통해서 문 대표가 저보다 훨씬 더 큰 타격을 입었잖아요. 그래서 문 대표가 어떻게 하면 획기적 전환을 이룰까 하고 먼저 고민을 시작했어요. 저는 다른 인더스트리를 경험해야겠다는 정도의 생각을 했던 것이고, 문 대표는 당시 한국 시장에서 희망이 없다고 보고 아예 외국에서 기회를 찾아보자는 쪽으로 생각하게 됐어요. 그때가 2004년도인데 외국에 가자고 할 정도이니 저보다 벤처 마인드가 더 강한 거죠.

박영욱   그때 한화를 같이 들어가셨던 아니에요?

호창성   같이 들어간 건 아니에요. 저는 한화로 갔고, 문 대표는 다른 회사에서 6~9개월 정도 있다가 유학을 생각하고 바로 그만뒀어요. 저도 그때 나도 같이 가볼까 정도로 생각했는데, 결국 그렇게 시작된 겁니다.

김현진   당시 외국에 가시면서 현지에서 사업하실 생각을 갖고 있으셨어요?

호창성   그런 확신은 없었죠. 사업을 외국에서 할 수도 있겠다고 생각은 했지만, 기본적으로 외국에 남아 있기 보다는 거기서 새로운 걸 보고 시야를 업그레이드한 후에 한국에서 새로 자리를 잡자는 마음이었죠. 그런데 외국에 나가 있다 보니까 아예 거기서 시작한 거죠. 하지만 시장을 어디로 할지도 결정하지 않았어요. 그때까지도 막연했어요.

권일운   그러면 유학을 가실 당시에는 공부가 목적이었나요?

호창성 　일단 저는 스탠퍼드에서 MBA를 공부했고, 부인은 하버드에서 교육공학 석사과정을 공부했어요. 1년간 떨어져 있었어요.

김현진 　왜 같이 안 가셨어요?

호창성 　제 와이프가 스탠퍼드랑 하버드 둘 다 붙었는데, 저는 하버드에는 원서도 안 넣었었고 스탠퍼드에만 붙었어요. 그래도 부인과 같이 가야 한다는 생각을 하고 사업하는 친한 친구에게 문 대표도 스탠퍼드로 가는 게 어떤가 하고 물어봤는데, 그 친구가 하는 말이 미쳤냐고. (웃음) 스탠퍼드는 아무도 모르고 하버드는 지나가는 똥개도 안다고(교육공학 분야로 보면 하버드가 당연히 우수함).

김현진 　그렇죠. 스탠퍼드는 아무래도 공대 쪽이 유명하죠.

호창성 　네. 그리고 전략적으로 분산투자하자는 측면도 있었어요.

김현진 　네트워킹을 다른 쪽으로도 만들고요? 하버드에 네트워킹을 만든다? 중요하죠.

호창성 　그리고 또 한 가지 이유가 있었는데요. 스탠퍼드는 장학금을 주는 조건이었는데, 하버드는 안 준다고 했어요. 하지만 하버드를 선택했죠. 어쨌든 문 대표와는 대학교 1학년 때부터 사귀기 시작해서 미국에 갔을 때가 만난 지 11, 12년이 되던 해였는데, 그 정도 시점에서는 안식년을 가질 필요가 있다고 생각했어요. 그래서 다른 학교를 선택하기로 했어요.

수업 시간에 발표한 데모 버전이 발탁되다

김현진 그러면 어떤 계기로 VIKI를 창업하신 거예요?

호창성 제 와이프는 액셀러레이션(Acceleration) 과정을 선택할 수 있었어요. 하버드에는 학점을 학부생처럼 미친 듯이 몰아 들으면 1년 만에 졸업할 수 있는 제도가 있었어요.

김현진 하버드에만 있는 제도인가요? 아니면 미국에 다 있는 제도인가요?

호창성 학교마다 과정마다 다른 것으로 알고 있어요. 아무튼 와이프는 액셀러레이션 방식으로 학점을 몰아 들어서 1년 만에 과정을 마치고 제가 있는 실리콘밸리로 넘어왔어요. 그런데 전공이 교육공학이다 보니까 교육을 위해서 테크놀로지를 어떻게 사용할까 끊임없이 고민을 했거든요. 특히 유학 준비할 때부터 저희는 토종 한국인이니까 영어를 어떻게 하면 쉽게 공부할까 많이 생각했는데 문 대표가 그걸 발전시켜서 프로토타입을 만들어보겠다는 사업계획을 세웠더라고요. 그걸 가지고 실리콘밸리로 넘어와서 문 대표가 먼저 창업을 했어요. 저는 지인들을 통해서 프로토타입을 만들 수 있을 정도의 돈을 모았고, 문 대표가 실제로 만들어냈어요. 러닝 프로토타입이죠. 러닝 웹서비스는 아닌데, 웹서비스의 전 단계인 로컬에서 돌아가는 애플리케이션 정도까지를 만든 거죠.

김현진 PC에서 보여줄 수 있는 정도의 데모 버전이죠.

호창성 네, 데모 버전으로 만들었죠. 그 데모 버전을 스탠퍼드 창업수업에서 발표했어요. 그 수업은 다양성을 중시해서 MBA 학생 두세 명, MBA가 아닌 공대나 인문대에서 한두 명, 학생이 아닌 외부인사 한 명이 5인 1조를 구성합니다. 문 대표가 외부인사로 참여해서 팀이 되었습니다. 거기서 발표를 했는데 다른 사람들은 파워포인트로 발표했고 저희는 러닝 프로토타입을 보여줬습니다. 그 수업의 마지막 날에는 교수님과 벤처캐피털 멘토분들이 오셨는데 거기서 발탁되어서 교류를 하게 되었고, 얼마 후 정식으로 한 번 사업을 소개하러 오라고 제안해주셔서 벤처캐피털에 가서 프레젠테이션을 하고 시드머니를 받았죠. 물론 그 전에도 시드가 있었고 프랜즈 펀딩도 있긴 했지만 기관 투자자의 제대로 된 투자를 받은 겁니다.

김현진 미국 벤처캐피털에서는 시드머니를 얼마나 주나요?

호창성 그때는 운이 좋았어요. 마침 당시에 벤처캐피털에서 퀵스타트 프로그램이 있었어요. 소액의 컨버터블노트(CN, Convertible Note: 주식으로 변환할 수 있지만, 약속어음과 유사한 만기와 이자가 표기되어 있는 채권)로 투자 자금을 대주는 프로그램인데, 한국에서는 그걸 전환사채라고 하죠.

이정석 정확히는 전환어음(Convertible Promissory Note)이죠.

김현진   그게 BW(신주인수권부사채)나 CB(전환사채)랑 다른 거예요?

이정석   우리나라 말로 하면 모두 사채의 범주에 속하는데, 미국은 CB (Convertible Bond, 전환사채), CN 등 좀 세분화되어 있다고 보면 됩니다.

호창성   그 프로그램이 5만에서 최대 25만 달러를 지원하게 되어 있었어요. 벤처캐피털 입장에서는 시리즈 A로 투자하기에는 너무 초기 기업이다 보니 소액으로 침 발라놓는 정도였던 거죠.

이정석   와이콤비네이터(Y-Combinator: 미국에서 가장 유명한 벤처 액셀러레이터 프로그램을 운영하는 회사. 인큐베이팅보다 더 초기 단계 아이디어 상태의 팀에 2~3만 달러 정도의 소액을 투자하고 교육과 연계를 통해 벤처기업 초기 단계까지 키워주는 미국의 유명 액셀러레이터 프로그램) 같은 프로그램도 있지요.

호창성   와이콤비네이터보다는 투자 조건이 훨씬 좋았어요.

권일운   심사역 개인이 투자를 결정할 수 있는 건가요?

호창성   심사역 개인이 하는 건 아닌데, 그렇다고 파트너 만장일치는 아니었어요. 파트너 여섯 명 중에서 세 명에게 프레젠테이션을 하니 바로 결정이 나더라고요. 벤처캐피털이 저희 쪽처럼 불확실한 사람들에게 침을 발라놓는 이유가 뭐냐면, 전환사채, CN, 이런 게 빌려주는 빚이잖아요. 그런데 회사가 잘돼서 시리즈 A 펀딩을 받을 때 이게 지분으로 전환할 수 있는 건데, 시리즈 A 투자자보다 더 유리한 전환 조건을 적용할 수가 있어요.

이정석 미국에서는 브릿지 파이낸싱(Bridge Financing: 본투자 전에 자금을 임시로 빌려주며, 본 투자가 이루어질 경우 좋은 조건으로 주식 전환을 하거나 상황이 나빠질 경우에는 상환을 청구할 수 있는 투자 방식)이라고 해서 항상 시리즈 투자 전에 이런 워킹캐피털(Working Capital, 운영 자금)을 지원하지요.

심사받고 하루 만에 25만 달러가 통장으로

호창성 프로그램 이름이 퀵스타트라고 했잖아요. 말 그대로 퀵스타트였어요. 과정이 얼마나 간단했냐면, 벤처캐피털 파트너하고, 클래스 멘토는 이미 교류를 하고 정보를 교환하고 있었기 때문에 빨리 진행이 됐어요. 발표 다음 날 결정 났다고 하더니, A4 용지로 한 장짜리 계약서를 주더라고요. A4 한 장이 계약서의 전부예요. 그냥 그 자리에서 읽어보라는 거예요. 보니까 아주 쉬워요. 벤처 경험 있는 미국인 친구에게 보여주고 어떠냐고 물어보니까, 안 받으면 바보라고 하더라고요. 당장 사인하래서 했더니 다음 날 아침에 25만 달러가 통장에 들어왔더라고요.

이정석 원래 멘토인 심사역이 있었고, 파트너가 있었지만, 실제로 투자를 그쪽에서 진지하게 제안을 했을 때 투자까지 걸린 시간은 결국 하루였다는 말씀이네요.

호창성 네. 파트너 세 명이 들어와서 바로 그날 결정이 나는 거죠. 그렇게 빨리 할 수 있는 이유는 미국에서는 25만 달러는 아주 소액이니까.

김현진 25만 달러짜리 기술보증기금이네요.

박영욱 시드머니 치고는 좀 많은 것 아닌가요? 보통 시드가 3만 달러 정도에서 시작한다고 들었던 것 같은데.

김현진 이게 어느 정도 데모가 가능한 상황이잖아요. 기술보증기금과 비슷한 거예요. 제품이 데모 이상으로 만들어져 있어야 2, 3억을 넣을 수 있죠.

권일운 그러면 아예 벤처캐피털 같은 경우는 시드만 제공하는 펀드가 따로 있었던 건가요?

호창성 펀드가 따로 있는 건 아니고, 프로그램을 따로 만들어놔서 그 펀드에서 얼마만큼은 그 프로그램을 위해서 쓸 수 있게 하는 방식이죠.

이정석 그리고 어떤 특정 목적으로 펀드가 만들어지면 그 목적을 위해 100퍼센트를 쓰는 게 아니 항상 80퍼센트 정도만 특정 목적으로 투자하고, 나머지 20퍼센트는 심사역이 유동적으로 결정을 해서 투자할 수 있어요.

김현진 그 뒤엔 어떻게 진행하신 거예요?

호창성　시드 25만 달러가 어느 정도냐 하면, 그전에 친구로부터 받은 돈으로 프로토타입을 만들었고, 그 프로토타입을 가지고 실제 운영할 수 있는 서비스를 런칭해보는 정도까지는 돼요. 그래서 그 돈을 가지고 베타 사이트를 만들어서 사용자를 어느 정도 모아야 합니다. 사용자가 얼마나 모이느냐에 따라 그 실적을 가지고 시리즈 A 투자를 시작해볼 수 있어요.

권일운　그럼 인력은 창업 클래스 팀 다섯 분이 계속 같이 하셨나요?

호창성　클래스 메이트들은 어드바이저로 들어왔어요. 한국말로 하면 고문 정도? 사실 그 친구들은 수업에서 좋은 평점을 받고 빠졌고, 사업은 실제로 둘이서 다 했어요. 인력들이 들락날락하는 건 좀 있었죠. 미국인 CTO(Chief Technology Office, 최고 기술 담당 이사)도 한번 영입해 봤다가 취소한 적도 있어요.

김현진　그렇게 해서 그 돈으로 베타 버전까지 만드신 거죠?

호창성　처음에 미국 벤처 환경, 실리콘밸리의 벤처 환경과 한국의 벤처 환경을 비교를 한다고 했을 때 당연히 실리콘밸리가 훨씬 우수하다고 하는데, 사실은 한국 벤처 환경도 요즘은 많이 좋아진 것 같아요. 그리고 요즘 한국의 투자자들 또는 투자사들도 예전에 비해서 백그라운드가 굉장히 다양해졌어요. 제가 조금 알고 있는 만큼만 이야기를 해보면, 2000년 정도까지는 벤처캐피털의 심사하시는 분들이 금융계 출신이거나 공학 박사 정도였는데, 요즘엔 파트너뿐만 아니라 젊은 심사역들의 배경이 게임회사나 컨설팅 회사에서 일하다 오신 분들도 있고요.

금융권이 잘못됐다는 게 아니라 환경이 그쪽 일색으로만 돼 있었는데 지금은 정말 다양해졌어요. 아직 미국의 벤처캐피털의 다양성에 비해선 못 미치지만, 많이 개선된 것 같아요.

이정석 지역의 특징도 있는 것 같아요. 피어프레셔(Peer Pressure: 동료 집단에서 받는 사회적 압력)라고 하잖아요. 스탠퍼드 MBA 나오면 대부분 직접 회사를 차리거나, 벤처캐피털과 관련되는 일을 하고 있다고 봐도 되잖아요.

김현진 정말 자연스럽게 벤처 회사와 투자사가 네크워킹이 되는 거네요. 어쨌든 호창성 대표님 같은 경우는 한국에서도 제일 좋다는 서울대를 나오셨잖아요. 내가 서울대를 나와서 사업을 하던 상황과 미국에서 스탠퍼드 MBA를 졸업하고 나서 창업할 상황을 보면 기초적으로 갖추어진 역량이 있으셨던 것 같아요.

한미 양국 벤처업계의 성골과 진골

호창성 그런 측면이 크죠. 그런데 또 여기서 정답이 없는 게, 제가 한국으로 다시 들어온 지 2개월 좀 넘었는데요. 여러 사람들 만나고 한국의 환경도 접하다 보니까, 벤처업계에도 성골과 진골이 있는 것 같아요. (웃음) 제가 보는 성골은 서울과학고 출신의 카이스트 플러스, NHN 경력 또는 NC소프트. 전부 N자 돌림이네.

김현진 심지어 사장님들이 다 김씨예요. 김씨에, 66년생, N으로 시작

하고. 4년 전에 특집기사로 나왔었어요. '성공한 벤처사업가들의 특징.'

호창성　미국도 정도의 차이가 있을 뿐이지 비슷해요. 일단 창업가들은 둘째로 치고, 벤처캐피털리스트들의 스펙을 보면 70~80퍼센트가 하버드 출신.

김현진　스탠퍼드보다 하버드가 더 많군요.

호창성　하버드 MBA거나 학부거나. 아니면 하버드 갔다가 베인캐피털 (Bain Capital: 맥킨지, 보스턴컨설팅에 이은 3대 메이저 컨설팅회사의 투자 자회사) 가는 코스? 그리고 스탠퍼드는 20~30퍼센트 정도고, 나머지는 정말 드물게 있는 것 같아요.

김현진　하버드랑 스탠퍼드가 양대 산맥을 잡고 있는데, 그중에서 하버드가 주도를 하는군요.

이정석　하버드 출신의 스탠퍼드 MBA가 많아 보이기도 하고요.

김현진　진골과 성골을 믹스. 한국 사정을 들어 비유해보면 서울대 컴퓨터공학과 나와서 카이스트에서 전산 석사 나온 것과 그리고 하버드 학사랑 스탠퍼드 MBA 나온 것이 비슷하다고 할 수 있겠군요.

호창성　미국의 벤처캐피털이 수천 개잖아요.

이정석 한국은 110여 개 정도 됩니다.

호창성 한국과 비교했을 때 미국 벤처캐피털은 파트너를 하는 분들이 창업 스타트업에서 초기 멤버로 일을 해봤거나 실제 창업에서 엑시트까지, 실제 일을 해본 분들이 정말 많아요.

김현진 한국엔 창업을 안 해본 심사역이 더 많으니까.

호창성 물론 그런 분들만 할 수 있다는 건 아니지만, 그리고 그런 사람들로만 구성돼 있어도 다양성이 떨어지겠죠. 한국에는 상대적으로 그런 분의 비율이 많이 떨어지지요?

이정석 한국의 벤처캐피털은 삼성, LG 같은 대기업 출신이 많은 것 같아요. 요즘 들어 창업경험이 있는 분들이 투자 심사역으로 들어오셔서 좀 더 다양해지는 것 같습니다.

박영욱 창업하신 분들을 보면 결국 나중에는 벤처캐피털처럼 투자를 하고 싶어 하잖아요.

호창성 근데 아까 성골, 진골 이야기가 나왔는데 미국도 어느 정도 있는데 한국보다는 그래도 워낙 다양한 사회이니까 구분하지는 않는 것 같고, 또 벤처 쪽은 훨씬 더 다양성을 인정해주고 또 구성원들도 다양한 것 같아요.

나는 미국 6두품이다

김현진 대표님은 서울대와 스탠퍼드 MBA잖아요. 한국에서 본다면 무지무지 좋은 학교 배경을 가지고 계신 건데, 미국에서는 어떠셨어요? 외국인이시잖아요.

호창성 네, 학교로만 보면 양쪽에서 괜찮은 위치라 할 수 있겠지만 결정적으로 외국인이라서 성골, 진골 축에도 못 끼는 미국 6두품입니다.

결국 벤처캐피털도 사람이 하는 일이다 보니 학벌과 상관없이 투자를 결정하는 사람이 결국 벤처 회사에, 회사 사장에게 꽂혀야 투자를 하게 되거든요. 사람한테 꽂히려면, 연애할 때 대화가 통해야 시작을 할 수 있듯이 일단 사업이 말이 되어야 합니다. 이게 언어의 문제는 아닌 것 같아요. 제가 유학 가려고 준비하면서, 또 가 있는 동안 죽도록 영어를 공부했기 때문에 사업하면서 영어 때문에 불편하지는 않았거든요. 논리적인 대화를 하는 것도 자신 있었어요. 그런데 사람의 마음을 잡을 수 있을 정도는 아니었던 것 같아요. 그렇게 하려면 좀 더 네이티브 같은 감각이 필요했던 거죠. 동영상이나 뉴스를 보면 이해를 해도 코미디를 보면 도저히 왜 웃어야 하는지를 모르겠어요. 그런 부분은 극복할 수가 없는 것 같습니다.

그리고 이런 소프트 스킬로 결정적인 순간에 벤처캐피털리스트의 마음을 휘어잡을 정도가 되어야 하고, 그래서 벤처캐피털리스트가 이 창업자를 편한 친구처럼 느낄 수 있게 하는, 그런 기술이 필요하다고 봅니다. 매일같이 전화해서 잘되어 가느냐고 물어봐야 하고 교류도 하면서 래포(Rapport, 관계 혹은 인연)를 형성해야 하는데 언어가 부족하게 되면 보통 미국 애들이 한 달 걸릴 것을, 못 한다는 건 아니지만 훨씬 긴 시간을 투자해야 한다는 겁니다. 그래야 래포가 형성되죠. 외국인에게는 엄청난 핸디캡이 있는 겁니다. 그래서 연애를 할 때도 말로 안 되면 다른 게 있어야 하듯이 저 같은 6두품들은 남들이 화려한 말을 하고 프레젠테이션 종이를 가지고 올 때 실제 작동하는 것을 보여줘야 하는 겁니다. 항상 한 단계 더 준비하고 보여줄 수 있어야 합니다.

김현진 대한민국 사람들 진짜 대단해요. 이건 벤처뿐만이 아니라 JYP 박진영 이사가 음원을 CD에 담아서 미국의 전 레코드사에 보낼 정도로 열심히 노력했다고 하던데, 이렇게 하는 건 대한민국 사람밖에 없지 않나 싶어요. 비서나 실무자들에게 사장 만나게 해달라면서 끊임없이 커피 뽑아주고 감성으로 호소하는 건 우리나라 사람밖에 없는 것 같아요. 한국 사람이 영어마저 쉽게 할 수 있으면 전 세계 최고가 될 수 있을 겁니다. 자긍심 가져도 되는 거죠. 그래서 남들보다 앞선 데모를 보여주는 전략으로 계속 밀고 나가신 거군요?

호창성 그렇죠. 말발이 안 먹히니 실력으로 승부할 수밖에 없었습니다.

김현진 계속해서 효과를 보셨나요?

호창성 효과가 있다 없다를 떠나서, 우리가 사업이 된다는 증거를 내놓는데 그쪽에서 투자를 안 할 이유가 없는 거죠. 투자를 유치하다 보면 사업에 대한 투자가 먼저냐 아니면 투자받을 만한 수준의 사업이 먼저냐고 하는, 닭과 달걀 문제에 부딪히곤 하는데 이 문제를 어느 정도는 뛰어넘을 수 있었던 것 같아요.

'MBA 학자금'이 시드머니

김현진 플레이어가 돌아가는 베타 서비스를 만들려면 돈이 꽤 많이 들었을 텐데, 그때까지는 개인 돈을 많이 쓰신 거 아니에요?

호창성 MBA 학비 자체가 워낙 비싸다 보니 대출을 꽤 넉넉하게 해줬어요.

김현진 한국에서는 사법고시에 붙거나, 의대에 합격하거나 하면 라이센스를 받을 것이기 때문에 은행에서 수억 원대의 대출이 가능한 걸로 알고 있어요. 사업하시는 분들은 기술보증기금 가서 2억까지 대출해달라고 해볼 수 있죠. 그러면 미국에서는 스탠퍼드 MBA로 얼마까지 대출을 받으셨나요?

호창성 7만 달러 정도를 학자금 융자로 빌렸는데, 20년간 갚으면 돼요.

김현진 여러분, 대한민국 은행은 벤처 사장에게 2천 이상 대출해주려면 팀장 이상 승인이 필요하다고 하더군요. 이런 현실과 비교해보면 미국의 벤처 환경은 우리나라 초기 기업에게 꿈과 같네요. 여러분, MBA 하시면 아메리카에서 돈 당길 수 있습니다. 그런데 사업에 뜻이 없었으면 이런 시도도 안 해보셨을 것이고, 모르셨을 수도 있겠네요. 어쨌든 학자금 대출이지만 그것을 받아서 투자를 하신 거네요.

호창성 요긴하게 썼죠.

김현진 MBA도 라이센스 대출이 되는 거네요. 저는 정말 의사랑 사시 통과한 사람에게 개인 명의로 5억까지 대출된다는 거 알고 깜짝 놀랐어요. 자기가 담보인 거죠. 미국은 MBA도 라이센스 대출이 된다니 훌륭하네요.

이정석 대표님께서 지금까지 우연이든 알고 하셨든 간에 결과적으로 보면 올바른 순서대로 자금 조달을 하신 것 같아요. 이 부분은 제가 항상 강조하는 건데요. 자기 자본을 포함한 프렌들리한 자본을 1번으로 조달. 이런 자금들을 먼저 투자하고, 그다음에 우리나라의 경우 기술보증기금과 같은 정부 자금을 2번으로 조달. 벤처캐피털은 좀 더 나중에 3번도 아니고 한 4, 5번 정도로 조달. 왜냐하면 벤처캐피털 자금은 대부분 피같이 소중한 지분을 갉아먹는 경우가 많기 때문입니다. 아무튼 그동안 이런 식으로 이야기를 했었는데, 미국은 자본을 형성하는 환경이 우리나라와 비교해서 너무나 잘되어 있네요.

김현진 맞아요. 이렇게 우선 자기 돈이 들어가게 된다는 사실을 간과하면 안 돼요. 자, 지금까지 매우 긍정적이고, 고난은 없고, 아주 좋은 이야기들이 나왔습니다. 부정적인 이야기 들어가기 전에 일단 긍정적인 이야기 하나만 더 해주세요. 1부 마무리로요.

호창성 아까 다양성 이야기가 나왔잖아요. 이 말은 벤처캐피털이나 창업자의 출신 성분이 다양하다는 게 아니라, 벤처캐피털의 성향이 무척이나 다양하다는 말입니다. 너무나도 다양한 종류의 벤처캐피털이 있는데 규모가 수백억에서부터 몇 조까지 있어요. 그만큼 벤처의 투자

전략과 방법이 다양하다는 겁니다. 예를 들어 어떤 벤처 펀드는 300억 짜리인데, 리스크 있는 데는 투자를 안 해요. 그만큼 수익이 나도 규모가 작을 수 있겠지만 안정적인 투자를 하겠다는 거죠. 야구로 따지면 타율이 홈런에 비해 상대적으로 좋을 수 있는 단타 전문인 거죠. 최근의 한국 사정은 잘 모르겠지만, 미국에는 이런 벤처캐피털도 있나 싶었던 적이 있었어요. 퀵스타트 프로그램으로 투자를 받으러 갔을 때, 세 명의 파트너와 두 시간 동안 미팅하면서 수백 개의 질문과 답을 주고받았는데요. 그 수백 개의 질문 중에 단 한 번도 수익 모델이 무엇인지가 없었습니다.

김현진 우리는 수백 번 그것만 질문하지 않나요?

호창성 그게 잘못됐고 틀렸다는 게 아니에요. 당연한 질문일 수 있죠. 그런데 그 벤처캐피털은 수익 모델이 뭐냐는 질문을 안 했어요. 그런 회사도 있을 수 있다는 게 중요한 거죠. 그게 꼭 좋다는 게 아니라 그만큼 다양하다는 겁니다. 예를 들어 트위터 같은 회사가 당장의 수익모델을 물어보는 벤처캐피털에 갔으면 투자를 못 받았겠죠. 그러니까 이런 데도 있더라 하는 것이죠.

김현진 오늘 해주신 이야기 중에 가장 긍정적인 게 다양성이네요.

이정석 저 오늘 인생의 목표가 하나 생겼어요. 미국 본토에서 벤처캐피털을 한 번 해보고 싶네요.

김현진   지금까지 실리콘밸리에 대한 좋은 이야기들을 했어요. 아무래도 한국보다 벤처기업과 투자의 역사도 깊고, 선진적일 수밖에 없어요. 이런 긍정적인 이야기들을 1부에서 나눠봤고요. 2부에서는 원래 사업이라는 게 하다 보면 불확실성이 많잖아요. 원래 계획대로 되지도 않죠. 나중에 문 대표님과 R&D센터를 싱가포르로 옮기십니다. 2부에서는 실리콘밸리의 어둠과 밝음에 대해 계속 이야기하도록 하겠습니다.

TALK CONCERT 07

벤처를 하다가 망하면 어떻게 되나요?

이정석 아마도 가장 먼저 국세청 홈페이지를 통해서 사람들이 알게 될 겁니다. 망하게 되면 사장이 폐업 신고를 하죠. 망하면 세금을 내지 않게 되니 국세청에 뜨거든요. 폐업을 했는지 안 했는지를 공식적으로 실시간으로 알 수 있는 가장 손쉬운 방법도 국세청 홈페이지에서 회사 이름 옆에 '폐업'이라고 나오는지 확인하는 겁니다. 그리고 그때쯤이면 이미 대표이사의 아파트는 경매절차에 들어가 있을 테고요. 아마 담보로 대부분 잡혀 있어서 경매해봐야 대표이사에게 남는 건 거의 없겠죠. 그리고 망하기 전에 다른 사람 명의로 돌려놓은 재산이 있다면 투자자들이 채권추심 회사들을 통해 찾게 되겠죠. 고려신용정보, 서울신용정보 같은 회사들 말입니다. 부인 이름으로 바꾼 것 정도는 식은 죽 먹기죠. 공장은 아마 사용금지 가압류와 함께 정문과 기계가 봉인될 거예요. 더 이상 생산이 불가능하니 살아날 방법은 없는 거죠. 민첩한 사장님은 부인과 서류상으로 이혼을 미리 하지 않았을까 싶습니다. 이런 일이 벌어질 겁니다. 생각만 해도 정말 안타깝습니다. 아이들의 충격은 얼마나 클까요? 아빠가 사장님에서 빚쟁이들로부터 독촉 받는 사람으로 바뀌었다고.

박영욱 정말 안 그랬으면 좋겠는데, 만약 제가 망한다고 해볼게요. 저희는 기술보증기금 3~4억을 연대보증 없이 받았거든요. 4억을 빚지고 망하게 되면 개인파산을 신청하는 방법도 있겠고, 연봉 4천 받고 10년 동안 하나도 안 쓰고 모아서 원금을 갚을 수도 있고요. 어렵습니다.

김현진 그런데 그런 건 물리적인 거죠. 망했을 때의 물리적인 것. IT나 유형 자산이 없는 회사들은 압류당할 게 없을 거예요. 그리고 더 문제가 되는 건 사회적인 측면인 것 같아요. 제가 망해보니까 일단 아무한테서도 전화가 안 와요. 우리나라는 망하면 소문이 진짜 빨리 나요. 제가 망했을 당시 스물일곱 살이었는데, 휴대폰을 두 개 들고 다녔어요. 망하기 전날까지 전화가 미친 듯이 오다가 망하고 나니 정말 그다음 날부터 전화가 하나도 안 와요. 이게 참 슬퍼요. 다행히 빚은 하나도 없이 망했어요. 여기서 빚 없이 망한다는 건, '여기서 더 끌어다가 쓰면 끝났겠구나'라고 느낄 때를 말합니다. 보증금 3천만 원짜리 사무실이 있었는데 보증금은 다 까였어요. 마지막 100만 원 정도 남아서 그걸로 한참 술을 마셨던 것 같네요. 환경적인 모습은 이랬어요. 요즘 좋은 사람들과 오래 있으려면 어떻게 해야 되는지 질문을 받으면 망하지 말고 계속 뭔가 하고 있어야 한다고 말해요. 그래야 그 사람이 연락을 할 테니까요. 사람을 잃는다는 게 참 무서운 일입니다.

VIKI 2부
글로벌 동영상 사이트
비키닷컴 8

이 원고는 팟캐스트 방송 '벤처야설─VIKI 2부(실리콘밸리의 저력)'를 정리한 것입니다. 출연자는 의장 김현진(레인디 대표), 사장 박영욱(블로그칵테일 대표), 기자 권일운(머니투데이 더벨 기자), 캐피털 이 정석((주)LS 사업전략팀 차장), 게스트 호창성(비키 공동대표)입니다.

호창성 안녕하세요 호창성입니다.

김현진 지난 시간에는 사모님을 잠시 바이백으로 대여하셨다는 이야기가 제일 마음이 찡했어요. 미국이 좋은 나라이고, 실리콘밸리가 사업하기 좋은 건 알게 되었는데요. 그래도 동양인으로서 사업하면서 여러 고뇌와 갈등이 있으셨을 것 같습니다. 그 어려웠던 뒷이야기를 들어보고 싶습니다. 지난번에 말씀하신 대로 한국에서 실패하고 미국에 가셔서 좋은 분들에게 투자를 받고 사업을 하시면서 자리를 잡으셨잖아요. 에피소드가 많을 것 같은데, 서비스를 정식으로 시작하고 나서 어떤 일들이 있었나요?

미국 비디오의 위키피디아
호창성 2008년 여름에 베타 테스트를 시작했어요. 2008년 말부터 일반인들로부터 주목을 받기 시작한 것은 2008년 말부터였습니다.

김현진 사이트가 정확히 어떤 서비스를 하는 곳인가요? 제가 잠시 봤는데, 한류 드라마와 관련된 것 같습니다만….

호창성 한류 드라마를 서비스하는 것이 주된 것은 아닙니다. 그런데 가장 먼저 저희 사이트에서 뜬 건 한류 드라마가 맞습니다. 저희 서비스는 동영상을 보여주면서 한글, 영어뿐만 아니라 다양한 나라의 말로 자막을 달아서 보여주는 서비스입니다.

권일운 저작권이 문제되지 않으셨나요?

호창성 콘텐츠 오너라고 하죠? 그 드라마의 저작권자들과 정식으로 저작권 계약을 체결합니다. 구매 방식은 다양한데요. 모든 가격을 한꺼번에 지불하지는 않고, 먼저 약간의 계약금을 지급한 후 나머지는 매출이 발생할 때 일정 부분을 나누는 레버뉴 셰어(Revenue Share) 방식으로 했습니다. 혹은 수익이 발생할 때 나누는 이익 공유(Profit Share) 방식으로 하기도 합니다. 이런 식으로 콘텐츠를 수급하고 있죠. 그런데 저희 사이트의 특징이라 할 수 있는 것은 회사에서 번역가들을 고용하는 것이 아니라, 서비스의 중심인 드라마 번역을 전 세계에서 자발적으로 모여든 공헌자, 볼런티어, 위키피디아를 통해 하죠. 비키(VIKI)라는 이름은 '비디오 플러스 위키(VIdeo+wiKI)'라는 뜻입니다.

권일운 전 의류 브랜드인 줄 알았어요.

호창성 사실, 한국에서는 케이블방송에 비키라는 성인채널이 있더라고요. 네이버에 비키라고 한글로 치면 성인채널이 나와요. 비키와 동명이인 비슷하게 있어요. 아무튼 저희는 그것과 다른 서비스입니다. 다른 나라에서 온 영상을 자국민의 언어로 자막을 달아서 볼 수 있는데, 그 자막을 유저들이 달아주는 콘셉트가 첫 번째고요. 두 번째는 좀더 중요한 콘셉트인데, 유저들이 자막만 다는 것이 아니라 그 외국의 콘텐츠를 유저들이 알아서 홍보까지 같이하는 거죠. 예전에 우리나라에 미드(미국 드라마)가 처음 대중들에게 소개됐을 때도 비슷한 형식으로 퍼졌었잖아요. 2000년대 초반의 〈프렌즈〉가 이런 식으로 알려진 거의 최초의 드라마죠.

일동 〈CSI〉, 〈24〉.

호창성 〈24〉는 대중화된 이후에 들어왔고, 2000년대 초반만 해도 영어공부 하는 사람들이 영어공부의 재료로 사용하기 위해서 들어왔는데, 네이트 자막팀 등에서 〈프리즌 브레이크〉를 번역하면서 미드가 대중화된 면이 있습니다. 번역하는 사람들이 번역만 하는 게 아니라, 이 사람들이 마케팅에서 말하는 입소문의 핵심인 거죠. 번역 자체보다 그런 효과가 더 중요한 것 같아요. 비키 서비스의 개념은 그렇습니다.

권일운 앞의 대담에서 실리콘밸리 벤처캐피털에서 수익 모델을 안 물어본다고 했는데 정확히 어떻게 되나요?

호창성 아니, 그게 오해가 있을 수 있는데 실리콘밸리의 벤처캐피털 중에 안 물어보는 곳도 있다는 거죠.

권일운 비키에 시드 자금을 제공했던 벤처캐피털에서는 안 물어보셨다고 하는데.

박영욱 정말 궁금한 게 처음에 사업계획을 세우실 때 영상의 콘텐츠를 직접 사오신다고 했잖아요. 그런데 예를 들면 제가 갑자기 〈해를 품은 달〉 영상 저작권을 산다는 게 쉽지 않은 일이잖아요.

호창성 유튜브(Youtube)랑 비유하면 될 것 같아요. 유튜브가 UGC(User Generated Contents, 사용자 생성 콘텐츠) 혹은 UCC(User Created Contents, 사용자 제작 콘텐츠)라는 말을 유행시키면서 성공한 회사잖아요. 유저들이 어떤 비디오든 올리고 싶은 비디오를 올린다는 콘셉트에서 시작한 건데, 요즘은 유튜브 서비스가 저작권적으로 워낙 문제가 되다 보니까 적극적으로 콘텐츠 라이센싱 사업에 뛰어들었잖아요. 어마어마한 예산을 투입해서 콘텐츠를 사들이는 비즈니스 전략을 하고 있는데, 저희 경우도 유저들이 처음에 시작할 때는 유튜브에 있는 영상 링크를 저희 사이트에 걸어서 번역을 하는 시스템으로 시작을 했다가, 단계적으로 전환이 되면서 저희 사이트에서 직접 비디오 스트리밍을 호스팅 하는 개념으로 점진적으로 전환이 된 거예요. 그런데 사람들이 번역할 정도로 공을 들이는 동영상이라면 저작권 문제가 당연히 발생을 하겠구나 생각이 들었습니다. 누가 고양이가 놀고 있는 한심한 동영상에 자막을 달려고 하겠어요? 시간을 투자해 번역할 가치가 있는 동영상이라는 건 결국 저작권이 있는 거죠. 어떠어떠한 콘텐츠가 아니겠는가하는 판단이 몇 달 경험하니까 빨리 생기더라고요.

박영욱   그럼 파트너 세 분이랑 미팅했을 때 많은 질문을 주고 받으셨잖아요. 그때 파트너 분들이 저작권 이슈에 대한 질문도 있었나요?

실리콘밸리에서는 기본 단위가 1억입니다

호창성   거의 없었어요. 그때 가장 핵심적으로 치고 들어갔던 어떤 근본적인 질문이 뭐였냐면, 이게 돈이고 뭐고 다 떠나서 이 서비스가 성공을 하면 전 세계에서 1억 명의 사람들 또는 그 이상의 메이저 오디언스(Major Audience)를 모을 수 있는 정말로 대형 서비스가 될 수 있을 것이냐 물어봤어요. 마켓 사이즈가 될 것인지를 중요시하더라고요. 알음알음으로 운영되고 말 정도인지, 잘됐을 때 엄청난 서비스로 발전할 수 있는 건지, 그 문제에 집중해서 보더라고요.

권일운   역시 실리콘밸리는 대단하네요. 억 단위의 사용자를 성공의 기준으로 생각하다니.

호창성   그래서 벤처캐피털이 투자하면서 사용자 100만 명을 모으기만 하면, 시리즈 A 투자를 추진하겠다고 하더라고요. 저희는 그 말을 믿었습니다. 그래서 미궁으로 빠져든 것 같아요.

박영욱   100만의 회원 수로?

호창성   월 UV(Unique Visitor 혹은 Unique View, 순방문자)가 100만 정도가 되면 다음 단계로 넘어갈 수 있다는 말이죠.

박영욱 한국에서 월 UV가 100만이면 좋은 수준이 아니라 훌륭한 거죠. 엄청난 숫자입니다.

이정석 그런데 시장 사이즈가 다르니까. 시장은 다소 작지만, 인구수가 훨씬 많은 중국의 경우는 프로그램 설치(네이트온 메신저와 같이 서비스를 위해 프로그램을 설치해야 하는 경우)가 2억 5천만, 동시 접속자 숫자가 400만 정도 되는 서비스를 보기도 했고, 투자도 했던 적이 있습니다.

박영욱 숫자에 대한 개념이 다르네요.

김현진 2,800억 영업이익 내려면 그렇게 해야 해. 스마일게이트처럼.

이정석 월 UV 숫자가 100만이 되면 그렇게 해줄게, 하고 커밋(Commit: 일반적으로 법적 구속력이 있는 수준의 약속) 수준으로 이야기를 한 건가요?

호창성 커밋 수준까지는 아닌데, 그 정도 되면 진지하게 시리즈 A를 검토해볼 것 같다, 이렇게 이야기하더라고요. 그 말을 믿고 미궁으로 빠져든 거죠. 여기서부터 고난이 시작되었죠.

김현진 이제부터 중요합니다. 벤처캐피털이 목표를 정해준 것까지는 좋았는데, 실리콘밸리 캐피털을 믿었는데요. 해보니 어땠습니까?

호창성 그런데 제가 2000년 2월에 창업을 했는데 몇 개월 있으니까 닷컴버블의 붕괴가 왔어요. 2008년 3월에 시드를 받았어요. 그리고 2008

년에 리먼브러더스가 터졌고요. 참 어려운 시기 바로 직전에 돈을 받았어요.

김현진 강남구 논현동 사무실 보증금들이 반으로 내려갈 때쯤에 실리콘밸리에서 받으셨구나.

호창성 서비스 오픈을 딱 하고 한 달 뒤 9월에 리먼브러더스 사태가 터졌어요. 하지만 서비스 오픈을 하고 5개월 만에 UV가 30만 정도까지 올라갔고, 1년 정도 뒤에 100만을 찍었을 정도로 성장은 했어요.

권일운 시드 투자한 데서 100만 UV를 달성하는데 언제까지 하라고 기한 제시를 했었나요?

이정석 이 서비스의 가치가 월 UV 100만이면 시리즈 A 정도는 자동을 받을 수 있겠다고 판단을 해준 것일 뿐이겠지.

호창성 100만이 되었을 시점이 2009년 4월인가, 5월이었어요.

이정석 그때 자금 시장이 완전히 얼어 있을 때였군요. "벤처캐피털의 시대는 끝났나?" 하는 제목의 월스트리트저널 기사를 읽었던 기억이 나요. 1면에 확 떨어지는 벤처캐피털 펀드 결성 금액 그래프가 장식되어 있었죠.

권일운 그럴 때 투자를 해야 하는데. 그런데 그때는 못 하지.

호창성   월 UV 100만이라는 숫자를 들고 갔는데 갑자기 말이 변하더라고요. 100만을 모아서 가면 시리즈 A를 검토하자 했는데 예전에 한 번도 하지 않던, '수익 모델이 뭐냐?'라는 질문을 하더군요.

김현진   결국엔 리먼브러더스 사태가 투자 문화를 바꿔 버린 건가요? 다들 현금의 중요성을 절실하게 느끼게 해줬던 시기니까요.

이정석   한국화된 거지. 그 와중에 한국은 안전하다 했었으니까요.

김현진   한국에서 배워야겠다. 이거 와 닿아요. 당황하셨겠어요.

호창성   그게 당연한 수순이기는 해요. 왜냐하면 25만 달러 정도 되는 미국 기준의 소액 투자를 받을 때는 수익 모델이 중요하지 않죠. 그런데 투자금이 200만, 300만 달러가 되면 수익 모델에 대한 감을 잡긴 잡아야겠죠. 그런 면도 있고 워낙에 경기가 위축된 면도 있고. 저희가 월 UV 100만을 모았는데도 아직 잘 모르겠다는 이야기를 하더라고요.

이정석   당시 월 BEP(Break Even Point, 손익분기점)는 넘었나요?

호창성   수익은 힘들었죠. 저희는 벤처캐피털의 충고를 철저히 따라서 애당초에 매출을 일으킬 생각은 하지도 않고 그냥 했어요.

박영욱   벤처캐피털이 그렇게 충고해줬다고요? 매출보다는 회원 수에 집중하라고요? 멋있네. 진짜 멋있다.

호창성 돈은 어차피 사용자가 되면 돈은 벌릴 것이다. 무조건 최초 1~2년은 사용자 수만 늘리는 것만 집중해라.

리먼브러더스 이후로 바뀐 투자 분위기

이정석 2008년 10월에 제가 운영하던 펀드에서 PP스트림이라는 중국 회사에 투자할 때, 가입자 수가 1억 2천만이었어요. 그때 당시에 리먼브러더스 터지고, 대표펀드 매니저께서 투자하시기로 결정하고 나서 한국에서 투자심사 보고서 쓸 때 내용만 조사를 했었는데, 성장률이 대단했어요. 가입자 수나 월 UV나 PV(Page Views, 페이지뷰)로 보면 사람 숫자 늘어나는 게, 올 초에 800만이었는데 이번 달은 1200만이고, 연말이면 1600만이고. 이런 식의 숫자 증가라면, 투자해야겠다는 생각이 들죠. 그런데 그런 느낌이 있다 하더라도, 정확히 이 사업의 본질이 무엇인가는 여전히 의문으로 남습니다. UV나 PV가 본질일까요? 그걸 믿고 그 지표를 보면서 투자하면 당연히 수익을 얻을 수 있을까요? 그런 숫자보다는 이렇게 해나가다가, 어느 정도가 되면 BEP를 넘어가고, 그 시점은 어느 정도인지, 그 수준에 가기 위해서 필요한 영업 자금이 얼마며, 지금 회사가 보유한 캐시가 얼마인지 등등을 보겠죠.

김현진 그건 한국 벤처캐피털의 방식이겠죠. 아무튼 희망적이었지만, 리먼브러더스가 오고 나니 예상과 어긋나게 된 거네요.

이정석 그건 완전히 예외적인 경우기 때문에 아무도 예상하고 대비할 수 없는 상황이었죠.

권일운 관찰자의 입장에서도 제시할 수 있어야 한다고 생각하거든요. 왜냐하면 CTO가 아니잖아요. 대표이사 내지는 투자를 직접 관리하는 CFO 입장에서는 이야기를 할 수 있어야 한다고 봐요.

김현진 그런데 형님 이야기를 들을 때 어떤 느낌이냐면, 이러니까 여기까지는 그래서 멋있는 실리콘밸리인 거죠. 그런데 그런 이상적인 실리콘밸리인데도 투자를 망설였다? 그다음에는 어떻게 되었나요, 궁금해요.

호창성 월 UV 200만을 달성했어요. 그랬는데도 시큰둥해요. 그나마, 250만이 되자 뭔가 관심은 엄청나게 높아졌어요. 때는 2009년 말로 치닫고 있었죠.

김현진 자금 상태는 어떠셨나요? 관심은 있고 투자는 안 해준 건데.

호창성 그때는 제가 받은 학자금 대출이 전부 다 회사로 들어갔고 돈이 떨어져서 거의 간당간당하던 때였죠.

김현진 잠깐, 진짜 궁금한 짧은 질문이 하나 생겼어요. 이게 한국 사람이기 때문에 학자금 대출을 다 쏟아 부을 수 있는 거예요? 미국인도 그래요? 미국 애들 중에 스탠퍼드를 다니는 사람들도 학자금 빌려서 이 정도로 해요?

1달러도 안 가져가는 창업자와 연봉 7만 달러 받는 창업자

호창성   천차만별인 것 같아요. 얼마 전에 어떤 분이 블로그에 쓰신 글을 봤는데, 미국 창업자는 돈을 안 받고 일하기로 유명하다.

김현진   한국도 그렇잖아요.

이정석   스티브 잡스가 1달러? 한국도 다 안 가져가잖아요.

호창성   그런데 저는 미국의 회사를 다 본 것은 아니지만, 최소한 주위에서 클래스메이트가 창업한 회사를 보면, 창업자도 당당하게 정상적인 월급을 받으면서 일해요.

김현진   호주도 그래요. 서양 애들은 그런 것 같던데요.

호창성   그래서 제 주위에 한곳은 처음에 엔젤투자로 한국 돈 2억 원을 받았어요. 20만 달러 정도를 받았는데, 투자자랑 처음에 이야기를 할 때 그러면 월급을 얼마 받겠냐? 내가 MBA이고 정상적으로는 얼마 정도이다. 아무리 스타트업이지만 연봉 7만 달러는 받아야 되겠다. 그래서 7만 달러를 받았어요.

김현진   호주랑 뉴질랜드만 그런 게 아니라 미국도 그런 분위기군요.

호창성   20만 달러 중의 7만 달러면 3분의 1을 자신의 연봉으로 쓰는 거잖아요. 그런데도 당연하게 이해를 해줘요.

김현진　그러니까 한국인이 외국에 가면 다 성공한다니까요.

권일운　그럼 엔젤 투자받으신 분들은 현지 분들이셨나요? 프렌들리 펀딩?

호창성　스탠퍼드 학생들이에요.

이정석　학자금이 많은 돈이 아니었잖아요. 그러면 거의 사무실이라 할 수 있는 건 없으셨겠네요?

호창성　없었죠. 한국에서 돈이 다 떨어졌을 때, 2006년에 유학을 하러 갔잖아요. 2007년 말에 문지원 대표가 먼저 창업하고, 저는 2008년 여름에 졸업을 하고 풀타임으로 조인을 한 거죠. 그리고 나서 2009년에 자금 위기를 겪었죠. 2009년 중순에 저희가 돈이 다 떨어져서 도저히 미국에서 살 수도 없고, 대출을 할 수 없어서 한국에 8개월 정도 들어와 있었어요.

김현진　서버나 비자 문제가 있지 않았나요?

호창성　그 당시에 서버 유지할 정도의 소소한 광고 매출은 나왔어요. 비자는 OPT라는 재미있는 제도가 있어요. Optional Practical training이라고, 졸업하고 1년간 직업을 잡을 때까지 임시비자가 나와요. 그 임시비자는 자신이 취직을 하거나, CEO를 하든 뭘 하든 상관이 없어요. 요즘 이른바 기술 인력이 많이 받는 H1비자의 경우에는 자신이 회사를 실질적으로 소유하고 좌지우지할 수 있는 51퍼센트 이상의 지분이 있으면 자격조건이 안 돼요.

김현진 그래도 괜찮네요. 목적이 명확하면 비자를 받고 머물 수 있는 거네요.

호창성 졸업하고 1년간. 저희는 문 대표가 먼저 졸업하고 제가 1년 뒤에 졸업해서 총 2년의 시간이었던 건데요. 2년 동안 거기서 사업을 한 거죠. 그런데 비자가 끝나서 돌아온 게 아니라 회사가 안 되어서, 자금이 힘들어서 돌아온 거죠.

김현진 한국에서 8개월간 뭘 하신 거예요?

박영욱 잠깐! 그때까지 직원은 없었나요?

호창성 직원들은 한국에 제가 아는 개발자 친구를 통해서 아웃소싱처럼 하면서 팀을 돌렸죠. 3명 정도로요.

김현진 그때 막 그만두고 싶을 정도로 힘드셨나요? 심리적으로?

호창성 힘들었다기보다는 저랑 문 대표랑 스타일이 완전 달라요. 저는 냉정하게 안 되면 빨리 접어야 한다는 식으로, MBA 물이 든 케이스이고요. 반면에 문 대표는 MBA 전공이 아니기 때문에 많이 달랐어요. 기본적인 스타일이 달라요. 문 대표는 지금 잠깐 안 되었다고 접을 이유가 뭐가 있느냐는 식이죠.

박영욱 두 분이 학교를 바꿔 가신 것 같은데.

실리콘밸리 회사의 오너가 PC방 게임 고수로

호창성 사실 재무적으로 봤을 때는 접어야 하는 건데, 매일 사용자가 조금씩 계속 느니까, 이거 한번 끝까지 가보자라는 생각이 든 거죠. 한국에 들어왔을 때 저희는 돈도 없고 하니까 시골 남양주에 터를 잡고 장모님이 계시는 집에 기거를 하면서 잠깐 살았어요. 그때가 금전적으로는 가장 힘들었던 시절이었어요. 하지만 정신적으로는 그래도 행복하게 보냈어요. 사용자는 계속 느는데 돈은 없고, 돈이 없다 보니까 개발자는 한 명 빼고는 나가게 됐어요. 결국 한 명이 VIKI를 살리고 있는 셈이었는데, 저희 두 명이 기획을 하고 개발자는 혼자서 다 하게 된 상황이잖아요. 그러다 보니까 개발 부분에 병목이 생겼어요. 개발자가 일을 마칠 때까지 우리는 할 일이 없는 거죠. 아침에 일어나서 진행 상황 한두 시간 정도 체크하면 할 일이 없으니까 PC방 가서 버블파이터 하고. (웃음)

김현진 실리콘밸리의 회사 오너가 PC방에서 버블파이터를 하는 기분이란. (웃음)

호창성 문 대표랑 누가 더 잘하나 싸웠어요. PC방에서 한참 하고 있는데 옆에 초등학생들 두 명이 오더니, "아저씨 좀 하시네요?" (웃음)

권일운 근데 궁금한 게, 그러면 개발자는 한국에 계속 체류한 상황인 거죠?

호창성 네, 한국에 체류하다가 미국 시민권자랑 결혼을 해서 미국으로 넘어갔어요.

김현진 우연히 된 거죠? 전략적 아니죠.

호창성 아니죠.

김현진 그 초딩이 교훈을 남겨준 이후에 어떻게 되셨습니까?

호창성 한편으로는 버블파이터를 하고, 한편으로는 해외에서 투자 유치를 시작했어요. 저는 사실 포기하고 싶었는데, 문 대표는 "월 UV가 250만 정도 되는 서비스에 바보 아니면 투자해야 하는 거 아니야?" 하면서 투자 유치를 한 거죠. 가장 어려웠던 게 작은 회사여서 겪는 신뢰의 문제였어요. 이 단계에서는 미국 벤처캐피털들이 투자를 하게 되면 300만 달러, 400만 달러 규모가 될 텐데, 결국 작은 회사가 경기도 안 좋은 상황에서 오랜 시간 견디면서 콘텐츠 수급을 안정적으로 해나갈 수 있을까에 대한 의문이었던 거죠. 사용자들이 사이트에 머무르는 시간 등 모든 지표가 매력적이라 해도 작은 회사가 콘텐츠 비즈니스를 잘 해낼 수 있느냐 하는 건 아무래도 어려운 문제인 거죠.

김현진 지속적인 콘텐츠 수급을 위해 충분한 자본을 조달할 수 있느냐의 문제란 말이군요.

호창성 게다가 콘텐츠 업계에서 일해본 벤처 파트너분들이 돈만 있다고 해서 콘텐츠 비즈니스가 되는 것이 아니라고 말씀을 하세요. 그러면 더 대답하기 어려운 문제가 되어버리는 거죠. 실제로 돈만 있다고 해서 콘텐츠 수급이 되는 것도 아니더라고요.

김현진 저작물을 파는 사람들과 일하는 건 정말 어렵다고들 하더라고요.

호창성 네, 그건 돈만으로 되는 게 아니었어요.

박영욱 저도 궁금했어요. 한국도 진짜 그렇잖아요. 돈만 있다고 안 되잖아요.

이정석 예를 들어서 〈대장금〉을 서비스하고 싶어도, 미국에서 누가 먼저 독점 판권을 사버리면 서비스를 못 하는 거잖아요. 콘텐츠 파는 쪽 입장도 팔고 싶어도 못 파는 거고요.

호창성 그렇죠.

이정석 그래서 불법 저작물이 넘쳐나는 중국에서는 UCC같이 자기가 올리는 서비스를 하는 게 아니라, "내가 주는 것만 봐라"라는 식으로 서비스를 하는 곳이 꽤 되는 것 같아요. 어떤 사이트는 그렇게 해도 가입자 수가 2억이라더군요.

김현진   중국이니까.

이정석   또 한 가지는 이런 회사가 상장으로 가려고 하면 상장 심사 시에 지적 사항이 될 수 있기 때문에 제공하는 서비스가 합법적이야 하거든요. 실사 들어가서 확인을 합니다. 그러면 만약에 상장 가능할 때까지 재수 좋게 안 걸리고 불법적으로 성장했다 하더라도 서비스 가입자 숫자가 이만큼 되고 수익 모델이 생겼다 하더라도 상장하는 순간 그 불법적 콘텐츠를 돈을 주고 다 사야 해요. 그러면 한꺼번에 필요한 자금이 엄청난데, 회사가 감당 못 할 정도가 되면 상장 계획이 무너지죠.

권일운   그러면 상장해서 조달한 자금으로 하겠다고 하면?

이정석   상장을 갈 때 상장거래소에서 불법적인 비즈니스로 돈 번 걸로는 상장이 불가능할 것이기 때문에, 그게 안 되는 거죠.

콘텐츠 라이센싱 계약이 시리즈 A의 선결 조건
김현진   원래 그런 게 잘못되면 한국 A디스크, F디스크, Z디스크(한국의 동영상 파일을 공유하는 웹디스크 서비스들. 이들 대부분은 사이트 명칭이 무슨 무슨 디스크라고 되어 있음)로 갈 수도 있죠. 심지어 미국은 FBI가 조사하고 있다던데요. 토렌트까지.
　　그 어려움을 어떻게 뛰어넘으셨어요? 비키만의 무기가 있었을 텐데. 예를 들면 훌루닷컴(Hulu.com: 고화질의 미국 드라마를 다시 보여주기 하는 서비스), 넷플릭스(NetFlix: DVD를 대여해주고, 온라인 영상 서비스를 제공해주는 회사)도 나름 합법적인 동영상을 유통하려고 노력을 했고, 빡빡한

나라잖아요. 비키만의 무기는 무엇이었어요?

호창성 동영상 서비스는 아주 많아요. 대표적으로 훌루는 정말 전통적인 사업 모델인데, 콘텐츠를 사서 틀어 주는 거죠. 반면에 유튜브는 유저들이 직접 올리는 거죠. 결국에 유저들이 올리는 모델로 조금이라도 결합이 되면 저작권에서 100퍼센트 자유로울 수는 없어요. 왜냐하면 유저들이 올리는 걸 다 감시할 수가 없으니까요. 유튜브도 엄청 골치 아플 거예요. 저희는 초기에 우리가 콘텐츠 비즈니스로 갈 가능성이 굉장히 크다고 생각해서 애당초에 빨리 이 문제를 정면 돌파하자고 결정했어요. 사실 저희가 시리즈 A를 가기 훨씬 전 2009년에 콘텐츠 라이센싱 계약을 하기 시작했어요.

권일운 돈이 꽤 많이 들지 않았나요?

호창성 기본적으로는 돈이 많이 드는 비즈니스이기는 한데, 그 당시 북미 시장이나 유럽 시장에 한류 콘텐츠는 정말 마이너였기 때문에 콘텐츠 가격이 굉장히 쌌어요.

권일운 틀어만 준다고 하면 드리겠습니다, 하는 수준이었겠네요.

호창성 어차피 콘텐츠 오너가 돈을 못 버는 시장이니, 우리가 아무리 조그만 돈을 지급한다고 하더라도 0보다는 1이 낫잖아요. 그래서 기존에 없었던 시장을 만들겠다라는 명목으로 접근한 겁니다. 그 과정에서 미국 벤처캐피털의 콘텐츠 비즈니스 쪽 분들은 저희 사업이 힘들 거라고 이야기했어요. 사실 사용자 증가 추이를 보면 투자를 하고 싶은데, 콘텐츠 오너와 저작권 계약을 해오는 걸 보기 전까지는 투자를 못 하겠다고 하더라고요. 그래서 저희가 계약을 해가지고, 계약서를 보여주고 나서 시리즈 A를 받았어요.

김현진　계약으로 투자를 받으셨네요. 한국 같으면 계약하고 나서도 실제로 다음 성과를 보여 달라고 하지 않았을까요?

호창성　오히려 그런 케이스는 좀 적은 거 같아요. 미국이 애당초에 되는 건 되는 거고, 안 되는 건 안 되고.

이정석　시드에서 받은 돈들을 포함해서 더 받으신 거지요?

호창성　네, 시드에서 받은 걸 포함해서 벤처캐피털 여러 군데랑 엔젤 일고여덟 군데?

권일운　투자자가 너무 많으면 지분 구조가 복잡하지 않나요?

미국은 지분율보다는 이사회의 힘이 크다

김현진　한국 같으면 그렇게 여러 곳에서 받으면 문제가 있다고 하잖아요. 미국은 어때요? 내 몫은 내가 넣은 거니까, 주주의 숫자는 아무 상관없는 건가요?

호창성　이건 제 느낌일 수도 있는데, 한국은 지분의 비율에 의해서 발언권이 있고 회사를 좌지우지할 수 있는 편이고 서양은 지분율보다는 이사회의 이사에 의해 좌지우지되는 것 같아요.

이정석 투자를 하고 나서 이사회에 들어갈 수 있느냐 없느냐가 아주 중요하더군요.

호창성 이것도 굉장히 긴 토픽인데, 한국 회사는 제가 볼 때 대표이사가 나를 따르라 하고 카리스마 있게 이끌어가는데, 미국 회사는 이사회가 그 역할을 하는 것 같아요. 이사회가 회사를 지배하는 거죠.

이정석 그렇기 때문에 CEO를 해고한다는 이야기가 심심찮게 들리는 거군요.

호창성 한국에는 그런 케이스가 많지 않은 걸로 알고 있는데, 미국은 스타트업 같은 경우에도 창업자 또는 CEO를 해고하는 경우가 매우 많아요.

김현진 그래서인지 도대체 왜 한국의 CEO는 오너십에 집착하느냐는 말을 많이 듣죠. 동양의 문화인 것 같은데요.

이정석 사장이라야 양반 대접을 받으니까 그런 거 아닐까요? (웃음)

김현진 그게 중요한 게 보통 실리콘밸리에 가서 투자를 받았다면 그게 곧 성공한 걸로 알잖아요.

이정석 정말 그렇게 생각하나요?

김현진 아직까지 그래요.

권일운 비키도 실리콘밸리에서 투자받으셨으니 성공하신 거네요? (웃음)

김현진 저는 CEO가 잘린다는 이야기를 듣고 정말 놀랐거든요. 아, 자르는 구나. 어떻게 보면 능력 안 되는 CEO가 잘리는 게 당연한 것 같지만.

호창성 한국 투자자들은 인내심이 별로 없어서 빠른 결과물에 집착한다, 그런 이야기를 많이 하잖아요. 그런데 의외로 대표이사를 자르는 경우는 거의 없는 걸로 알고 있어요.

김현진 한국에 아예 없지는 않지만 많진 않죠. 그런데 실리콘밸리는 의외로 많다는 거죠. 트위터 공동 창업자 에번 윌리엄스가 사임한 것처럼요.

호창성 네, 너무 많아요.

이정석 저는 아까 나온 질문 계속 드리고 싶어요. 시리즈 A의 투자 밸류가 얼마인지 같은 건 영업비밀이니까 시간이 지나고 나서도 말씀하시기가 그렇겠지만. 시리즈 A 받고나서 대표님 지분은 많이 희석되었겠네요?

지분율 49퍼센트와 51퍼센트의 차이가 없다?

호창성 저희는 조금 특수한 케이스였어요. 시리즈 A를 받을 때 이미 몇 백만의 사용자를 가지고 있었고 콘텐츠 계약도 갖고 있어서 유리한 입장에서 협상을 했어요.

이정석 그러면 좀 늦어지긴 했지만 투자가치 측면에서는 충분히 인정을 받았다는 말씀이시네요?

호창성 보통 시리즈 A 이후에도 창업자들이 다수 지분을 확보할 수 있고, 이사회 구성에서 창업자들이 흔들리지 않는다는 건 투자할 때의 회사 가치와는 관계가 없지 않은 것 같은데요.

권일운 통상적으로 여쭤보면 시리즈 A는 지분을 어떻게 만드나요? 벤처캐피털들이 지분을 얼마나 들고 가나요?

김현진 실리콘밸리 사장님은 자기 지분율이 50퍼센트 밑으로 내려가도 아무렇지도 않은 건가요?

호창성 51퍼센트가 사실상 의미가 없는 거죠. 내가 60퍼센트나 70퍼센트를 가지고 있어도 이사회의 다수를 컨트롤하지 못하면 70퍼센트든 60퍼센트든 무슨 상관이에요.

김현진 지분율이랑 상관없어요? 무조건 1인 1표예요?

호창성 당연하죠.

박영욱 그게 좀 더 자유로울걸요? 있는 거 없는 거 구분하기도 쉽고요.

이정석 같은 맥락에서 제가 일전에 말씀드린 것처럼 무조건 투자가치를 높여서 받는 것이 중요한 게 아니라는 거죠. 왜냐하면 이번 투자가 상장하기 전 마지막이라면 실제로 좀 더 쳐주고라도 투자사로부터 고객사를 더 소개해준다든가 하는 측면 지원을 더 받을 수 있는 게 좋기 때문이고, 이번 펀딩이 마지막이 아니고 다음 펀딩이 예정되어 있다면 당시의 2차 펀딩, 3차 펀딩, 4차 펀딩, 즉 다음 펀딩을 제대로 받을 수 있는 환경에 맞춰져야 한다는 거죠. 그러니까 한국에서의 투자라면 지분구조가 1차 펀딩을 받고 대표이사 지분이 낮아지면 다음 펀딩할 때 불편해지기 때문에 벤처캐피털이 꺼려하죠. 미국은 다를 것 같아요. 그래서 1차 펀딩을 받고 나서 대표이사의 지분이 투자하는 입장에서도 대표이사 지분이 25퍼센트 이하로 내려갔다면 좋은 일이 아니죠. 단지 51퍼센트가 되느냐 안 되느냐의 문제가 아닌 거죠. 호창성 대표님의 말씀과는 좀 다른 측면이 있네요. 한국과 미국의 차이랄까.

김현진 한국은 지분이고, 미국은 이사회.

이정석 그게 맞는 것 같아요.

김현진 처음에 이해를 못 했죠. 왜 이렇게 이사회에 집착을 하는지 해보니까 알겠더라고요. 한국에서 오너십을 중요하게 여기잖아요.

이정석 오너십이란 것이 회사의 경영권에 대한 오너십도 있고, 지분의 가치에 대한 금전적 오너십도 있죠. 내가 10퍼센트 지분을 들고 있는 내가 만든 회사가 시가총액 1000억이 되었다면, 그 회사는 '내 것'이 아니라, 나는 1000억의 10퍼센트인 100억 원의 가치만큼의 주인이며, 내가 회사 경영에 참여하고 있지 않으면 그것으로 끝이죠.

김현진 미국은 어때요?

호창성 제가 볼 때는 그게 양날의 칼인 것 같아요. 일단은 미국이든 한국이든 벤처캐피털 펀딩을 받는다는 것 자체가 반드시 그 회사를 위해 긍정적인 건 아닌 것 같아요. 만약 내가 돈이 한 100억이 있어서 벤처캐피털 펀딩을 안 받고 갈 수 있으면, 비즈니스 성격마다 다르겠지만 내 돈으로 하는 것이 바람직할 수 있어요. 어떤 비즈니스는 돈이 있으면 내 돈으로 하겠다는 생각이 들 때가 있어요. 그런데 이게 사실은 벤처캐피털의 펀딩을 받는 순간, 한국이든 미국이든 야구로 따지면 홈런 타자로 변신해야 해요. 도루를 잘하는 거 필요 없고, 홈런 타자가 되어야 하는 거예요.

이정석 좋은 심사위원을 만나셨어야 하는 거 아니에요? 저 같은 심사역 말입니다.

김현진 형은 중국어를 하잖아? 영어가 필요한데.

이정석 나 중국어도 영어도 잘 못해. (웃음) 근데 참 와 닿네요. 타율에서 홈런으로. 10년 동안 매년 수익 1억 내봐야 소용없다, 이 얘기죠.

김현진　요즘 막무가내로 실리콘밸리에 가겠다고 하는 20대 초반 사장님들에게 경종을 울리는 이야기네요. 뭘 하든 홈런 칠 자세로 해야 한다는 거죠. 실리콘밸리가 투자받기 쉽다고 해도 그게 눈먼 돈이 아니라는 거예요.

호창성　벤처캐피털 펀딩을 받을 때 중요한 건 결국 협상력이에요. 내가 유저를 몇 백만을 가지고 있고, 이미 매출이 손익분기점도 됐다 하면 협상을 좋게 할 수 있죠. 그런데 유저도 얼마 없으면서 프레젠테이션만 가지고 펀딩을 받으려면 반드시 불리한 조건이 붙어요. 조건이 '당신이 지분을 70퍼센트를 가지지만 그래도 이사회의 구성상 벤처캐피털인 내 입장에서 당신을 해고하고 싶으면 언제든 할 수 있다'는 식으로 투자자한테 유리한 조항을 넣는 거죠.

　몰아낼 때 베스팅(Vesting: 할부 형식으로 시간에 따라 나눠서 지급하는 것) 스케줄이라는 것이 있는데, 보통 4년으로 해요. 현재 대표이사 지분율이 80퍼센트라고 하면 1년마다 20퍼센트씩 지분을 주는 거죠. 만약 1년 뒤에 대표이사를 자르면 20퍼센트만 인정해주고 나머지 60퍼센트는 회사에 반납하고 떠나라고 하는 거죠.

김현진　임원들한테 5년 안에 떠나면 토해내라 하는데, 미국은 창업자라도 굿바이네요.

호창성　아무리 창업자라 해도 이런 베스팅 스케줄을 적용하는 게 일반적으로 당연하게 되어 있어요.

김현진 거꾸로 얘기하면 CEO가 더 권한을 갖되 의사 결정도 쿨하게 하는 거 아니에요?

호창성 꼭 나쁜 건 아니에요.

김현진 선택하라 한다면 전 이런 방식이 더 좋은 것 같아요.

호창성 민주주의라 할 수 있죠. 대표이사의 제국이 아니라, 이사회를 통한 민주주의.

색이 다른 미국과 한국의 자본주의

이정석 어떻게 보면 정말 진정한 자본주의의 모습을 보여주네요. 다른 이야기 좀 할게요. 한국에서는 투자받을 때 배수 이야기 많이 합니다.

김현진 자본금 사이즈(배수×등록 자본금＝회사 가치).

이정석 처음 대표이사가 얼마나 그 회사를 위해서 자기 돈, 집안 어른 돈을 많이 넣었느냐가 초기의 자본금을 결정하게 되죠. 정부 기관이나 기술보증기금을 비롯한 여러 가지 기관에서 자금을 대여해줄 때 판단 기준의 하나죠. 그리고 대기업에서 하청 업체를 선정하기 위해 심사를 할 때도, 그 회사의 자본금을 봐요. 자본금은 회사를 시작하기 위한 초기 자금일 뿐인데 말입니다. 그러니까 이런 부분은 정말 불합리한 것 같아요. 미국은 창업할 때 주당 가격이 1/1만 달러인 경우가 많은데, 그러면 주식이 100만 주라 해도 자본금은 100달러. 즉 자본금이란 건 아주 형식적인 것이고, 그 회사가 당장 만들어내는 사업적 가치가 중요한 것이죠. 한국에서는 투자할 때 배수가 높고 낮음이 매우 중요합니다. 애초에 잘못된 것을 기준으로 삼고 있는 거지요. 자본주의라고 하기에는 참 불합리한 부분입니다.

김현진 같은 자본주의인데 색이 다른 거죠.

이정석 그렇죠. 타율이 높은 타자에서 매년 5천만 원, 1억의 수익으로 연명하는 게 아니라, 한방에 100억, 200억, 300억 되는 단기 순이익을 내는 자세를 가지지 않으면 안 된다는 말을 듣고 느끼는 건 그 회사의 내공이, 홈런 타자가 되려면 홈런 타자의 체력과 스윙 궤적을 가져야 한다는 말이잖아요.

호창성 그런데 문제가 모든 회사가 홈런 타자 마인드를 가져야 성공하는 건 아니잖아요. 홈런 타자 마인드를 가지다가 실패하는 경우도 있습니다.

이정석 자본가가 원하는 모양으로 살아보려다가 망하게 되는 거죠.

김현진 맞아요. 여기에 첨언을 하면 어느 회사는 매출이 100억이라도 상장으로 엑시트를 할 수 있는 거고 어느 회사는 매출이 1천억이 되어서야 할 수도 있고 혹은 4조에서 할 수도 있고 다 다른데, 어떤 걸 홈런

이라고 해야 할지도 판단하기 어려운 거죠.

이정석   제가 투자를 할 때는 시리즈 B나 C 정도 받고 나면 벤처캐피털 입장에서는 회사가 알아서 굴러가서 단기 순이익 30~50억, 혹은 매출액 대비 15퍼센트 정도의 순익 규모가 만들어져서 한 2년 정도 쌓고서 상장을 간다 하면 상장에서 뻥튀기가 좀 있으니까. 그럼 너희 비슷한 회사가 상장 간 규모가 시가총액이 500억이면 투자를 200억 정도 가치에 하게 되면 두 배 정도 벌겠네, 그러면 투자할 만하다, 이런 식의 논리구조를 갖고 있죠.

김현진   형님은 너무 빡세요. 그리고 너무 정직해서 일과 안 어울려. 그래서 그만두신 거죠?

이정석   맞아요. (웃음) 아까 이야기한 것처럼 한 회사의 가치가 만약에 100억이 최고라면 그걸 위해서라도 내가 5억이나 3억이라도 투자를 해서 이 사람이 사업을 할 수 있게 밀어주어야 할 텐데, 그게 안 된다는 거죠.

호창성   미국도 안 돼요.

김현진   아, 미국도 안 돼요?

이정석   한 가지만 더 이야기할게요. 다양성을 말씀하셨는데, 미국은 정말 여러 형태의 펀드가 있잖아요. 그리고 펀드 자금 중에 의무적으로 어딘가에 투자해야 하는 돈 이외의 자금을 정말 자유롭게 투자할 수 있는 문화가 있는데, 한국은 그렇지 않아요. 그게 훨씬 더 제가 알기로는 경직되어 있어요.

CEO도 해고되는 미국 문화의 장점은?

아까 미국에서는 투자를 하고 나서, 벤처캐피털리스트들이 자신의 의도와 맞지 않으면 CEO를 해고할 수 있다. 이사회에서 다수 의석을 차지함으로써 CEO를 해고할 수 있다. 하지만 한국에서는 사실 CEO의 역량과 얼굴을 보는 것이 70~80퍼센트이기 때문에 CEO가 빠지게 되면 회사가 휙 사그라질 수 있으니까 그렇게 하기 힘들다. 그런데 미국은 CEO할 만한 사람 구하기가 쉬워서, '얘가 아이디어를 만들어서 사업은 잘했지만 내가 판단해서 더 좋은 사람으로 갈아치울 수 있다', 이런 게 있는 것 같아요. 궁금한 게 있는데요. 호 대표님은 투자받으셨잖아요. 그러면 그런 위협에 바로 노출되는 거잖아요. 쫄지 않으셨습니까?

호창성 어떻게 보면 쫄 수 있는데, 반대로 생각하면 자유예요. 왜냐면 벤처캐피털에서 봤을 때 내가 필요 없는 사람이다, 잘라야겠다고 생각하면 나가면 되죠.

일동 우와!

권일운 미국 벤처캐피털을 믿은 이유가 있었어. 커피도 아메리카노 하시더니.

김현진   괜찮네요. 그럴 수 있죠. 맞는 것 같습니다.

호창성   저는 이런 모습들이 굉장히 합리적이라고 생각하는데요. 창업자와 벤처캐피털 사이에 이해관계의 균형이 적절하게 디자인되어 있는 경우가 많아요. 불공정한 협상에 의해서 만약 1년 뒤에 이사회에서 CEO를 교체해버리고, 그로 인해 내가 엄청나게 많은 지분을 반납하고 나가야 한다면 쫄겠죠. 그리고 또 반대로, 창업자가 전권을 다 누리고 아무리 폭정을 펼쳐도 벤처캐피털이 나를 자를 수 없다면 나 자신에게는 관대할 테니까 아무 견제도 없이 사업이 산으로 가겠죠. 자신한테도 견제가 필요한 거예요. 이 극단 사이에서 균형이 필요하고, 이해관계의 접점이 필요할 거라고 생각해요. 그래서 많이 쓰는 방법 중 하나가 3년 정도 기간을 정해서, 2~3년 동안 벤처캐피털에서도 만족하고 모든 사람이 만족할 만한 경영 성과를 낼 경우에는 자신이 가진 모든 지분에 대한 권리를 보장받는 것이고, 만약 CEO가 1년 반 정도 지나고 성과를 내지 못하거나 혹은 벤처캐피털에서 생각했을 때 마음에 안 들어서 내보낼 때 3년 중에 절반 정도의 지분은 내어놓는다는 식입니다.

김현진   잘못한 부분이 있다면 내가 책임을 지겠다는 계약이군요.

호창성   결론적으로는 그런데요. 그건 해석의 여지가 많이 있죠. 왜냐하면 창업자와 벤처캐피털은 회사가 잘되는 수준이 어느 정도인지에 대해 입장이 다를 수 있거든요. 특히 장기적으로 보면 더 그렇죠.

이정석   지금 말씀하신 것을 들으니, 우리 방송 4화 '직원을 구하라'에서 주주 간 계약서, 혹은 직원 계약서 작성과 관련해서 생각해볼 수 있겠네요.

김현진 그렇죠, 벤처캐피털과 주주 간 계약서.

이정석 그리고 이 회사에 기여한 것을 어떻게 평가하고 인정할 것인가의 문제가 중요하겠네요.

박영욱 저는 딱 이야기를 듣는 순간, 투자받으면 CEO는 3년의 수습기간을 가진다는 걸로 보이네요. 수습 치고는 너무 길어요.

이정석 그만큼 경영에 대해서 남의 돈을 받은 거니까 더 조심하라는 거죠.

김현진 지난 시간과 이번 시간을 정리해보니, 우리 모두가 실리콘밸리를 꿈꾸고 그곳에서는 한국의 어려운 상황이 쉽게 돌파될 수 있을 거라 생각했지만, CEO로서 창업자로서 책임감을 가지고 끊임없이 어려움을 돌파해나가야 한다는 건 마찬가지인 것 같습니다.

미국은 이사회가 회사를 지배

호창성 네, 맞습니다. 오히려 대표자, 창업자의 권한은 한국보다 훨씬 더 약해요. 결국에 미국은 대표가 아니라 이사회가 회사를 지배하기 때문이죠.

김현진 한국은 대표와 대주주가 지배하기 때문에 막힌 느낌이고, 실리콘밸리는 이사회의 민주적인 절차로 인해 열려 있는 느낌이고 투자받을 기회도 열려 있는 것 같지만, 이사회가 회사를 지배하고 있기 때문에 절대 자기 것이라고 함부로 까불면 안 된다는 거죠. 하지만 분명히 한국보다는 투자나 사업 환경이 나은 면이 많아서 그런 부분은 받아들여야 하겠군요.

김현진 지난 시간, 이번 시간 총 두 시간 연속으로 실리콘밸리 이야기 듣다 보니까 슬프고 뿌듯하고 좋네요.

이정석 사실 〈벤처야설〉에서 교육적인 내용, 퀄리티 있는 내용은 저만 갖고 있다 생각했는데, 오늘 호창성 대표님 말씀 들으면서 저도 사실 미국 회사에 투자는 해봤지만 현지에서 일해본 적은 없기 때문에 저한테도 정말 많은 도움이 되었습니다. 그리고 방송을 들으시는 여러분들은 한국의 벤처 환경이 나쁘고, 토양이 나쁘기 때문에 안 된다고 생각하기보다는 좀 더 건설적인 생각을 해야 하지 않나 싶네요.

김현진 한국도 살 만하고요. 미국도 살 만합니다. 전 세계 어딜 가나 힘든 건 힘든 겁니다. 호창성 이사님이 정말 대단하십니다. 그 당시에 뭔가 개척을 하려고 시도하셨다는 게. 여러분도 개척하면 됩니다. 방송 들으시는 여러분들은 저희보다 영어를 더 잘하시잖아요. 더 젊으시고요. 잘하실 수 있을 겁니다. 오늘은 여러 가지로 좋은 이야기와 안 좋은 이야기를 했네요. 여러분들은 우리의 미래잖습니까? 여러분이 스티브 잡스가 될 때 우리한테 주식을 싸게 파세요. (웃음)

오늘 나온 이야기들이 도움되었으면 하고요. 저희가 부족하고 다소 어설펐지만 실리콘밸리 이야기 1부, 2부를 여기서 끝내도록 하겠습니다. 오늘 실리콘밸리 이야기 어떠셨어요? 박 사장님부터 마무리 멘트 해주시죠.

박영욱 들으면 들을수록 실리콘밸리는 장단점이 있는 것 같아요. 한국의 환경이 무조건 나쁜 것도 아닌 것 같아요. 한국은 CEO가 절대 권력을 휘두르는 대신 연봉 10만 달러씩 안 받아요. 자기 돈 넣으면서 사업하잖아요. 그런 차이점들이 있는 것 같고. 암튼 오늘 너무 좋았습니다.

김현진 대한민국이라 가능하잖아요.

권일운 저커버그가 나오는 영화 〈소셜 네트워크〉에서 잘려나가는 공동 창업자를 보고 미국은 대단한 나라다, 만만치 않은 나라다, 느꼈거든요. 오늘 1부에서는 미국이 짱이야, 이런 이야기가 나오다가 2부에서 역시 미국은 만만치 않은 나라이고 그래서 지금의 위치까지 갈 수 있었구나 생각이 들었습니다. 환상을 버릴 수 있었습니다.

김현진 야망은 가지면서 환상은 정리.

권일운 오늘 아주 의미 있는 시간이었습니다.

김현진 오늘 캐피털님은 어떠셨어요? 한국의 벤처캐피털과 미국의 벤처캐피털을 비교해볼 수 있었을 텐데요.

이정석 기본적으로 둘 사이의 역량 차이라는 건 인정하기 싫었고요. 환경의 차이라고만 생각을 했습니다. 그런데 환경의 차이라고 하는 것이 혹은 역량의 차이라고 하는 것이 예를 들면, 과거 그 사람이 어떤 경험을 했느냐 혹은 사람의 배경에 따라 달라지는 것이잖아요. 제가 유학을 가보지 않았고 그러다 보니 간접적으로만 경험한 상황에서, 평소에 생각한 대로 역시 실리콘밸리라는 곳이 어떤 기회에 대한 가치평가가 후한 편이구나, 그런 환경이 되는구나 다시 한번 느꼈습니다. 정말 부러운 면이고요. 그리고 싱가포르에는 싱글리쉬를 하고 영어에는 잉글리쉬를 하고 한국은 콩글리쉬를 하잖아요. 그래서 언어 장벽이라는 게 분명히 존재합니다. 그것에 대해서는 아까 호 대표님이 말씀하신 것처럼 관계를 형성하는 데 영어를 못하면 정말 문제가 되기 때문에 중요하다고 생각하고 그래서 엄청난 노력이 필요하다고 보고요. 그런데 드는 생각은 그런 도전을 해보는 것이 더 재밌는 게 아닌가? 그래서 미리 겁먹지 말고 정말 미국에 진출하는 것을 꿈꿔보는 것도 미국 펀드로부터 투자를 받아보는 것도 정말 재밌는 과정이 되지 않을까라는 생각이 들고요. 그리고 저는 향후에는 꼭 미국 벤처캐피털과 같은 일을 해보고 싶다는 생각들을 하면서 마무리하겠습니다.

김현진 와, 멋있습니다. 저는 레인디의 김현진입니다. 오늘 이야기를 듣고 많은 생각들이 떠올랐습니다. 5년 전 쯤에는 저는 '스티브 잡스 같은 사람이 되어야지'라고 생각을 많이 했습니다. 그런데 결국 스티브 잡스 같은 사람이 되는 걸 포기했거든요. 왜냐하면 제 자신이 역량이 부족한 것 같고, 나를 뒷받침해주는 환경이 부족하다 생각했었기 때문입니다. 그런데 호창성 이사님 이야기를 들으면서 '그래도 누군가는 선

구자 역할을 하는구나' 느꼈습니다. 그리고 그게 옳건 틀리건 누군가는 시가총액 100억짜리 소기업 회사의 사장, 누군가는 100조짜리 회사의 사장이 될 수도 있고, 설사 그게 내가 아닐지언정 누군가는 그런 꿈을 꾸고 노력한다면 그것 자체로도 좋겠다는 생각이 들었습니다. 오늘 여기 주말 쪼개서 모인 사람들, 블로그칵테일의 박영욱 대표님, 머니투데이의 권일운 기자님, 비키의 호창성 이사님, LS그룹의 정석이형, 그리고 저까지, 설사 우리가 벤처캐피털 또는 무슨 엄청난 사장이 못 되더라도 이 정도의 경험을 많은 사람들과 공유한다면, 이런 작은 노력들이 밑거름이 되어서 언젠가 누군가는 스티브 잡스 같은 위대한 사람이 될 수 있지 않겠어요? 저희가 부족하지만 작게나마 모든 사람들한테 힘이 되고 꿈이 됐으면 좋겠습니다. 10년 뒤에 누군가 나오겠죠. 그때 가서 10년 전인 오늘 호창성 이사님이 해주신 실리콘밸리 이야기를 듣고 자신이 여기까지 왔다고 할 수도 있는 거죠. 그쯤되면 대한민국도 강국이 되어 있지 않을까라는 생각이 듭니다.

TALK CONCERT 08

횡키의 신태순입니다. 인문학 강의를 자주 듣는데
CEO들이 굉장히 많고 열심히 공부합니다.
벤처를 운영하면서 인문학의 중요성을
얼마나 느끼고 계신가요?

김현진　인문학이 리버럴 아츠(liberal arts)를 말하는 거죠? 사실 질문을 들었을 때 저는 무슨 느낌이 들었느냐면 '이거 혹시 대기업 사장님이 이야기하신 거 아닌가'였어요.

솔직히 말하면 벤처 사장님한테 인문학이 당장 중요할까요? 벤처 사장한테 제일 중요한 건 더 작은 철학인 것 같아요. 매달 25일에 월급 밀리지 않는 것. 가장 기본적으로 '나는 절대 돈을 밀리지 않을 거야', '돈이 나가야 해', '돈이 떨어지면 빌리러 가야 돼', '남한테 돈 빌리러 가는 데 미안해하면 안 돼', '우리 직원들 월급이 밀리면 안 돼', 이런 게 리버럴 아츠보다 더 중요하지 않나요? 인문학을 고민할 정도가 되려면 회사가 코스닥에 가야 해요. 그다음에 고민해도 돼요. 본인이 대학생이라면 스티브 잡스처럼 이미 상장이 돼서 적자가 난 회사를 다시 살리기 위해 돌아간 다음에 회사에 인문학을 넣으셔도 됩니다.

우선 창업부터 해야죠. 5천만 원 빌려서 법인부터 내야 하고 오피스텔부터 얻어야 하는 거죠. 실행력이 더 중요하죠. 리버럴 아츠보다 더 중요한 건 투자받기 전까지 자기 힘으로 간다는 거예요. 그때까지 흔들리지 않는 철학? 이걸 제품에 녹아내고 뭘 하는 건 그다음에 고민해도 되지 않을까요? 롤모델을 정하고 롤모델의 철학을 배우는 건 중요하지만 그 철학이라는 게 스텝 바이 스텝으로 나한테 맞지 않으면 의미가 없어요. 나는 지금 직원 다섯 명의 월급을 줘야 하는 사장인데 빌 게이츠의 철학을 논하기 시작하면 답이 나오지 않거든요. 이런 건 그다음에 고민해도 되는 거예요. 당장 내일모레 사무실을 어떻게 구할지, 강남에 사무실을 50평짜리로 늘릴지를 고민해야 하는데 리버럴 아츠는 현실적으로 눈에 보이는 창업과는 거리가 있을 수도 있다는 생각이 들어요.

이정석 '황의 법칙'으로 유명한 황창규 지식경제부 R&D 전략기획단장님도 진대제 장관님도 다 잘나신 분인데 그런 분들이 나이가 느지막해지자 깨달으신 거잖아요. 그것도 웃기죠. 스티브 잡스가 학교 다닐 때 심리학과 마케팅을 청강하고 타이포(폰트)와 같은 미적인 것에 관심을 가졌다고 이야기를 하는데, 사실은 어릴 때부터 그것에 대해서 당연히 공부를 했어야 하는 것이에요. 그걸 안 하고 점프를 해서 영어나 수학만 열심히 하니까, 나중에 그런 분야 배경지식에 대해 하나도 모르는 거죠. 철학의 사조를 아리스토텔레스부터 마르크스까지 풀어내서 얼개라도 이야기할 수 있는 회사 사장님은 못 봤습니다. 회사 다니면서도 못 만나봤습니다. 그냥 나중에 보니깐 사업에 도움된다고 느끼는 거죠. 인문학이 사업에 중요합니다. 그러나 사업에 필요하다는 그 인문학이라는 것이 도대체 무엇인지 알기 힘듭니다. 전문가라고 하는 사람들은 나름의 해석으로 사람들에게 힘을 주어 무엇무엇의 성공비결은 이것이다, 이야기를 합니다. 하지만 저는 그런 것들이 의미 없다고 봅니다. 그 사람들이 성공비결이 되는 요소들을 파악해냈다면, 그들 스스로 성공할 수 있어야 할 겁니다. 나이 들어서 우연히 잡은 책으로부터, 내가 그때 이걸 알았으면 하는 후회를 하지 않으시길 바랍니다. 책 많이 읽으시고, 많은 고민을 하시기 바랍니다. 그리고 그 많은 고민들 대부분을 인문학자들이 이미 깊게 해서 책에 잘 적어두었을 겁니다. 많이 독서하시고, 많이 대화하시고, 많이 생각하시길 바랍니다.

연대보증과 기술보증기금 9

───

이 원고는 팟캐스트 방송 '벤처야설—연대보증과 기술보증기금'을 정리한 것입니다. 출연자는 의장 김현진(레인디 대표), 사장 박영욱(블로그칵테일 대표), 기자 권일운(머니투데이 더벨 기자), 캐피털 이정석((주)LS 사업전략팀 차장)입니다.

김현진　며칠 전에 『서울경제』 기자님의 전화를 받았습니다. 다짜고짜 "김현진 대표님, 연대보증이 없어진대요. 어떻게 생각하세요?"라고 물으시더라고요. 그래서 바로 카톡에다 "연대보증이 사라진답니다"라고 썼습니다. 그런데 우리 권일운 기자님이 별로 달라진 것 없는 현실을 고스란히 보여주셨죠. 기자님이 말 좀 해주세요. 연대보증 어떻게 되는 겁니까?

권일운　사실 무근입니다. 그때 김현진 의장이 과도하게 설레발을 치셨는데 김석동 금융위원장님 말씀 앞에 괄호가 있다는 걸 못 본 거죠. '개인 사업자에 한해서'라고.

김현진　개인 사업이라면 쇼핑몰 같은 곳이죠?

연대보증 폐지는 이미 여러 번 우려먹었다

권일운 동네 국밥집도 있고 다양하죠. 결국 주식회사를 비롯한 법인에 대한 연대보증은 '폐지'라고 하기엔 무리가 있습니다. 그리고 이거 우려먹을 대로 우려먹은 내용입니다. 이미 2012년 초에 금융위원회가 사업계획을 발표할 때 연대보증 완화하겠다고 한 적이 있습니다. 비슷한 맥락으로 중소기업청에서도 벤처기업의 연대보증을 완화하겠다고 했습니다. 절대 없애겠다는 이야기는 한 적이 없습니다. 김석동 위원장님 스타일인 거 같아요. 저축은행 시끄러워지니까 저축은행 가셔서 예금도 하시더니 체크카드 쓰라고 하시면서 친히 은행에 가서 체크카드 만드시고는 사진까지 찍으시고요. 신문에 대문짝만 하게 얼굴 나가면서 강력한 멘트 쏴주시는 거 좋아하시더라고요. 제가 간담회장에 직접 가보진 않아서 정확한 멘트는 잘 모르겠습니다만 완화하겠다고 하셨죠. 정확히 개인 사업자에 한해서 5년 동안 유예죠?

김현진 대표 하나만 연대 보증을 서면 된다는 거였죠.

권일운 거기 맹점이 있죠. 기업을 직접 소유하거나 경영하는 사람에게만 보증 의무를 씌우겠다는 건데, 공동 창업한 기업은 대표가 독박 쓰라는 거죠. 나머지는 룰루랄라 해도 되고. 공동 창업이 많아지는 요즘 트렌드는 아예 생각도 안 했다는 거 같기도 해요.

김현진 우리나라 연대보증 제도는 과반수 이상 지분을 가지면 대표이사만 단독 보증을 서고 나머지 등기이사는 안 서도 되는 식입니다. 그런데 이번에 그들이 수정했다는 게 직계가족이나 등기이사는 안 서도 된다는 거더라고요. 원래 기술보증기금이나 신용보증기금 받을 때는 51퍼센트 이상 지분 가진 오너 단독보증도 가능했어요. 심지어 기술보증기금, 신용보증기금 분들이 뭐라고 하시는 줄 아세요? "한 놈한테 51퍼센트 이상 몰아라"라고 해요. 대표가 60이고 등기 이사가 20, 20인 경우에는 다 몰아서 100퍼센트 만들어놓고 대표가 단독 연대보증 선 뒤에 나중에 돈 들어오면 쪼개라고 해요. 원래 그런데 이제 와서 직계 가족이랑 등기이사는 안 해도 된다는 말을 또 하고 있어요.

박영욱 저는 제 지분 50퍼센트도 안 되는데 혼자 보증 섰어요.

김현진 그렇죠. 중간에 제도가 조금 바뀌었죠. 처음에는 대표이사 혹은 과점주주가 단독 보증 섰는데 기술보증기금에서 일종의 안전장치를 마련한 건지 등기이사 전부 다 연대보증 세우는 경우가 있더라고요.

이정석 박 대표님 같은 경우엔 누가 서비스 개발을 의뢰하거나 아웃소싱 제안을 했을 때 결과물이 나오기 전까지 이행하는 이행보증을 서죠?

박영욱 그런 게 있나요? 이행보증이라는 게?

김현진 우리는 회사 규모가 작아서 그런 거 없어요. 30억, 40억짜리가 이행보증이지 3천만 원, 4천만 원, 이런 작은 비즈니스는 없어요.

이정석 죄송합니다. 저는 항상 더 앞서나갑니다. (웃음) 보증, 연대보증, 입보라고 하죠. 보증 세운다는 의미로. 이런 걸 보면 우리나라는 아직 신용사회는 아닌 것 같아요. 다른 나라엔 거의 없죠? 사실 상대방의 신용을 제대로 평가할 수 있고 믿음이 있다면 이런 건 안 해도 되잖아요. 정부 정책이든 어떤 압력에 의해서건 금융기관이 돈을 빌려줘야 하고, 채무자가 안 갚거나 못 갚을 경우를 미리 가정하다 보니 연대보증이라는 게 나오죠. 전혀 관계없는 사람까지도 엮어서 책임지게 하는 거.

비디오 반납만 일찍 해도 신용등급이 올라가는 호주

김현진　호주 사례를 짧게 이야기해볼게요. 호주 비디오 가게에서「터미네이터 2」를 빌렸어요. 이걸 잃어버리고 안 갖다줬다고 해봅시다. 우리나라에서는 "죄송합니다. 비디오를 잃어버렸는데 테이프 값 3만 원 드릴게요" 하면 땡이잖아요. 그런데 호주는 연체료를 다 받아요. 그래서 저희 사촌 형이 천몇백 달러를 냈어요. 대여료가 일주일에 2달러밖에 안 하는데. 이런 걸 보면 호주는 신용사회죠. 비디오를 일주일 빌리기로 했다가 이틀 뒤에 반납하면 신용등급이 올라갑니다. 핸드폰 요금 자동이체일이 매달 25일인데, 기다리기 싫어서 10일 전에 "지금 출금해주세요"라고 하면 신용등급이 올라갑니다. 은행에서 전화가 와요. 집 사지 않겠냐고. "왜요?" 하니까 DVD, 비디오 잘 반납해주고, 전화요금 앞당겨서 내서 제 신용등급이 A플러스가 됐대요.

이정석　와우, 소설 같은 이야기다.

김현진　호주는 통합관리합니다.

이정석　방금 김 대표님이 천기누설을 했어요. 우리나라는 호주처럼 개인 신용정보에 대한 통합관리 체제가 미비해요. 그런 정보까지는 공유를 안 하죠.

김현진   전혀 안 돼요. 제가 원래 남한테 빚지는 거 싫어하고 또 호주에서의 습관이 있어서, 카드사에 전화해서 출금 당겨달라고 한 적이 있거든요. 그러면서 빨리 내면 신용등급 올라가는지 물었는데, 별 상관없대요.

권일운   우리나라에는 한국신용평가, 한국신용정보, 이런 회사들이 개인 신용정보를 관리해요. 은행이나 카드 회사에도 자체적 신용평가 시스템이 있긴 하지만 전문 회사들 것도 많이 써요. 문제는 평가 항목과 방법이 너무 틀에 박혀 있다는 거죠. 신용 정보를 활용하는 방식도 그렇고. 호주는 신용평가 회사가 알아서 은행 같은 곳에다가 "이렇게 좋은 고객이 있는데 집 사라고 대출영업 한번 해보세요"라고 한다는 거잖아요. 이러면 누이 좋고 매부 좋은 건데.

이정석   전두환이 29만 원밖에 없다고 해도 국세청에서 압류할 수 없는 이유가 이거죠. 공유가 안 되니까. 이런 걸 보면 스타트업을 타이트하게 관리해봤자 쓸모없는 것 같기도 해요. 창업자, 주주들, 이렇게 빤히 보이는 것만 관리해봤자 뭐 하겠어요. 그리고 법적으로 관련이 없는 사람이지만, 잘 알고 믿을 만한 사람에게 자금을 돌려놓는 경우에 그걸 어떻게 관리하겠어요?

김현진   어떻게 보면 한국에서 연대보증은 필요악인 것 같기도 해요.

'대표니까 책임지라'고 하는 건 좋아요. 그런 거 안 해도 대표들은 다 목숨 걸고 하지만. 그런데 정작 걱정되는 부분은 연대보증이 없어지면 과연 기술보증기금이나 신용보증기금이 몇억씩 쏴줄 수 있을까 하는 겁니다. 회사 망하면 책임질 사람이 없으니까요.

연대보증이 없어진다고 해서 좋은 것만은 아니야

이정석   연대보증이 없어진다고 해서 가장 먼저 든 생각이 그거였어요. 제1금융권이나 정부 지원금의 문턱이 높아질 거고 그러면 수요는 사채 시장으로 몰릴 거라는 거. 음성적인 시장이 점점 발달할 거고요. 저는 항상 음모론을 주장하는 편인데 이건 이자제한법에 의해 줄어든 사채 업계의 매출액이나 이익을 보전해주기 위한 거 아닌가 싶었어요. (웃음)

김현진   저도 비슷한 생각입니다. 내가 기보나 신보 직원이라고 생각해 보면 답답하죠. 연대보증은 없는데 사고치는 기업들 많아지면 책임은 내가 져야 하잖아요. 그동안 청년특례창업보증으로 1억씩 쏴주고 좀 잘 나가면 2억씩 쏴줬는데 이거 잘못되면 완전 내 책임이라는 거죠. 이 제는 1억, 2억 쏘고 그러지 못하죠. 5천만 원씩 여러 군데 주고 타율을 높이는 전략으로 가지.

박영욱   과연 연대보증 있는 회사가 없는 회사보다 부도났을 때 자금 회 수가 더 잘될까요?

김현진   안 되죠.

이정석 그런 통계자료 보신 적 없죠?

박영욱 없어요.

김현진 연대보증이라는 게 이런 거예요. 회사가 망해서 빚이 3억이야. 대표는 돈이 없어. 그런데 아버지는 잘 살아. 이런 상황을 염두에 두고 신보랑 기보는 가족관계증명서를 떼죠. 아버지가 재산세 많이 냈으면 만약 대표인 아들이 사업 망해 폭삭 주저앉더라도 갚을 수 있다고 생각하는 거죠.

권일운 혹시 기업 신용평가 보고서 본 적 있으세요?

김현진 저희 회사 트리플 B플러스예요. 높은 거예요?

이정석 위험해요. (웃음)

권일운 아까 말씀드렸던 한국신용평가정보, 한국기업평가, 이런 회사들이 원래는 기업 신용등급을 평가하는 회사예요. 기업 신용평가를 할 때 기본적으로는 현금 흐름이 얼마나 좋은지 돈이 얼마나 있는지, 펑크가 안 나는지를 평가합니다. 하지만 BBB나 A등급쯤 받으려면 회사 뒤에 있는 에어백이 얼마나 튼튼한지도 봅니다. 그래서 대기업이 인수한 회사들은 어느 날 갑자기 신용등급이 몇 단계씩 오르기도 하죠. 상호출자에 속하거나 지주회사 아래에 있는 회사들은 결국 모회사의 체력을 영향받습니다. 결국 아까 말씀하신 아버지의 재산세 납부 능력은 에어백과 같은 거죠.

김현진 자, 그럼 케이스 스터디 한 번 하죠. 벤처캐피털에 계셨을 때 연대보증 세우셨어요?

권일운 어두운 시절에 계셨었잖아요. (웃음)

박영욱 2007년에만 해도 한국 벤처캐피털들은 연대보증을 세웠어요. 제가 알토스에서 투자받을 때 연대보증 안 세워서 주위에 많은 CEO들이 부러워했어요.

김현진 이정석 차장님은 당시에 투자하시고 나서 연대보증 세웠어요, 안 세웠어요?

이정석 연대보증이요? 외국 계약서 보면 없는 것 같아요. 중국 투자 계약서 보니까.

김현진 한국은요?

이정석 한국은 회사에서 비밀로 하래요. (웃음)

김현진 30억을 투자했어요. 3억이 아니라 30억. 연대보증을 세운다고 해서 이걸 받을 수 있을 거라는 생각은 안 하잖아요.

이정석 사업 분석을 면밀히 하고 미래의 시장가치를 보는 거죠. 그래서 돈 줄 때 어디 쓸 건지를 정하고 거기에 꼭 맞게 쓰라고 하죠. 투자금 사용처라는 게 항상 보고서에 들어가요. 부채를 줄이기 위해서 투자를 받았다고 해봅시다. 우선주 형태로 투자를 하면 자본으로 잡히고 그 돈으로 부채를 갚을 수 있으니까요. 그런 식의 돈은 얼마, 설비 투자는 얼마, 마케팅 비용은 얼마, 이렇게 정해놓아요.

권일운 원론적으로 이야기하면 투자에서 보증이라는 건 말이 안 되죠.

김현진 그렇지. 그건 투자가 아니지. 융자지, 융자.

연대보증이라는 단어는 계약서에 없어

이정석 국민연금도 투자할 때 원금에 이자까지 보장받는데. (웃음) 벤처캐피털은 대부분 중소기업창업지원법에 의해 정부가 지원하는 자금이 들어가잖아요. 정부에서 펀드에 참여할 때 일종의 원금회수를 위한 안전장치를 넣어요.

김현진 책임을 져야 한다?

이정석 돌려서 압박이 들어가죠. 투자 계약서를 보면 손해배상이나 위약 조건이 들어가 있거든요. 그게 대표이사에게 압박으로 작용하죠. 만약에 대표이사가 부인에게 돈 넘기고 서류상 이혼했다, 먼 친척에게 자금 돌려놨다 혹은 부동산 빼돌렸다, 이러면 돌려받기는 어렵죠. 그 대신 신용불량자가 되긴 합니다. 지금 말하는 연대보증과는 상관없지만.

김현진 그게 그거구만 왜 미화해요. (웃음) 연대보증은 아니지만 압박
은 한다?

이정석 당연히 압박은 하죠.

김현진 미국은 어때요?

박영욱 알토스벤처스가 한국 벤처캐피털이랑 같이 투자한 적이 있어
요. 그때 그 벤처캐피털에서 꼭 회수 조건을 넣어달라고 했대요. 그 조
건 없으면 투자 못 하겠다고 했다는데 한 킴 대표님은 회사 망하면 끝
이지, 그 조그만 데서 얼마나 회수하겠느냐고 하시더라고요.

권일운 회수라는 게 통상 투자원금에 이자까지 붙여서 풋옵션을 거는
거죠? 상환전환우선주 상환청구 하는 거.

이정석 벤처캐피털이 투자를 할 때 보통주로 할 수도 있고 상환우선주
로 할 수도 있고, 상환전환우선주로 할 수도 있어요. 상환전환우선주
는 영어 약자로는 RCPS(Redeemable Convertible Preferred Shares)라고
하는 데 상환, 전환, 우선이 각각 독립적인 의미를 가지고 있어요. 우선
주는 보통주보다 뭐가 됐건 한 가지 이상의 우선권을 주거든요. RCPS
는 상환이나 보통주 전환에 우선권을 주는 주식이라는 이야기죠. 꼭
두 개 다 넣으란 법은 없고요. 전환은 주식으로 바꾸는 거니까 별 상관
이 없는데 상환이 문제예요. 이건 채권이랑 비슷한 면이 많아요. 그래
서 상환 조항을 너무 타이트하게 넣으면 중소기업청에서 제재를 하기

도 해요.

권일운 그러면 상환전환우선주보다 BW나 CB가 채권의 성격에 훨씬 가까운 건가요?

이정석 그렇죠. RCPS가 상환권이 있긴 하지만 CB나 BW도 발행돼 있으면 그쪽 채권자들보다는 후순위거든요. 그리고 투자자 입장에서 중요한 것 중에 하나가 RCPS의 전환 시점이에요. 투자한 회사를 잘 지켜보다가 가장 전환가액이 유리해지는 시점에 전환을 해야 수익이 극대화되거든요. 그런데 회사 대표랑 술이나 먹고 시간 보내다가 잊고 지나가는 경우가 왕왕 있어요. 이런 복잡한 것들이 있으니까 중소기업청에서는 사실 보통주 투자를 원할 거예요.

돈을 빌리는 것보다, 우선 어디 쓸 것인가부터 고민해라

김현진 오늘은 연대보증에 대해 이야기하고 있습니다. 기술보증기금, 신용보증기금, 연대보증, 다 좋은데 돈이라도 좀 많이 주셨으면 합니다. 캐피털님의 입장에서 어떻습니까?

이정석 자본가는 항상 공공의 적이죠. 민중의 적이고. 신용보증기금이나 기술보증기금이 가지는 맹점, 구조적인 문제들은 있죠. 보증 세운다거나 아니면 한 번 받으면 못 받는다거나, 금액이 들쭉날쭉하거나, 평가자들의 주관이 너무 많이 개입돼서 객관성이 없다는 등, 이런 저런 이야기가 많죠. 5천 받느냐, 1억 받느냐, 1억 5천 받느냐가 사업하는 분한테는 상당히 중요한 문제예요. 그런데 그쪽 입장에서 보면 5천을 넣는지 1억, 1억 5천을 넣는지는 중요하지 않아요. 대표이사님들이 이 돈을 받아서 정해진 목적에 사용해서 국가 경제에 이바지하는 게 그들에겐 제일 중요합니다. 차 사고, 술 사는 데 쓰라고 하는 건 아니잖아요. 기술보증기금, 신용보증기금은 쉬운 돈이니까 다 받으라는 말은 절대 하지 않겠습니다. 이 돈을 어디에 쓸 건지 잘 생각하셔야 합니다. 그러면 이 돈을 받기 위해서 정보를 찾으셔야죠. 우리 사업에 필요한 돈이 2억이면 신용보증기금에서 2억을 받을 수 있는 방법을 찾으라는 겁니다. 당장 5천만 원을 받을 수 있기 때문에 5천만 원 받고 퉁 치거나, 받을 수 있다더라 해서 맨땅에 헤딩하고 그러는 건 좀 아니죠.

박영욱 이런 사례는 있어요. 2억이 절실하게 필요한 상황인데 2억으로 신청하면 에누리가 들어가서 다 못 받는다는 걸 알고 일부러 높게 지르는 꼼수도 있습니다. 모르는 사람은 진짜 필요한 만큼 신청했다가 못 받을 수도 있고요. 예를 들면 1억짜리 사업인데 마지막에 천만 원 없어서 자빠질 수도 있잖아요.

스탠퍼드를 중퇴한 사람의 학력은 고졸?
김현진 그리고 왜 대표이사 학력, 경력이 평가 배점의 70퍼센트나 차지하는지 모르겠습니다. 기술은 기술로 평가해주십시오. 우리나라 기술보증기금, 신용보증기금에는 중퇴 없습니다. 대학교 휴학은 고졸입니다. 스탠퍼드를 중퇴해도 고졸입니다.

권일운 딜레마죠. 주는 입장에서 생각해보면 이럴 수도 있죠. 1조짜리 가치를 가진 기술이 두 개가 있고, 둘 다 천만 원이 필요하다는데 우리가 쏠 수 있는 예산은 천만 원 밖에 없다. 그러면 500씩 쥐야 하느냐 천만 원을 한쪽에 몰빵하느냐.

김현진 최근에 중소기업청장님 뵙는 자리에서 올해 기술보증기금에 3000억 원이 청년창업특례보증 지원금으로 들어갔다고 하시더라고요. 하루는 서초 기술보증기금에서 좋은 기업 좀 소개해달라고 연락이 왔어요. 그래서 제가 "3000억 있으시면 1억씩 3000곳에 쏘는 겁니까?"라고 물어봤죠. 2011년에는 그랬거든요. 그게 2012년에는 2억으로 늘었대요. 공무원 입장에서는 안전빵 차원에서 1억이 맥스면 1억을 3천 개에 나눠주는 게 맞죠. 정책이 바뀌었으니 어디는 2억, 어디는 1억일 거고. 집행하는 사람은 안전하게 1억이 좋지만, 사업하는 입장에서는 1억보다는 1억 5천이 낫고 1억 5천보다는 2억이 좋아요,

권일운 김현진 대표님 말씀 들으면서 참 안타까운 건, 기보가 쏠 회사를 찾으러 다녀야 한다는 거. 결국은 이것도 할당이라는 거지.

김현진 그러니까요. 기술보증기금도 부익부 빈익빈이 있습니다. 신용보증기금은 죄송해요, 5천 이상 잘 안 해주시니까 패스할게요. 대표들끼리는 공공연한 이야기가 있습니다. 서초 기술보증기금, 돈 많습니다. 왜? 서초에는 잘나가는 회사가 많으니까. 강남 기술보증기금도 돈 많아요. 잘나가는 회사 많으니까. 구로디지털단지, 돈 없습니다. 종로 기술보증기금, 가면 화냅니다. 강남으로 가래요. 아무튼 2012년부터 청년창업특례보증이 1억에서 2억으로 늘었습니다. 만약에 기술보증기금에서 1억 제한 걸려 있다고 하면 엊그제 중소기업청장님이 간담회에

서 2억으로 늘렸다고 하세요. 제가 직접 서초 기술보증기금에 확인했으니 정확합니다.

친인척 4대보험 가입하게 만들지 말아주세요

김현진 기술보증기금 받을 때 또 안타까운 게 있죠. 자꾸 직원 열 명 채우라고 하시는데 그러면 친인척들 당겨서 4대보험 수급자로 올리잖아요. 그런 것 좀 안 하게 해주세요. 기술로만 평가해주셨으면 합니다. 왜 내가 1억을 더 빌리기 위해서 4대보험을 채워넣고 있어야 할까. 후배 만나서 "너 요즘 뭐 하냐, 학교는 다니느냐, 이름 좀 빌려줘라" 하기 웃기잖아요. 에너지를 너무 뺏겨요. 아까 말한 것처럼 사업에만 집중해야 해요.

박영욱 전 맨 처음 회사 설립했을 때 벤처 인증이 너무 받고 싶었어요.

권일운 벤처기업 인증, 이노비즈(INNOBIZ) 인증, 그런 거 붙여놓는 회사들 있던데, 꼭 필요해요?

김현진 빚질 때 더 편해요. 벤처 인증은 기술보증기금 받았다는 거고 세금 감면도 해주고요.

박영욱 저희는 억울하게도 벤처 인증 심사는 다 통과했는데, 기술보증기금에서는 떨어졌었어요. 그때 벤처 인증 받으려면 4대보험, 급여 내역이 있어야 했는데, 회사 네 명 다 급여 안 받고 일했거든요. 그것 때문에 부랴부랴 급여 돌렸죠.

이정석 벤처캐피털 입장에서는 이노비즈 인증, 벤처기업 인증 안 받아 놓고 있으면 어떻게 생각하는지 알아요? '아주 기본도 없구나, 이것도 안 했구나'라고 생각해요. 사소한 것도 챙겨야죠.

권일운 인증받는 절차는 어때요?

박영욱 벤처 인증은 기술보증기금 받아도 나오고, 해외투자 받으면 심사 없이 무조건 통과예요.

권일운 이노비즈는요?

김현진 그거는 업력이랑 매출이 좀 돼야 해요. 이노비즈, 벤처 인증은 결국 다음 대출을 받기 위한 수단이에요. 이노비즈 받았으니까 좀 더 당겨주세요.

이정석 투자가 아니라 대출이라.

김현진 투자를 염두에 두지만 대출에도 플러스가 된다고 생각하니까요.

박영욱 기술보증기금 심사 때도 이노비즈 있는지 물어봐요. 이노비즈 받으면 이렇게 더 유리하다고.

김현진 스텝 밟는 거 같네요. 벤처 차려, 신용보증기금 받아, 기술보증기금으로 전환해, 벤처 인증 받아, 그다음에는 부설 연구소 차리고, 정부 과제 하나둘 따죠. 쭉 나가다가 이노비즈로 가는 거예요. 그리고 산업은행에서 돈 달라고 하고요. 이노비즈 들이밀고. 이게 정석이죠.

심사 담당자의 기분에 따라 평가 기준도 들쭉날쭉

이정석 신용보증기금이나 기술보증기금에서는 신청하는 기업 숫자에 비해서 심사인력이 적을 겁니다. 그럼 그분들이 아주 세심하게 전후 사정 따져가면서 이 회사의 업의 본질을 봐가면서 제대로 평가할 수 있느냐? 그런 것 같지는 않아요. 1억 투자하는 데 시간당 수십만 원 하는 회계사, 변호사를 쓰기는 어려우니까요. 그래서 많은 사람들에게 정부 자금을 베풀기가 어려워요. 정부자금이 다 세금이잖아요. 우리가 세금 내면 그 세금이 돌고 돌아 정부지원금으로 들어가고. 그러면 그게 제대로 쓰여서 실업률 낮추는 데 도움을 줘야 하는데 그런 과정도 부실한 것 같고, 좀 전에 김 의장님, 박 사장님 말에 의하면 투자 금액 자체도 임의로 정해지는 것 같아요. 담당자들이 순환 보직하면서 3년 만에 이 분야 전문가라고 이야기할 게 아니라 맡은 일에 대해 전문성을 가질 수 있도록 노력을 하셨으면 합니다. 평가 양식이 있을 건데 그걸 공무원들만 가지고 있을 게 아니라 회사에게 공개하면, 회사는 평가 기준을 맞추겠죠. 평가 기준은 공무원 혼자 가지고 있고, 기술로도 평가하지 않으니 참.

박영욱 기준을 공개하면 악용하는 곳이 생길까 봐 그러는 것 같아요.

김현진 더 큰 문제는 평가 기준조차 들쭉날쭉하다는 거죠. 실사를 나갔는데 담당자 와이프가 오늘 짜증을 냈으면 5천만 원으로 줄어듭니다. 담당자 기분이 좋으면 2억입니다. 평가 기준이 분명히 있고, 우리가 그 기준에 맞춰서 준비를 하지만 담당자의 재량에 따라 달라질 수밖에 없는 환경입니다.

박영욱   저희 회사가 재작년에 구조조정 하면서 어려웠을 때 기술보증기금 담당 팀장님과 자주 통화를 했거든요. 이미 돈이 들어와서 그런 거겠지만 팀장님이 어떻게 해야 한다고 조언을 많이 해주셨어요. 저는 기술보증기금이 벤처한테 큰 도움이 되는 매우 훌륭한 제도라고 봐요. 다만 세부적 제도를 좀 보완해줬으면 좋겠어요.

이정석   공무원들이 제대로 일할 수 있도록 지원하는 건 정부의 책임이죠. 우리가 낸 세금을 쓰는데 그게 마치 자기의 치적인 양 이야기하는 건 정말 눈 뜨고 못 보겠더라고요. 자기가 잘해서 그런가? 가슴에 손을 얹고 그렇게 이야기할 수 있는지 궁금해요.

마크 저커버그도 신용보증기금에서는 3천만 원밖에 못 빌린다

김현진   그래도 기술보증기금 감사하게 생각합니다. 그런데 약간만 더 개선되었으면 좋겠습니다. 그리고 보면 대한민국 사장님들 정말 용감합니다. 연대보증 서도 두려워하지 않습니다. 과감하게 빌려다 씁니다. 나는 보증에 자신이 있다, 삶은 빚이다. 이런 분들이 대주주 하시면 됩니다. 대주주 하시고 연대보증 서류에 도장 꼭 찍으시면 됩니다. 창업할 때 내가 대표다, 내가 51퍼센트 이상 가지고 싶다 하는 분들, 나는 모든 빚을 질 각오가 있다는 분, 이런 분들이 오너가 돼야 합니다. 겁나면 부사장 하세요.

이정석　사업을 잘할 자신이 있다거나 기술이 있다 싶은 사람이 사장을 하는 게 아니네요.

김현진　CTO(최고기술책임자) 하시면 되죠. 사장님 연대보증 세우시고. 여러분들, 여기는 대한민국입니다. 대한민국은 51퍼센트 이상 지분 갖고 연대보증 설 수 있으면 레알 창업자가 될 수 있습니다. 여기 아메리카 아니에요. 다음에는 미국에서 태어나세요. 정작 이런 게 〈벤처야설〉이죠. 마크 저커버그도 한국에 있었으면 신용보증기금 3천입니다. 고졸이니까. 스티브 잡스, 한국에서 3천만 원밖에 못 빌려요. 고졸이니까. 여기 대한민국이에요.

연대보증을 무조건 없애기보다는 제도 개선이 필요하다

박영욱　아침에 운전하고 있는데 의장님이 전화해서 밝은 목소리로 "박 대표. 그거 알아요? 연대보증 없어진대요"라고 하셨거든요. 기술보증기금이 지금도 우리나라 스타트업 키우는 데 엄청난 도움을 주고 있는데 연대보증까지 없애주면 세계 최고의 제도가 될 것 같다는 생각을 했어요. 물론 단점들은 생각을 못 했죠. 금액이 적어질 수 있다는 데까지는 생각이 못 미쳤습니다. 그래도 저는 이렇게 생각해요. 언제까지 대표이사가 망하면 모든 걸 떠안게 할 거냐. 이걸 조금씩 개선해줬으면 해요.

권일운　저는 보증 자체를 무조건 없앤다는 것에는 반대합니다. 개인과 기업의 신용을 잘 평가하고, 신용을 쌓아나갈 수 있는 토양을 만들어야지 수십 년간 존재하던 보증 제도를 하루아침에 없애는 건 아니라고 봐요. 계약서대로 하면 됩니다. 대신 계약서 처음 쓸 때 상대방 사정 봐주면서 융통성 있게 하면 됩니다. 당연히 법적으로 문제가 있어서는 안 되겠지만요.

김현진 이정석 캐피털님도 마무리 멘트 해주시죠.

이정석 연대보증. 무시무시한 말인데 없어진다고 해서 다행이라고 생각했죠. 누가 저보고 연대보증 서달라는 일 없겠구나 하면서. (웃음)

김현진 남자가 어떻게 연대보증도 안 설 생각을 합니까? (웃음)

이정석 너도 결혼해봐. (웃음)

박영욱 속담에 있잖아요. 절대로 해선 안 되는 게 연대보증.

이정석 자본주의잖아요. 우리나라 자본주의는 자본주의의 정의 그 자체를 따르는 것 같지는 않아요. 정부지원금이라는 것도 자본주의의 취지로 보면 바람직한 게 아니고요. 그럼에도 국가 산업 발전에 도움을 주고 있고, 창업하는 분들한테 단비 같은 역할을 하니까 그런 제도를 유지해야 하는 건 맞아요. 제도를 유지하는 데 있어서 가장 문제가 됐던 연대보증이 없어진다고 하니 바람직하다는 생각은 듭니다. 그런데 오늘 말씀 나눈 것처럼 제도 뒷면에 걸쳐 있는 것들이 많고, 해결돼야 하는 부분들이 많아요. 운영하시는 분들이 좀 더 노력하셔야겠죠. 제도 정비도 필요하고요. 김석동 위원장이나 이명박 정부 들어서 제도

개편한다고 이것저것 뜯어고치고 있는데 너무 단편적으로 보는 거 아닌가 싶어요. 중소기업창업지원법 시행령 달랑 하나 놓고서 할 게 아니라 상법부터 해서 관련 법들 쫙 놓고 같이 봐야죠. 공청회도 하고요. 깜짝쇼를 할 게 아니라. 기자들하고 기업인들 불러서 제대로 이야기했었어야죠. 이런 부분들을 보면 아직 갈 길이 멀다는 생각이 들어요. 다른 거 다 떠나서, 이번에 바뀐 제도들 덕분에 기업하시는 분들이 좀 더 나은 환경에서 일할 수 있으면 합니다.

김현진 저 중소기업청장님이랑 페이스북 친구 됐어요. 제가 쪽지 쏠게요. 쓸데없는 거 그만하게 해달라고요. 제발 벤처 대표들이 일에만 집중할 수 있게 해주세요. 엄청나게 스트레스 받습니다. 기술 있는 스타트업이 기술 개발 대신 엄한 데 꼼수 부리지 않게, 사업에만 집중하게 해주세요. 신용보증기금, 기술보증기금 받을 때 꼼수 부리느라 에너지 너무 많이 뺏깁니다. 정부 과제도 마찬가지예요.

자, 이제 마무리할게요. 오늘 많은 이야기 나눴습니다. 앞으로도 할 이야기 무궁무진합니다. 이 방송이 누군가에게 꼭 도움이 될 것입니다. 휴일 다들 모여 주셔서 감사하고요. 중기청 사랑합니다. 기술보증기금 사랑합니다.

대한민국에서는 벤처는 아무래도 IT 쪽이 활발하잖아요.
1998년부터 활발했던 IT 벤처 붐이 2000년대 들어 확
꺼졌잖아요. 최근 3년 사이에 다시 IT 벤처 붐이 일고 있는데
어떻게 될 거라고 보시나요? 그리고 이 시점에 IT 쪽으로
창업을 준비하는 사람들에게 조언을 부탁드립니다.

박영욱 저는 지금처럼 바람 불 때 한 번 배 띄워보는 게 좋다고 봐요. 바람
도 안 불거나 역풍이 불 때 나 혼자 배 띄우는 것보다는 낫다고 생각해요.

김현진 창업할 거면 지금이 적기죠. 2011년, 2012년에 창업하시고 법인
등록하신 분들이 제일 부러워요. 2007년에 투자받으러 다니면 3억 주고
생색내는 일이 다반사였어요. 많이 받아야 20억이었고. 그런데 성골, 진
골 잘 섞어서 창업하면 무조건 10억 이상이더라고요. 붐이 일어난 거죠.
투자하는 사람도 옛날 같지 않다고 생각하고 시장도 성숙해졌고요. 투자
를 받으러 가는 친구들도 영리해졌어요. 3년 이상 된 회사 CEO들 만나면
"에이, 지금 시작할 걸. 회사 연혁만 길어"라고 해요. 지금이 괜찮은 것 같
아요.

이정석 저도 동의해요. 버블은 창업자들한테는 무조건 좋은 거죠. 그런데
저는 안전하게 내실을 다지면서 천천히 성장하면 되는 것을 굳이 뒤에서

쑤셔서 돈을 푼다거나 새로운 제도를 만들거나 해서 오버슈팅시키는 것에 대해서는 부정적이에요. 오버슈팅은 꺼지게 돼 있잖아요. 결국은 언더슈팅하는 거고요. 그러면 다 함께 망하는 거예요. 그런데도 기업하는 입장에서는 오버슈팅 해준다고 하면 "감사합니다" 하고 먹어야 하죠.

권일운 요즘 벤처기업이랑 벤처캐피털 업계를 함께 보면 자본과 기업들의 팽팽한 대치 상황이 벌어졌다는 생각이 들어요. 벤처캐피털들은 돈이 너무 많아서 창고가 터질 지경인데 쏠 만한 애들은 없어요. 그러다 아무데나 막 쏘게 될 텐데, 5~7년 지나서 깨먹고서는 난리날지도 몰라요.

김현진 버블은 확실하죠. 눈 먼 돈도 그렇고. 그런데 내가 받아먹어야 내 것이잖아요. 나한테 안 오면 눈먼 돈이든 아니든 무슨 상관입니까. 돈이 스마트해졌으니 받는 사람도 똑똑해져야 합니다. 내가 받을 수 있게 판을 짜야죠. 버블 판에서 해먹으려면 똑똑하고 능력 있는 애들 데리고 있어야 해요.

후기

박영욱

어려서부터 컴퓨터를 좋아했던 이유로 중학생 시절부터 『마이크로소프트 웨어』라는 컴퓨터 프로그래밍 전문잡지에 강좌 한 편 내보는 걸 꿈꾸었습니다. 그리고 마침내 대학생이 되어서야 그 꿈을 이룰 수 있었습니다. 당시 강좌의 주제였던 웹사이트가 바로 2004년 9월에 처음 문을 연, "모든 블로거들의 중심지"라는 슬로건을 가진 올블로그였습니다.

그렇게 우연히 시작된 올블로그는 점차 수많은 사람들이 이용하는 웹사이트로 커져갔고, 바로 이듬해에는 정보통신부 장관으로부터 상을 받았습니다. 그리고 2006년 1월 법인 설립 후 바로 웹 2.0 열풍과 함께 1년만인 2007년 1월에는 미국 실리콘밸리의 알토스벤처스라는 벤처캐피털로부터 30만 달러의 투자까지 받게 되었습니다.

그 이후로 아이폰을 선두로 한 스마트폰의 보급이 세상을 새롭게 변화시키고, 소셜커머스라는 새로운 벤처기업의 신화들도 탄생하며, 또 한 차례의 벤처업계의 대격변을 만들어내는 등 많은 변화의 시간들이 있었습니다.

지금까지 지난 7년간 수많은 기업들의 흥망성쇠를 지켜봐오며 알게 된 것들을 대학생 시절의 박영욱에게 전달해줄 수 있었다면 '지금의 박영욱은 조금 더 다른 모습이 아니었을까?'라는 생각이 들곤 합니다.

그래서 직접 부딪히고 뒤늦게 후회하기도 하며 몸으로 알아왔던 이 모든 이야기들, 그리고 지금에서야 들을 수 있고 생각할 수 있는 많은 이야기들을 좀 더 많은 사람들에게 전달할 수 있다면, 내가 해온 것보다는 조금이나마 더 쉽게, 더 편하게 창업을 하고 사업을 할 수 있지 않을까, 라는 간단

한 생각으로 시작한 것이 바로 이 〈벤처야설〉입니다.

〈벤처야설〉을 시작한 지도 벌써 1년이 훌쩍 넘었습니다. 분명 많이 부족하겠지만, 이 책이 현재 창업을 준비하거나, 또는 이미 하셨고, 해나감에 있어서 생기는 고민들을 아주 조금이나마 덜어주는 책, 7년 전의 저에게 딱 필요했던 그런 책이 되었으면 합니다.

오랜 시간 창업가보다 더 힘들다는 창업가의 아내로서 묵묵히 늘 곁을 지켜주고 응원해주는 아내 이주영과, 팟캐스팅 녹음 때문에 주말을 아빠와 같이 보내지 못해 안타까운 마음이 들었던 우리 첫째 박정우, 둘째 박서진, 그리고 언제나 큰 버팀목이 되어주시는 아버지, 어머니, 장모님, 동생, 너무나 감사합니다.

오늘날까지 벤처 회사를 하면서 늘 곁에서 함께해주시고, 지켜봐주시고, 도와주신 많은 분들, 그리고 선배님, 후배님들께 감사드리며, 무엇보다도 이런 좋은 프로그램을 함께 만들어갈 수 있었던 김현진 대표님, 권일운 기자님, 이정석 차장님, 모두 정말 감사하고 사랑합니다.

그리고 오늘도 사업의 성공을 위해 대한민국 여기저기에서 고군분투하시는 수많은 벤처인분들과 이 책의 모든 독자 분들께 성공의 여신이 늘 함께 하길 기도합니다.

이정석

〈벤처야설〉 3화에 초대 손님으로 자리했던 때가 2011년 12월 31일이니 이 방송을 시작한 지도 거의 1년이 된 것 같다. 완전 밤톨만 하던 딸아이가 바지 자락을 붙잡고 같이 놀자고 할 정도이니 시간의 흐름이란…. 2011년 11월 어느 술자리에서 김현진 대표로부터 팟캐스팅을 함께하자는 제안을 받고서 연말 마포의 조그마한 녹음실로 향하기까지만 해도 나는 그저 당시 유행하기 시작하던 팟캐스팅에 대한 호기심 정도밖에 없었다. 그런데 녹음을 한 회, 두 회 거듭하고 강연을 해나가다 보니 내가 알고 있는 것들이 창업에 관심 있는 분들에게 미력하나마 도움이 된다는 사실을 알게 되면서 사명감 같은 것이 생기기 시작했다. 그리고 이제는 방송을 모아 출판까지 하게 되었으니, 그동안 좋은 사람을 만나는 재미도 있었지만 주말마다 피곤함과 귀찮음을 쫓아가며 방송해왔던 순간들이 뿌듯함으로 다가온다.

창업하는 분들이 회사 운영의 A부터 Z까지 다 알기란 쉬운 일이 아니다. 심지어 무엇을 알아야 하는지, 어디에 가서 물어보면 되는지조차 알기가 힘들다. 〈벤처야설〉을 하면서 이런 부분에 조그마한 기여를 하고 싶었다. 이 조그마한 덩어리의 지식과 경험이 길을 찾아 헤매는 분들에게 이정표, 혹은 잠시 쉬어가는 곳 정도라도 되었으면 하는 마음이었고, 적어도 남들은 다 아는 내용을 몰라서 불이익을 당하는 일이 벌어지는 상황은 피하게 해드리고 싶었다.

사실 〈벤처야설〉을 시작할 때와 비교하면 엄청나게 많은 종류의 벤처기업 지원 플랫폼이 생겨났고, 사람들의 지식수준도 많이 향상된 것 같다. 또한 이너서클이라고 불리던 벤처캐피털 내부 이야기들도 하나둘씩 외부에 알려지고 있어서 정보의 비대칭이 많이 개선되고 있는 것 같다.

그렇다고 해서 마음이 놓이는 것은 아니다. 이렇게 알려진 지식들이 과연 일반 대중에게 얼마나 정확하게 이해되어 체화되고 있는지에 대해서는 의심이 가기 때문이다. 껍데기만 알면서도 모두 다 아는 것처럼 이야기하고 다니는 사람들을 심심치 않게 볼 수 있으며, 결국 그를 믿고 따르는 사람들을 실망시키거나 곤경에 빠뜨리는 모습도 보았다. 안타깝다. 껍데기 지식은 장기적인 발전에 도움이 되지 못한다. 배움에 임하는 태도를 바꿀 필요가 있다고 생각한다.

또한 취업이 힘들어서 창업을 택하도록 장려하는 분위기에 대해서는 젊은 친구들의 인생을 담보로 실업률을 떨어뜨려보겠다는 얄팍한 정부 정책과 기성세대의 이기주의가 엿보여서 걱정이다. 창업은 하고 싶을 때 쉽게 할 수 있어야 하고, 일단 시작하고 나면 회사가 성장해가는 과정에 따라서 적당한 지원이 계속 있어야 한다. 창업 지원 자금 몇천만 원에 기뻐할 수 있을지 몰라도 나중에 본격적으로 사업을 확장하려고 할 때 추가 자금을 조달하려면 좌절을 느끼게 되는 구조를 개선해야 하겠고, 무엇보다도 성장할 수 있을 만한 준비를 하고 창업이라는 장도에 오를 수 있도록 창업자 스스로 많은 공부가 필요하다는 것을 이해해야 한다. 창업하고 나서 홀로 내팽개쳐진 듯한 느낌을 받게 만드는 제도와 사회적 분위기가 개선되기를 희망한다.

학위 논문 이후 이런 감사의 글은 처음 쓴 것 같다. 항상 아들 생각으로 노심초사하시는 아버지 어머니, 콘서트에 일부러 찾아와서 들어주신 장인 어른, 그리고 장모님 모두 감사하다. 결혼하고서도 이렇게 직장과 외부 활동을 할 수 있는 것은 가족들의 믿음과 격려 덕분이다. 주말마다 놀러나가는 남편을 위해 희생해준 아내와 잘 놀아주지 못해 미안한 사랑스러운 딸아이에게 가장 큰 감사의 마음을 전한다. 그런데 아직도 갈 길은 멀다(책 내용에 대해서 더 궁금하신 점이 있다면 ijeongseok@gmail.com / www.ijeongseok.com으로 문의해주세요).

권일운

"〈벤처야설〉 잘 듣고 있습니다, 기자님."

VCNC의 박재욱 대표가 〈벤처야설〉 이야기를 꺼내자마자 멘붕이 왔다. 딴 밥통 찼다는 오해를 받을까 봐 초창기 '직원1'이란 어설픈 닉네임으로 방송을 하던 때다. 본업인 취재차 처음 통화한 박재욱 대표조차 〈벤처야설〉 청취자일 거라고는 전혀 생각 못했다. 업계에서 내 목소리를 알아듣는 사람이 너무 많아져서 결국은 데스크한테 〈벤처야설〉 한다는 사실을 이실 직고했다. 그런데 별 말이 없었다. 알고 봤더니 내 데스크는 팟캐스트가 뭔지도 모르고 있었다. 참 다행이었다.

2011년 1월에 머니투데이 더벨에 입사한 이후 쭉 벤처캐피탈(우리 회사는 스타일북상 '캐피털'이 아닌 '캐피탈'을 쓴다) 업계만 담당해왔다. 당연히 벤처캐피탈에서 돈 받는 벤처기업 사람들도 많이 만난다. 대표보다는 형이라는 호칭이 어울리는 현진이 형도 업계 돌아다니면서 만났다.

현진이 형은 처음엔 박영욱 대표와 나를 꼬드겨서 〈벤처야설〉을 만들었다. 얼마 있다가 차장보다는 형이라는 호칭이 어울리는 정석이 형도 꼬드겼다. 또 얼마 지났더니 콘서트를 하라고 했다. 강연도 갔다. 어느 날은 e비즈북스 출판사에서 와서 책을 내주겠다고 했다. 상상도 못한 일이다.

솔직히 말하면 출판 과정에서 제일 악독한 인간은 나였다. 뭘 해달라고 해도 제일 안 하고 늦고 떽떽거리기만 했다. 녹취록에 주술이 안 맞느니 어쩌니 하면서 처음부터 뜯어고치겠다고 발악을 했다. 덕분에 출판은 한 달 이상 딜레이됐다.

이유는 딱 하나였다. 멤버 넷 가운데 한 명이라도 만족스럽지 않다면 내지 않는 게 옳다고 생각해서였다. 핑계 같겠지만 글로 읽어도 방송 듣는 것처럼 읽히게 쓰려고 노력했다. 그리고 스토리텔링 이상으로 정보 제공이 중요한 책이라고 생각해서 사실관계 확인하는 데도 시간이 꽤 걸렸다. 그래서 이정석, 김현진, 박영욱(이상 나이 순) 세 사람 다 피가 말랐을 거다. 죄송하다.

독자들한테 드리고 싶은 말씀은 "대충 하실 거면 창업하시지 마라"다. 그게 본인의 정신 건강과 가정의 평화, 국가 경제의 발전을 위해서 바람직한 일이다. 유행 내지는 스펙 쌓기로 창업하시는 분들 있으면 혼낼 거다. 대신 잘하시는 분은 아낌없이 칭찬해드릴 거다.

몇몇 꼴 보기 싫은 영감님들이 나오셔서 스티브 잡스랑 마크 저커버그 운운하시면서 창업만이 살길이라고 외치는 게 너무 정나미 떨어졌다. 뭐든지 시키는 건 쉽다. 학교나 군대나 관공서나 똑같다. 잘된 놈 이야기만 하면 밑도 끝도 없다. 실패를 용인하는 문화를 만들겠다는 말까지 나오니까 해도 해도 너무한다 싶었다. 내 또래 젊은이들을 전부다 절벽으로 떠미는 것 같이 느껴졌다. 이게 개인적으로 〈벤처야설〉을 처음 시작했던 이유이자 악 써 가면서 책을 쓴 이유다. 〈벤처야설〉이 방송되고 나서도 창업하고 싶다는 사람이 많아서 아직 약한가 싶기도 하다. 책은 좀 더 세게 쓸걸 그랬다.